BERNARD WILLIAMS

Mark P. Jenkins

伯纳德·威廉斯导论

[美] 马克·P. 詹金斯　著

吴芸菲　译

上海文艺出版社

纪念我的祖父,奥尔登·W. 约翰逊

译者前言

毫无疑问,伯纳德·威廉斯是二十世纪最卓越的哲学家之一。思考即行路,威廉斯在伦理学领域算得上是开路先锋,虽然他未必把开出来的一条条路都踩得很实,事实上,这是造成他的作品难读的原因之一。很多从论证主线岔出去的思路远未达到成熟论述的程度,反而把原本连贯的想法扯得枝蔓丛生,写作密度过高。但恰恰是他穿行在幽晦地带且极具洞见的探索,那些深一脚浅一脚的探索,既引我们去观赏和领会原始思想的曲折萦纡,也为哲学的诸多领域投下光亮,提示更富教益的思考方向。

深邃的思想难解,《伯纳德·威廉斯导论》即是努力理解的极佳示范。此书脱胎于马克·詹金斯的芝加哥大学博士学位论文《伯纳德·威廉斯的伦理哲学:在日常与永恒之间》。此书围绕几个特定的主题系统且深入地重述威廉斯的思考,同时将其思考纳入既有学术版图予以定位。既紧跟学院各路立场的讨论,又不失自己的独到理解,清晰流畅地再现威廉斯的个人原创洞见如何与形式化论证相结合。除去没有论及威廉斯的政治哲学思考这一缺憾——第一章结尾已有交代,此不赘述——此书可说是迄今为止英美学界最扎实可靠的威廉斯思想导读。

需要说明的是,此书旁征博引,涉及威廉斯著述的引文,译者不同程度地参考了现有中译:《伦理学与哲学的限度》(陈嘉映译,商务印书馆 2017 年版)、《道德运气》(陈嘉映译,《世界哲学》2020 年第 1 期)、《真理与真诚》(徐向东译,上海译文出版社 2013 年版)、《羞耻与必然性》(吴天岳译,北京大学出版社 2021 年版)、《道德:伦理学导论》(魏犇群译,上海文艺出版社 2024 年版)。与绝大多数中文世界的读者一样,译者最初也是通过这些中译了解威廉斯其人其思的。在此由衷感谢中文学界特别是译界最近十几年筚路蓝缕积累下来的成果。

遗憾的是,詹金斯已于 2017 年 9 月 27 日在加利福尼亚州内华达城去世,享年 59 岁。谨以此中译本的出版纪念詹金斯先生。

吴芸菲
2025 年 4 月

目 录

译者前言 ... i

第一章 导论:"反对短视者" ... 001

第二章 个人同一性 ... 013

引言 / 015

复制 / 018

一个冒险的选择 / 025

结论 / 039

第三章 功效主义批判 ... 043

引言 / 045

个人完整性:行动 / 049

个人完整性:感受 / 057

总督府功效主义 / 066

憾恨、悲剧和不可通约性 / 071

结论 / 079

第四章　道德系统批判 ... 085

引言 / 087

个人完整性（再论）/ 092

道德与情感 / 100

过头的一虑 / 107

道德系统 / 110

道德运气 / 119

结论 / 136

第五章　实践理性 ... 141

引言 / 143

内在理由 / 146

两个反对外在理由的论证 / 160

差错理论 / 168

科斯嘉德：《关于实践理性的怀疑论》/ 172

麦克道尔：《有可能存在外在理由吗？》/ 178

斯坎伦：《威廉斯论内在理由和外在理由》/ 187

结论 / 191

第六章　真理、客观性与知识 ... 195

引言 / 197

绝对认知 / 203

厚概念 / 216

远距离相对主义 / 229

结论 / 238

第七章　古代世界 ... 243

引言 / 245

亚里士多德 / 248

自然主义与谱系学 / 262

羞耻与必然性 / 274

结论 / 292

第八章　结论："强健的悲观主义？" ... 299

致谢 ... 312

参考书目 ... 314

伯纳德·威廉斯作品选集 / 314

参考文献 / 316

索引 ... 326

第一章

导论:"反对短视者"

第一章 导论:"反对短视者"

据威廉斯的老朋友且同为哲学家的托马斯·内格尔（Thomas Nagel）说,"伯纳德·威廉斯曾经提过一个难对付的问题,如果你不是不一般地擅长做哲学,那你做哲学的意义何在?"（Nagel 1995a: 10）这似乎是说,虽然化学和物理学领域的卓越思想家需有佐证他们思想的随从,哲学领域最耀眼的名家却无需太多人——甚至无需任何人——来映现他们的荣耀:小工就不用来凑热闹了。内格尔继续说道:"如果你不是不一般地擅长,那么你在哲学领域所做的工作要么没有新意（因此是不必要的）,要么得不到充分的支持（因此是无用的）。更有可能,这些工作既没有新意又是错误的。"(同上)依照这一标准,威廉斯显然算得上不一般（就这点而言,内格尔也一样）,本书通过详细呈现威廉斯对当代哲学的重大原创贡献及其支持性论证来记录他的不一般之处。

尼采则提出一个不同的问题。在《人性的,太人性的》中,他问"短视"的读者:"你们是因为我以片段的形式把它交给你们（而且必须这样交给你们）,就觉得我的工作也一定是散碎的吗?"（Nietzsche 1986: 243）威廉斯大可以就他自己的作品提出同样的问题,当然,他也会给出同样断然的否定回答,即使他不明言。实际上,威廉斯**确实**建议把这段话作为他毕生工作的恰切题词(私人谈话:1996年11月13日)。不过,至少在一开始,读者认为威廉斯对当代哲学的贡献过于散碎的想法或许可以得到谅解,因为这些贡献确实涉及哲学的各种领域、时段和问题,最显著的是在伦理学方面,在这里他以各种声音——怀疑的、批评的、建设性的、时而积极时而悲观的——对其中的一大批议题——形而上学的、政治的、认识论的、实践的、心理的、历史的——提出很多看法,而事实证明这些看法都极具影响力。然而,这些贡献的数量和范围都不应该妨碍读者——不管是短视的还是不短视的读者——发现和领会三个相交叠的信念,这些信念证明了作为哲学家的威廉斯的重要性,证明了他的不一般,而这些信念正可以针对那种说他的片段文章必定散碎的指控做出抗辩。而且幸运的是,这三个信念都与他几乎不断挥洒的惊人天赋联系在一起。

威廉斯的第一个主导信念是他坚持认为,哲学特别是道德哲学,其价值、合理性和准确性取决于其所纳入的心理学。在这一坚持中,他擎着一个火炬,一个众所周知是由 G. E. M. 安斯康姆在《现代道德哲学》("Modern Moral Philosophy")中的主张所点燃的火炬,"眼下,在我们拥有适当的心理学哲学之前,做道德哲学是无益的,而前者显然是我们缺乏的"(Anscombe 1997: 26)。实际上，正如接下来各章所展示的那样，对威廉斯多年来的大部分工作最好的理解，就是发展和提炼出一幅足以应对哲学分析诸种任务的底层心理学图景。他最早的伦理学作品中的两个例子清楚地表明了这点。首先，在《功效主义批判》("A Critique of Utilitarianism")一文中，威廉斯质疑后果主义倚重**消极责任**概念："但凡我要对什么事情负有责任，我就必须对我听任或未能阻止其发生的事情负有责任，就像我对自己引起的事情负有责任一样"(Williams 1973a: 95)。这个问题可以最终追溯到对不偏不倚的盲目信仰，而这之所以在威廉斯看来成问题，是因为作为哲学学说的消极责任从人类心理的某些特征来看显得虚假；比如，就感到有责任而言，相较于他人的行为，一个人自身的行为往往更为显要。而且，如威廉斯继续论述的那样，把个人能动性看成优先于非个人的后果，"是一种与个人完整性之价值紧密相关的想法"(同上：99)。本书第三章会讨论功效主义、个人完整性及其相关议题。

哲学进步的先决条件是把心理学搞清楚——这种想法的第二个例子来自威廉斯的名篇《伦理一致性》("Ethical Consistency")以及如下见解："道德冲突既不能系统地避免，也不能无余数地解决"(Williams 1973e: 179)。威廉斯再次看到心理学实在(psychological reality)正在破坏哲学幻想。第四章会提到，在这种情况下，哪怕一个人做了对的事,仍可能持续存在着以憾恨形式出现的情感"余数",这对道德理论的可信性提出了质疑,这些道德理论——尤其是康德的理论——倾向于把"行为者-憾恨"刻画成非理性。这些例子也阐明了威廉斯称之为"现实主义的"道德心理学主张(参见第七章),该主张大致基于尼采的一种偏好,即用不那么道德的现象来解释道德现象,或者依照"有经验的、诚实的、敏锐的、不乐观的诠释者怎么解释其他方面的人类行为"来解释道德现象(Williams 1995f: 68)。事实上,"像样的哲学需要现实主义的心理学"这话巧妙地概括了威廉斯的第一个信念。

威廉斯的第二个根本信念也体现出尼采的影响,他认为,哲学——不只是道德哲学——的价值、合理性和准确性取决于其所包含的历史感;然而,这种历史感不是对陈腐的或者静止的或者"该死的事一件接着一件"的历史的感觉,而是秉持谱系学精神的历史感,而这种尼采风范的谱系学,威廉斯将其描述为"历史学、现象学、'现实主义'心理学和概念诠释"的混合(Williams 1995f: 75n12)。当然,强调谱系学并不是要贬低威廉斯对哲学史的直接贡献,这种贡献当中最重要的或许是他的笛卡尔研究(Williams 1978a)。不过眼下这个信念不太关乎认准那存在于过去的过去,而更关乎认准那存在于当下的过去,这种过去的形式经过改变,不易辨认,但仍浸染着、影响着当代哲学的关切。尽管大量哲学争论的遗产确实印证了桑塔亚纳的观点——遗忘招致重复[1]，但在威廉斯看来重点不是这个，而是，要想恰当地看待当代哲学的问题——比如，伦理客观性或者道德动机问题——就唯有将其视作刮去重写的经卷：理解哲学的过往涂写对致力于改善其当下的面貌至关重要。

《羞耻与必然性》(*Shame and Necessity*)——在很多方面这本书都是威廉斯的杰作——是威廉斯坚持历史之于哲学的重要性的极佳典范，该书认为，那些看到在责任观念、能动性观念和情感观念上希腊和当前存在断裂的人，必定罔顾了如下事实：古代的观念与其说被取代了不如说被掩盖了，多数时候被一面不易察觉的关乎职责和义务的康德式墙纸掩盖了。威廉斯坚持认为，"如果我们能够理解希腊人的伦理概念，我们就会在自己身上辨认出这些概念"，他认为，这类理解依赖于对希腊史诗的理解，特别是对悲剧的理解（Williams 1993b: 10）。与此类似，威廉斯的近著《真与信实》(*Truth and Truthfulness*) 援引过去，有时甚至虚构过去，以期照亮当下，在这本书里，他没有把尼采式谱系学而是把"证认性的"（vindicatory）谱系学用到如下问题上："真和信实这两个概念能不能达成智性上的稳定关系，即，对于真以及我们达至真的机会，我们能

---

[1] 美国哲学家乔治·桑塔亚纳（George Santayana，1863—1952）在 1905 年出版的 *The Life of Reason*（《理性的生命》）一书中说："忘记历史的人注定要重蹈覆辙（Those who cannot remember the past are condemned to repeat it。）"——译者注

否获得与我们对信实的需要相合的一种理解?"(Williams 2002: 3)。第七章将联系威廉斯的伦理自然主义观点讨论谱系学——证认性的,尼采式的,或者其他性质的。就眼下的目的来说,重要就是认识到谱系学的有用性,因为我们的哲学思想原是"许多不同传统和社会力量的复杂积淀……而[这些传统和力量]本身又是由对这一历史的自觉表征塑造的"(同上:20)。

按威廉斯的说法,这种概念考古的工作——即发掘这种复杂积淀——做得越成功,就越"有可能会揭示我们现有的伦理观念中那些极为偶然的东西"(同上)。就此我们来到威廉斯的第三个信念,即哲学只有承认世界的极端偶然性,并把其对哲学自身抱负的影响铭记于心,才是有价值的、有道理的或准确的。就此而论,拥抱偶然性仅仅意味着拒斥与那种一刀切的目的论和解释体系——比如伦理进步或伦理真理——相关的必然性,而诸多价值的显而易见的多元性和它们之间的不可通约性,更不要说悲剧在生活中的不可避免性及其重大意义,都显出那种必然性的虚假。像他的挚友以赛亚·伯林(Isaiah Berlin)一样,威廉斯"提醒我们,不要认为所有的善、所有的美德、所有的理想都是相容的,所有可欲之事最终能统一成一个和谐的整体而不受损失,这是严重错误的"(Williams 1978b: xvi)。事实上,威廉斯对伦理学理论的那种备受赞誉的怀疑,大部分可以视为源自对任何"对我们身处其中的观念和实践

第一章　导论："反对短视者"

的世界必然在概念上贯通，或者形成一个同质的伦理整体的期待"的怀疑（Williams 1995i: 139）。因此，威廉斯也对希腊悲剧情有独钟，在他看来，希腊悲剧"恰恰拒绝呈现与他们的世界理想化地和谐相处的人类，而且希腊悲剧也没有为这样的一个世界留有余地，即如果它被理解得足够好，它就可以指导我们如何与其和谐相处"（Williams 1993b: 164）。威廉斯反复强调和谐难以捉摸，这凸显了他反复强调的偶然性的普遍性以及这一事实对哲学理解的重要性。

这三个环环相扣的信念关涉哲学的如下需求：发展和调配出一种足够复杂的心理学，理解哲学自身历史的持续相关性，充分意识到偶然性在多大程度上浸染了这段历史、影响了那套心理学以及引发了那些被称为哲学的问题。这三个信念贯穿了接下来的章节。这些章节按非常粗略的时间顺序排列，分别关注个人同一性、功效主义、康德式伦理学理论、实践理性、真理和客观性以及古代世界。

毫无疑问，威廉斯的这三盏指路明灯本身就值得关注；然而，只有让其效力于一种惊人的天赋，这三个信念才确确实实显出启发性。从威廉斯最早的作品就能看出来，这种天赋近乎于一种不可思议的能力——能在据说贫瘠的土地上种植出丰硕的哲学作物。毫不奇怪，这种通过运用新颖而富有想象力的方法和想法以使枯竭的领域重焕生机的本事是威廉斯许多最为知名、最具影响力的论文的特点。以《内在理由和外在理由》（Williams 1981b）为例——这也是第五章的重点——时隔二十多年后，这篇论文仍在引发持续的评论。论文从根本上复活了大卫·休谟的坚定主张，即对行动的解释与辩护——无论是道德的还是其他方面的解释与辩护——必然联系于行为者的现有动机。尽管威廉斯自认为只是把休谟关于什么算作行动理由提出的必要条件做了大幅修改，但这类修改简简单单表明，他在本来熟知的土地上创新地播种并再获丰收。而对他的天赋可谓最佳的展现，莫过于威廉斯成功恢复了关于个人同一性的身体标准或其他物理标准的合理性，从而挑战了洛克学派或者新洛克学派的正统观念。显然，这一挑战是威廉斯对当代哲学的第一个主要贡献，它会在第二章提及，这一章虽然并没有打算全面考察这个极其复杂且仍被活跃讨论的哲学话题，但它强调了威廉斯在重新激活那些遭遗弃的智识领域方面的天赋，这一天赋很大程度上解释了威廉斯在如此众多的哲学领域中的突出地位。不过在我们转向个人同一性之前，有必要简述最后三个引导性的议题。

第一，虽然以下各章设计为按顺序阅读，但也可以作为各自主题的单独处理来展开富有教益的追索；也就是说，后面的章节很少会以前面章节的内容为前提。因此，读者如果对威廉斯的诸如实践理性的观点有专门的兴趣，可以跳过他在个人同一性方面的观点，这并不是说这些话题之间不存在有意思的关联，而只是说这本书的读者以及他们可以希望这本书具备的用途会是多种多样的。

第二，如上所述，也如之后的许多主题所阐明的那样，这本书多数时候认为威廉斯最重要的贡献不在于构想新的哲学立场——相较于原有的观念，这些立场反映了某些显而易见的进展，无论怎么定义进展——而在于足够有力地动摇既有的观念，鼓励大批其他哲学家投身于有生命力的新进路。当然，如人们所预料的那样，那些哲学家的活动，有不小的一部分又旨在动摇威廉斯自己的立场。这里的要点是：虽然本书的目标是尽可能公允、准确和清晰地呈现威廉斯的观点，但和他同时代的少数几个人，特别是那些几乎每次都以极高水准的严谨和精微与威廉斯交手且向他挑战的人，其观点不能被忽视，也没有被忽视。有很多哲学家符合这个标准，但有几个格外突出（比如，约翰·麦克道尔 [John McDowell]，克莉丝汀·科斯嘉德 [Christine Korsgaard]，玛莎·努斯鲍姆 [Martha Nussbaum]），如果他们的分析看上去特别有启发或者有用，本书会将这些分析连同威廉斯自己的观点一并呈现。

第三，也是最后一点，威廉斯于 2003 年 6 月去世。在他去世之后，也在本书基本完成之后，出版了三部新编辑的威廉斯哲学论文集，这里也许有必要谈谈这些论文集的内容以及本书与它们的关系。这三卷文集在四个方面有别：编辑、主题、威廉斯对其以目前形式出版的预见程度，以及对眼下的目的来说最重要的，它们所包含的迄今未发表的材料的数量。其中，只有杰弗里·霍索恩（Geoffrey Hawthorn）编选的《太初有为：政治争论中的现实主义和道德主义》(*In the Beginning Was the Deed: Realism and Moralism in Political Argument*)（Williams 2005）有不少的新材料，这种新既是在从未发表的意义上（其中几篇是讲稿），也是在提出新的或进一步的观点的意义上，而就这本文集而言，新观点主要涉及政治正当性和现代自由国家的问题。关于这些新材料，必须提两点：一、新材料无疑很重要；二、后续章节并没有把新材料考虑进来。

相比之下，另两本论文集的42篇文章，除了4篇以外，其余都是之前发表过的，尽管发表之处往往有些冷僻。虽说由迈尔斯·伯恩耶特（Myles Burnyeat）编选的《过往的意义》(*The Sense of the Past*)（Williams 2006b）显然主要是威廉斯本人策划的，且跟历史主题和人物有关，遍及古代和近代，但在其收入的25篇文章中只有2篇是新作。即便如此，伯恩耶特写的导读充满珍贵的回忆，对于任何有兴趣追索某些导向威廉斯和发自威廉斯的哲学影响路线的人来说，这本论文集都应是必读的。由A. W. 摩尔编选的《哲学之为人文学科》(*Philosophy as a Humanistic Discipline*)（Williams 2006a）同样只有2篇新文章，这本集子里的文章不仅涉及更多当代的哲学问题，而且实际上对当代哲学本身做了令人难忘的反思。因而笔者可以秉持一定的自信说，后两部文集，或者说其内容，在本书中都得到了充分的考虑。

第二章

个人同一性

引言

个人同一性这个现代哲学问题，涉及尝试具体说明跨时间地复认个人（persons）的必要条件和充分条件；也就是说，它涉及具体说明在什么条件下可以说在 t+1 时刻的那个人与较早的 t 时刻的那个人是同一个人。常规的哲学史将这一问题的现代表述和初步解决追溯到洛克关于意识的连贯性（the connected nature of consciousness）的思想，这种连贯性从记忆的角度得到兑现。使现在的一个人和某个较早时刻的一个人是同一个人的，是当前对那个较早时刻的意识，是有意识地记住较早时刻的能力，或者如洛克自己所说："这种意识能够向任何过去的行动或思想延伸到什么地步，那个**个人**的同一性就达到什么地步；现在的自我与当时的自我是同一个**自我**"（Locke 1975: 335）。因此，对洛克来说，个人同一性完全取决于某些心理关系的成立，这同时也就是坚持认为，个人同一性并不取决于任何物理关系的成立。一个个人的延续完全归功于心智（或灵魂）的延续，而不是身体的延续。

三个多世纪以来，如果说有什么东西能将其他方面各不相同的个人同一性理论家们联系在一起，那可能就是他们对常常异想天开的、有时完全离奇的思想实验的偏好。在这方面，甚至洛克也为支持他的心理标准提供了一些例子，其中最著名的可能是王子和鞋匠之间的身体互换，旨在说明**个人**（persons）与**人**（men）之间的区别："因为如果王子的灵魂带着王子过去的生活的意识，一旦等到鞋匠的身体被他自己的灵魂抛弃就进入并灌注到这具身体里，那么每个人都会认为他与王子是同一个个人（Person），只对王子的行动负责：但谁会说这是同一人（Man）呢？"（Locke 1975: 340）在这里，我们可以清楚地看到，对洛克来说，某物是否同一人，取决于该物是否拥有同一个身体，而"凡是具有现在的行动和过去的行动的意识的，即为这两批行动所共属的同一个个人"（同上）。在这里，关于人格的讨论具有一种独特的法庭色彩，明确地将同一性问题和责任问题联系起来。

当然，洛克从记忆和意识的连贯性的角度界定个人同一性的标准引起了相当多的批评性关注，其中有两个提出了反对意见的论证特别值得注意。第一个论证与约瑟夫·巴特勒（Joseph Butler）有关，他认为洛克的论述是循环的，因为"对个人同一性的意识以个人同一性为前提，因此不能构成个人同一性"（Butler，载于 Perry 1975b: 100）。巴特勒在这里究竟是什么意思，洛克的具体阐论究竟有多容易被巴特勒的指控击败，这些仍然是有争议的历史阐释问题，但有一种看似自然的方法可以充实对洛克的循环论证指控，它涉及这样一种想法：由于记忆概念本身依赖于一个人在 t+1 时刻回忆起同一个人在较早的 t 时刻的经历，所以它依赖于个人同一性的概念，因此不能用来定义个人同一性。第二个论证与托马斯·里德（Thomas Reid）有关，他认为洛克的阐论容易受到其隐含的传递性与记忆带有的缺陷之间似乎脱节的影响。里德认为，一个"勇敢的军官"可能小时候挨过鞭打，年轻时夺取敌旗，年老时被封为将军。当然，只要那个年轻人记得曾被鞭打，而那个老人记得曾夺取旗帜，那么"但凡逻辑学中有什么真理可言"，老人与小孩肯定是同一个人（Reid，载于 Perry 1975b: 114-15）。但是，如果假设老人没有挨鞭打的记忆，那么，依洛克，老人与小孩就不是同一个人，这似乎完全说得通。里德总结道，"因此，将军与在学校挨鞭打的人既是同一个人，又不是同一个人"（同上：115），这是个荒谬的结论，因此对洛克是个巨大的挑战。

不过，这里不打算对个人同一性问题的历史做权威性的论述（这方面不同范围和侧重点的精彩论述，参见 Perry 1975a；Martin & Barresi 2002a；尤参见 Noonan 1991）。我们只需说，对于巴特勒和里德所指出的问题——或许尤其是针对后者的问题——人们或多或少都提出了令人满意的解决办法，解决的角度是记忆的延续性而非简单的连贯性，或者是德里克·帕菲特（Derek Parfit）在有关这一主题的很可能是当代最发人深思的著作中所称的"经验-记忆的重叠链"（Parfit 1984: 205）。这里想说的很简单：从某种跨时间成立的心理关系角度做出的洛克式或新洛克式个人同一性阐论一直是哲学的正统，直到威廉斯在《个人同一性与个体化》（"Personal Identity and Individuation"）一文中，基于复制的可能性提出了著名的论证，认为"对身体的忽略抹掉了个人同一性观念中的所有内容"，令该领域改天换地（Williams 1973g: 10）。就事实而论，那种心理阐论至今可能仍是正统观点（参见 Olson 1997: 11-21），但如果是这样的话，它们一定在某种程度上应对了威廉斯的文章所提出的挑战。

复制

威廉斯的论文所提出的挑战体现在以下的思想实验中。假设有个叫查尔斯的人主张自己拥有盖伊·福克斯（Guy Fawkes）的生平，或者至少拥有福克斯在1606年因密谋为天主教事业炸毁议会而被处决之前的生平："不仅查尔斯所有可以核实的记忆主张都符合历史学家所了解的福克斯的生活模式，而且其他无法核实的记忆主张也是可信的，为无法解释的事实提供了解释，诸如此类"（Williams 1973g: 7-8）。威廉斯认为，说查尔斯现在就是福克斯的诱惑力"非常强"(同上:8)。当然,这种诱惑力来自查尔斯/福克斯表现出的某些心理特征;也就是说,查尔斯实质上满足了洛克关于个人同一性的心理标准。

然而,威廉斯就此指出,"如果查尔斯经历上述变化在逻辑上是可能的,那么另一个人同时经历同样的变化在逻辑上也是可能的;比如,查尔斯和他的兄弟罗伯特都处于这种状态"(同上)。威廉斯补充道,不消说,

> 他们不可能都是盖伊·福克斯;如果都是,盖伊·福克斯就会同时出现在两个地方,这是荒谬的。而且,如果他们和盖伊·福克斯同一,那么他们彼此也会同一,这也是荒谬的。因此,我们不能说他们俩都和盖伊·福克斯同一……因此,要是能说点什么的话,最好的说法是,两人都神秘地变得像盖伊·福克斯一样,对他了如指掌,或者诸如此类的说法。如果这是对两人中每一个人的最佳描述,那么如果只有查尔斯一个人发生了变化,这又何尝不是对查尔斯的最佳描述呢?(同上:8-9)

这篇论文的主要目的之一是区分同一性和"完全相似性"(exact similarity),这一点在这里得到了明确体现,查尔斯与福克斯的关系或许属于后者,但不属于前者(尽管事实上,相对于身体而言,威廉斯似乎对记忆的完全相似性持

相当怀疑的态度)。当然，与思想实验一样，这篇论文的主要目的是"表明身体同一性始终是人格同一性的一项必要条件"(同上：1)。

可以用两种方式来刻画威廉斯的复制论证的指导原则。首先，查尔斯是否成为福克斯不能取决于是否存在竞争的候选者；也就是说，取决于其他人是否也声称自己是福克斯，这样，如果没有竞争的候选者，查尔斯就是福克斯，但如果出现了竞争的候选者，问题(往好里说)就变得不确定了。正如威廉斯在一篇旨在澄清其立场的文章中所解释的那样：

> 粗粗地说，我的论证原则是，同一性是一对一(one-one)关系，而无论什么原则，如果它仅仅依赖于T类型事物之间逻辑上的一对多(one-many)关系或多对多(many-many)关系，那么它都不能成为T类型事物的同一性标准。仅凭记忆主张设定的个人同一性标准的错误之处在于"……每每提出与……的生活完全吻合的真诚的记忆主张"并不是一种一对一关系，而是一种多对一(many-one)关系，因此在逻辑上不可能足以构成同一性的标准。(Williams 1973c: 21)

由于罗伯特的出现，查尔斯与福克斯的关系从一对一变成了多对一，记忆作为同一性的充分条件也因此受到质疑。

我们也可以从另一个角度来理解威廉斯的指导原则，即认为同一性问题必须从内在关系的角度来解决；外在因素，比如在威廉斯的例子中罗伯特的存在，不可造成妨碍，这就是说，"未来的某个人——我们姑且称他为Y——与现在的X是不是同一个人，这个问题不能仅仅是Y是否当时成为X的**最佳人选**的问题"（Williams 1982a: 32）。无论X和Y之间的同一性关系是否成立，它都只能依X和Y之间的内在关系而定。威廉斯又一次认为他的复制论证削弱了洛克式的阐论，即以记忆角度的心理延续性作为个人同一性的充分条件，因此为以身体或时空的延续性——最自然的是大脑的延续性——作为必要条件提供了关键的空间。不过，如理查德·斯温伯恩（Richard Swinburne）所非常乐意指出的那样，"任何大脑理论也都有可能遭到复制思路的反驳"（Swinburne 1984: 14）。

威廉斯在这里遇到的问题——如果这确实是个问题的话——源于大脑裂变（brain fission）的可能性，因为从解剖学角度看，人类大脑由两个半球组成，至少从理论上讲，可以通过手术将两个半球分裂并移植，这样每个半球大致都能维持相互类似的、手术前水平的功能运转。斯温伯恩又说："假定我们可以把P_1的一个半球移植到一个已取出大脑的头骨中，再把另一个半球移植到另一个这样的头骨中，这在逻辑上没有任何困难……如果这些移植成功……那么，由此产生的每个人都将是P_1的最佳人选"

（同上：14-15；更一般层面的论述参见 Nagel 1979a）。无论如何，正如斯温伯恩忍不住补充的那样，这种手术方案"肯定比威廉斯所讲述的盖伊·福克斯的故事更有可能发生！"（Swinburne 1984: 15）。尽管从威廉斯对纯心理阐论的攻击来看，大脑的延续现在看来似乎是个人同一性的一个受欢迎且必要的身体条件，但它似乎很容易受到关于多对一的或外在的关系可能性的类似担忧的影响。

值得称赞的是，威廉斯意识到了这个薄弱之处，尽管不是（马上）从大脑对切的角度意识到的：

> 可以想象一个人像变形虫一样分裂成两个他自己的拟像。如果这种情况发生了，那么根据我最初的论证必然可以得出，说分裂出来的那一个人与原来的人是同一个人并不合理：他们不可能都是原来那个人，因为他们彼此并不同一，选择其中一个而不是另一个，说他与原来那个人同一，也是不合理的。因此，按照我的要求，似乎连时空延续性也不能作为同一性的标准。（Williams 1973c: 23；对照 Williams 1973b: 77）

然而，威廉斯拒绝接受这一结论，他认为："这种以时空延续性为标准的复制，与其他类型的情况之间存在着至关重要的区别"（Williams 1973c: 24）。要认识到这一至关重要的区别，就需要认识到身体的情况在描绘同一性因果链方面所提供的优越可能性,或者换一种说法,就需要理解"[时空]标准的彻底应用本身将在多大程度上揭露复制情况的存在,从而使我们能够(否定地)回答最初的同一性问题"(同上)。威廉斯认为,查尔斯和罗伯特共享一个大脑与查尔斯和罗伯特共享记忆的情况截然不同。

在《个人是身体吗?》("Are Persons Bodies?")一文中,威廉斯努力阐明自己的立场:

> 如果所设定的同一性标准允许存在 B 和 C 这两个不同一的项,而其中每项都正好以另一项不存在的情况下会满足该标准的方式满足了该标准,那么就会出现复制问题。但是,身体的延续性却不是这样;当 B 以通常的方式延续时,它的实情与当它与 C 一起由 A 通过裂变产生时的实情是不一样的。(Williams 1973b: 77-8)

至少在讨论的这个地步,当查尔斯和他的兄弟罗伯特都声称自己是盖伊·福克斯,并且评估他们的说法和确定他们同一性的标准取决于他们所报告的记忆时,他们之间似乎没有什么可选择的,这一点确实相对简单明了。既然两个人不可能同时与第三个人同一,威廉斯将福克斯记忆的复制品视为证明了纯粹的心理标准不足以回答个人同一性问题,这就是正确的。但是,现在给这个故事添加一个身体部分,比如说,包含福克斯记忆的查尔斯的大脑被分割开来，其中一个半球留在查尔斯的头骨中，另一个半球移植到罗伯特的头骨中，而罗伯特自己的完整大脑此前已经从罗伯特的头骨中取出。在这种情况下，威廉斯似乎认为可以就同一性问题给出一个明确的否定答案，因为只要对福克斯同一性的两位认领者的历史进行彻底调查，就会发现那场导致两个单半球自我出现的脑部手术。由于"在裂变的情况下……从严格意义上讲，裂变产生的项与原来的项在时空上并不延续"，因此，无论是手术后的查尔斯还是手术后的罗伯特，都不可能同一于手术前的查尔斯（Williams 1973c: 24）。因为威廉斯认为复制论证使得身体的延续性成为个人同一性的必要条件，又因为威廉斯认为裂变的例子未能保持身体的延续性，又因为威廉斯认为裂变的例子不可能避免被历史调查揭示出来，所以威廉斯认为，单纯的身体或大脑复制的可能性对于个人同一性的时空标准来说，并不像记忆复制对于（个人同一性的）心理标准那样导出不利的结论。

威廉斯主张，要求身体延续性的个人同一性阐论更能抵御复制所带来的威胁，这一观点受到了多方面的质疑（比如，参见 Perry 1976，这是对威廉斯关于个人同一性的论文做的珍贵评述；Noonan 1991: 150-2）。首先，裂脑的查尔斯是否没有跨过威廉斯为成问题的复制设定的门槛，这一点可能并不明显。别忘了威廉斯曾说过，就身体的延续性而言，"当 B 以通常的方式延续时，它的实情与当它与 C 一起由 A 通过裂变产生时的实情是不一样的"（Williams 1973b: 78）。也许有人会在这里挑战威廉斯，要求他明确指出，手术前的查尔斯的实情有哪一条在手术后的查尔斯那里不再属实。大概他会简单地指出，手术后的查尔斯是一个字面意义上的半脑人，但至少从理论上讲，很难看出查尔斯的半脑状态在哪里歪曲了他之前的全脑自我。然而，威廉斯得出结论说，"这种［裂变］情况由于其特殊性，并不违背我的一般立场；我的一般立场是，要想成为同一性的标准，一个原则必须提供我所说的一对一关系而非一对多关系"（Williams 1973c: 25；参见 Perry 1976: 425-8）。无论如何，这里的目的与其说是要发展和批判威廉斯关于个人同一性的论证，不如说是要支持哈罗德·努南（Harold Noonan）在其关于个人同一性的权威论著中的说法，即"（威廉斯的复制）论证改变了对这一问题的后续讨论，并引导哲学家们提出了全新的立场"（Noonan 1991: 149）。下一节将讨论威廉斯最令人印象深刻的论文之一《自我与未来》（"The Self and the Future"），以及此文本身对心理延续性作为个人同一性的充分条件的质疑。

一个冒险的选择

直觉在哲学论证中究竟应当扮演什么角色，这是个复杂而又充满争议的问题。有些哲学家认为直觉几乎不值一提，而另一些哲学家则认为应该不惜一切代价保留直觉；还有一些哲学家认为哲学的首要任务是调和或寻求理性论证与直觉之间的某种平衡，并不优待其中一方（参见Williams 1995j，其中讨论了技术性更强的直觉概念，尤其是在伦理学中）。无论持何种观点，所有人都会同意，相互冲突的直觉常常指示着需要关注的哲学议题或难题。此外，所有人都会同意，揭露甚至编造出能激发这种相互冲突的直觉的事例或情况，会具有巨大的哲学价值。这正是威廉斯的杰作《自我与未来》成功做到的，他对本质上同一个事例或同一组状况所做的巧妙呈现促生出相互冲突的直觉，这些直觉关乎"生存中重要的是什么"，因而关乎什么算得上个人同一性。

"假设 A 和 B 这两个人经历了某个过程，结果可以说——尽管有预设结论之嫌——他们**交换了身体**"（Williams 1973i: 46）。《自我与未来》由此开篇，威廉斯也由此开始描述一个假想的实验过程，并以之为基础，举出两个描述得截然不同的例子，旨在引出关于个人同一性之本性的两个截然不同甚至相互对立的结论。如约翰·佩里（John Perry）所正确坚持的那样，其中第一个例子"把支持身体转移可能性的观点表述得大致与以往人们的表述一样有效"（Perry 1976: 418）。首先，"假设有可能从一个人的大脑中提取信息，并将其储存在一个装置中，同时修复甚至更新他的大脑，然后再替换信息……因此，我们可以想象……把信息从 A 和 B 的大脑提取到这种装置中，替换进另一个大脑"（Williams 1973i: 47）。到目前为止，一切都还不赖：有种技术可以提取、储存大脑内容——不妨称这个内容为心理（psychologies）（即记忆和性格的某种混合体）——并将其替换或移植到其他地方。

这项技术就个人同一性所可能揭示的内容尤具哲学意趣。假设 A 和 B 在交换了心理的同时保留了身体。由此产生出的拥有 A 的身体的人（仍然）是 A 吗？还是说，A 现在占据了 B 的身体；也就是说，B 现在是 A？后一种结果似乎验证了心理延续性是个人同一性的充分条件，为了彻底解决这个问题，威廉斯提出了下面这个思想实验：

> 我们选取两个人，A 和 B，对他们进行 [身体交换 / 心理交换]……我们进一步宣布，做完实验后的两个人，即 A 身体人和 B 身体人，其中一个将获得 10 万美元，而另一个将遭受酷刑。然后，我们让 A 和 B 各自选择将哪种待遇分配给实验中的哪一个人，这个选择（如果可以做出的话）是基于自私的理由做出的。（Williams 1973i: 48）

没有什么比眼前的痛苦更能集中人的直觉了，威廉斯认为，A 和 B 都会选择让钱跟随他们的心理；也就是说，A 更希望 B 身体人得到钱，而 A 身体人受酷刑，而 B 更希望 A 身体人发财，而 B 身体人受苦。此外，这样的选择表明"'改换身体'确实是对结果的一个很好的描述"（同上）。威廉斯的结论是，"关心我将来会发生什么，并不一定要关心这具身体（我现在拥有的这具身体）会发生什么"（同上：49），他甚至进一步指出，"面对这样一个实验，唯一理性的做法是把自己等同于自己的记忆，而不是等同于自己的身体"（同上：51）。一个人是谁似乎并不取决于他占据了谁的身体。心理标准似乎安然无恙。

然而，眼下，威廉斯要求读者"考虑明显不同的一件事情"，即第二种情况，尽管这种情况仍然依赖于记忆提取、存储、替换和交换的实验技术：

> 我处在某人的控制之下，而这个人告诉我，我明天会受酷刑。……他还说，到时候，我会不记得有人告诉过我这是要发生在我身上的事，因为在受酷刑前不久，还会有人对我做别的事，这会使得我忘记这个通知。……然后他补充说，我忘记通知只是一个更大过程的一部分：当受酷刑的时刻来临，我将不记得我现在能够记得的任何事情。……他现在进一步补充说，在受酷刑的那一刻，我不仅不会记得我现在能够记得的事情，而且会对我的过去有一套不同的印象，与我现在的记忆截然不同……最后，主管人还补充说，我在受刑前夕获得的关于我过去的印象将与另一个现

> 在活着的人的过去完全吻合，我将通过（比如）把他大脑中的信息复制到我的大脑中来获得这些印象。
>
> （Williams 1973i: 52）

威廉斯非常合情理地报道说，当他最初被告知即将受酷刑时，"我很害怕，忐忑不安地期待着明天的到来"（同上）。这里的大问题关乎提供给他的任何额外信息是否应该或将会减轻他的恐惧。

威廉斯认为不会。说起来，它倒可能会加剧他的忧虑。比如，对于在受刑之前获得他人记忆的前景，威廉斯做出了回应："当然，恐惧仍然是适当的反应：这并不是因为人们不知道将要发生什么，而是因为至少在一个重要方面，人们知道将要发生什么——酷刑，人们确实可以预料到酷刑会发生在自己身上，而且在受刑之前还会出现某种精神错乱"（同上）。威廉斯再次强调了这一点："主管人的预言提供了人感到恐怖的双重依据：一是将要受酷刑，二是在受刑前，性格和对过去印象的将要改变"（同上：54-5）。一个"绝对简单明了"的原则为这里的分析提供了依据："人的恐惧可以延伸到未来的痛苦，无论在这份痛苦前会发生什么样的心理变化"（同上：63），因为威廉斯坚持认为，"身体上的痛苦……与性格和信念的关系微乎其微。无论我的性格和信念发生多大改变，似乎都不会对施加在我身上的酷刑的恶劣程度产生实质性影响；相应地，任何程度的预言变化都无法消除对受酷刑的恐惧，而这种恐惧，连同这些变化，预言了我的命运"（同上：54）。但是，如果一个人对痛苦和酷刑的恐惧真的证明了他对彻底的心理重塑的许诺无动于衷，那么，在以后的日子里，使他成为同一个人的，也许不是他的心理，或者至少不仅仅是他的心理。因此，身体的延续性作为个人同一性的必要条件似乎是第二个故事的明确寓意，正如心理的延续性作为个人同一性的充分条件似乎是第一个故事的明确寓意一样。然而，正如威廉斯令人难忘地指出的那样，**这两个故事本质上是相同的**，至少可以说，这让事情变得"完全神秘"。

依威廉斯，第二个事例"当然只是把我们之前所考虑的交换的一个侧面以另一种形式表现出来；它将交换表现为一种完全令人憎恶的前景，而之前的考虑则将交换表现为人们应该理性地，甚至可能是愉快地，从面前的选项中选出的东西"（同上：52-3）。诚然，有两个因素将故事的第二次讲述与第一次讲述区分开来，但威廉斯认为这两个因素都不足以把故事的不同解读解释掉。第二个事例的第一个不同之处在于，实验者用第二人称单数"'你'，主管人反复说"（同上：53）这种"不太中性"的方式来陈述情况，而第一种情况则用（可以说）不那么情绪化的第三人称来陈述即将发生的事件。然而，更加中性的刻画真的会让受酷刑的前景变得不那么可怕吗？威廉斯认为不会。

第二章 个人同一性

第二个不同之处在于，在后一个事例中，第二个人，也就是心理捐赠者，所扮演的角色远比前一种情况次要，他只是作为移植记忆的来源而被提及，而不是，比如，作为交换的接受者本人，更不用说作为10万美元的接受者了。"但是"，威廉斯不禁要问，"他凭什么**要**提到这个人以及他的下场呢？"毕竟，"我的私心是想知道我的下场，现在我知道了：受酷刑；在此之前，我的性格会发生变化，大脑会动手术，对过去的印象会发生变化"（同上：55）。因此，威廉斯自信地对以下问题明确表示"肯定不是"："当我们看到这两种不同的表述方式时，我们是否真的能够说服自己，第二种表述方式是错误的或误导性的，从而为当时看起来那么有说服力的第一种表述方式开路？"（同上：53）。因此，他仍然感到困惑，因为"对想象中的实验和与之相关的选择有两种表述，每种表述都有说服力，并且会得出相反的结论"（同上：61），而且每种表述都包含不小的风险。

应该清楚的是，当威廉斯在上述第二个事例中拒绝接受另一个人的相关性时，他基本上援引了，实际上，他根本上重申了早先为支持他的复制论证而提出的原则，即努南所说的"唯 x 与 y 原则"（the Only x and y principle），根据该原则，后来者 y 与先前者 x 的身份只能取决于 x 和 y 之间的关系，而不能受到涉及第三者 z 的事实的影响（参见 Noonan 1991: 16）。至于如何为心理上的任何改变都不足以消除人们对受酷刑的恐惧这一关键主张辩护，也就是为他的所谓痛苦原则（pain principle）辩护，威廉斯（1973i: 55-6）根本上是在挑战读者，让读者在现已略作重述并予以概要表达的实验中去挑选，究竟到哪个地步，A 对痛苦的预期就不再讲得通：

（i）A 接受了一项会导致失忆的手术。

（ii）A 产生了失忆，而且其他干扰导致他性格上发生了某些变化。

（iii）他的性格发生变化，与此同时，他被诱导出某些虚幻的"记忆"信念：这些信念完全是虚构的，与任何真实的人的生活都不相符。

（iv）与（iii）相同，除了性格特征和"记忆"印象都被设计成适合另一个真实的人，B。

（v）与（iv）相同，只不过结果是通过将信息从 B 的大脑输入 A 而产生的，其方法是让 B 保持原样。

（vi）与（v）相同，但 B 不保持不变，因为相反方向也做了类似的操作。

威廉斯的主张现已为我们所熟知，即无论是失忆还是无论如何获得的新的性格和记忆，都不应该阻止 A 对即将受酷刑感到恐惧。事实上，他提出了痛苦原则的一个推论："如果 [A] 的恐惧可以说能穿透改变，那么这种改变实际上是如何诱发的，似乎只是一种修饰"（同上：57）。科斯嘉德有趣地批评了威廉斯对疼痛的关注，因为在她看来，体验疼痛与成为某个特定的人之间的联系是相对脆弱的:"我身体上的疼痛似乎以一种重要的方式发生在**我**身上而不发生在其他人身上,这虽然是实情,但它们与我是谁(我是哪**个人**)的关系似乎比几乎任何其他心理事件都要小,这同样是实情"(Korsgaard 1996b: 394n36)。科斯嘉德的评论首先反映出,她对在讨论个人同一性时将最低限度的复认标准放在首位,而将更实质性的自我概念排除在外表示不满,下一节会对此展开更多讨论(另参见 Schechtman 1996,其中的讨论也很重要)。

佩里在前面提到的评论中提出了一份同样耐人寻味的抱怨,涉及对疼痛的恐惧在威廉斯的第二个实验中所起的作用。佩里感叹说,引导 A 去预期的事情有些模糊,尤其是在失忆方面,他令人印象深刻地提示,最能体现威廉斯在文章中的实际实验设计的程序是"大脑电击",即"大脑中的信息被毁坏了",这样一来,"试图激发回忆的性向(disposition)是愚蠢的,因为这种性向不存在了"(Perry 1976: 421)。如果这是对的,那么佩里就会认为,这个过程也完全可以被刻画为完全切除 A 的大脑。但是,佩里得出结论说,如果这种刻画确实有道理,那么威廉斯就错误地描述了情境,因为在这种情况下,恰当的恐惧不再是对受刑的恐惧,而是对死亡的恐惧:"当不清楚[A]的大脑是否会被电击时,他害怕受刑。当情况明朗,但他只能对大脑中信息的存续作最坏的假定时,他害怕死亡,或者也许不知道该害怕什么"(同上：422)。当然，如果按照上文（vi）所述，A被告知他可以预期自己的心理将被移植到B被电击的大脑中，这可能会带来很大的不同，但这恰恰构成了威廉斯认为与A的困境无关的信息。然而，如果佩里是对的，把即将到来的死亡而不是受刑的前景归给A，那么不仅A的恐惧不能"通达"（i）—（vi）阶段，而且，只要对生存至关重要的仍然像威廉斯最初描述的事例中那样是心理上的延续性，那么在（vi）阶段传达给A的信息就可以被理解为真正意义上的救命。

这里并不打算实打实地详细阐述威廉斯本人关于个人同一性的文著，至于其他人的回应，甚至无法择要考察。不过，我们之前引用了努南的一个说法，即威廉斯关于个人同一性的著作引发了对该主题"全新的"研究进路，对此，我们不妨稍稍补充一些内容。毕竟，这或许是本书的主要论点：不止个人同一性问题，其他哲学话题也因威廉斯的工作而得到重新定向、重新构想乃至重新振兴。那么，我们先把注意力集中在复制论证上，因为如上所示，它在威廉斯的阐论中从头至尾起着重要的作用；此外，尽管威廉斯提出抗议，但我们仍然假定关于个人同一性的心理阐论和身体阐论都抵挡不了对复制的逻辑可能性的担忧；那么，我们就可以留心一些关键的回应。

首先，说实话，其中一种回应并不新奇。比如，斯温伯恩认为威廉斯的复制论证增加了这样一种观点的可信度，即"个人同一性是一种终极的东西，无法用身体的延续性和记忆的延续性等可观察和可体验的现象予以分析"（Swinburne 1984: 26），他承认，这一观点可以追溯到大约250年前。斯温伯恩抵制威廉斯关于身体在解决复认问题中的必要作用的论点，他赞同"另一种东西，非物质的东西"，同时声称"人是由正常的身体物质和这种非物质的东西构成的，但正是后者的延续性提供了跨时间的延续性，而这种延续性是个人的跨时间同一性所必需的"（同上：27）。不消说，像斯温伯恩这样的非唯物主义者从专门为推进唯物主义事业而设计的论证中汲取力量，无疑是个不小的讽刺。

毫无疑问，罗伯特·诺齐克（Robert Nozick）的"最接近的延续者理论"（closest continuer theory）更能代表努南心目中那种在回应威廉斯的作品时诞生的"全新"表述。威廉斯认为记忆复制的可能性（比如说，在他的盖伊·福克斯的例子中罗伯特出现在现场的可能性）威胁到心理延续性阐论，其他人认为身体复制的可能性（比如说，大脑裂变的可能性）威胁到时空阐论，而诺齐克则提出了他自己的同一性的必要条件，作为对威廉斯谜题的直接回应："t_2时的y与t_1时的x是同一个人，仅当：第一，t_2时y的属性来源于、生长于、在因果层面上取决于t_1时x的属性；第二，t_2时没有其他的z比t_2时的y更接近（或同样接近）t_1时的x"（Nozick 1981: 36-7）。因此，诺齐克直截了当地否定了威廉斯的"一对多原则"[1]——即某人是否与先前的那个人相同,只能取决于这两个人之间的内在关系——他坚持认为,以其他候选者的形式存在的外在因素有潜在的相关性。事实上,诺齐克大概认为,恰恰是外在因素的相关性解释了为何会有那些发生戏剧性冲突的直觉,那些令威廉斯在《自我与未来》一文中感到如此挫败的直觉。

在第一个事例中,B 从一开始就被明确包括在内,这为评估 A 可能的延续性条件提供了一个有价值的参照点,使 A 能够把记忆的保持作为首要关切区分出来。相比之下,在第二个事例中,A 的同一性没有明确的相竞争的候选者,因此很难设想疼痛会影响到除 A 之外的任何人,也就很难看出为什么减少 A 的心理连贯性会减轻 A 的恐惧。当然,用诺齐克的标准来解释我们的不同反应与用它来解决威廉斯的谜题并不完全是一回事。也许有无竞争的候选者确实会影响对同一性的感知,但这并不能解决威廉斯的问题,即在确定同一性时,应首先考虑心理因素还是时空因素。诺齐克似乎承认了这一点,他说:"最接近的延续者理论有助于理清和组织问题……[它]本身并不能说明哪个维度或诸维度的哪种加权总和决定了接近度;而是说,它是一个可以将这些细节填充进去的图式"(Nozick 1981: 33)。

---

[1] 作者在这里的说法有误,威廉斯主张的是一对一原则。——译者注

但无论最好如何解读这一免责声明，也无论诺齐克的野心究竟有多大，在威廉斯看来，他对"唯 x 与 y"原则的拒斥在哲学上没有成功的希望（参见 Williams 1982a）。

我们还可以引用许多其他例子来支持努南关于威廉斯对后续理论研究的影响的说法（比如 Perry 1972；Lewis 1983b, c；Unger 1990）。当然，无论多么粗略地讨论对威廉斯关于个人同一性的开创性论文所提出的问题的回应，不提及帕菲特雄心勃勃且包罗万象的《理与人》(Reasons and Persons)都是不完整的，这本书可能比哲学史上任何一本书都包含更多的思想实验。帕菲特在书里提出了一个著名的观点：首先，个人同一性可能是本质上不确定的；其次，同一性本身在生存中并不重要；也就是说，这种同一性并不是人们对自己未来特别关注的源泉。相反，重要的是心理上的延续性和连贯性，无论以何种方式实现（参见 Parfit 1984：特别是第 10—12 章；关于帕菲特主要主张的有益总结，参见 Kolak & Martin 1991: 172-5；Shoemaker 1997）。不过，这里特别值得关注的是，帕菲特关于不确定性的第一原则观点在多大程度上可被视为对威廉斯《自我与未来》一文的直接回应。

在威廉斯的第二个事例中，面对心理上的剧烈重构，A 的忧惧持续存在，这似乎支持了个人同一性的必要的身体标准，而帕菲特利用堆垛悖论（Sorites paradox）达到了戏剧性的效果，从"心理光谱"（psychological spectrum）

角度重新想象了第二个事例,在该光谱中,不同的情况具有不同程度的跨时间心理连贯性;换句话说,光谱的起点是一个人在 t_2 时拥有与 t_1 时相同的身体和心理特征(比如,相同的大脑,相同的记忆),终点是身体特征保持不变,但心理特征完全没有的情况(比如,相同的大脑,不同的记忆或没有记忆)。对帕菲特来说,光谱的远端完美地代表了威廉斯在《自我与未来》一文中第二个事例的结局,而在心理光谱的语境中,威廉斯的论证会这样展开:既然个人同一性在任何给定的点上都必须是确定的,既然光谱上的任何一点显然都没有标志着足以破坏 A 的同一性的心理牺牲,又既然在光谱的远端心理延续性毫无存留,那么个人同一性的纯心理标准就不可能是正确的(参见 Parfit 1984: 231-3)。

对于这种对威廉斯的论证的"心理光谱"解读,帕菲特对照以一条"组合光谱"(combined spectrum),它同时反映生理和心理上的连贯性,以他自己为一端(帕菲特的大脑,帕菲特的心理),以一个完全不同的人葛丽泰·嘉宝(Greta Garbo)为另一端(嘉宝的大脑和心理)。当然,伟大的哲学家和伟大的女演员很容易在光谱的两端区分开来,在那里,他们很少或没有共同的细胞,很少或没有共同的记忆:葛丽泰·嘉宝与德里克·帕菲特绝不是同一个人。但是,越接近中心位置,情况就变得越含糊,因为"在这个光谱中,相邻情况之间的差异微不足道"(同上:

239）。帕菲特对读者提出挑战，要求读者确定某个他实际上死去、嘉宝产生的点，而他的结论是不能假定同一性的确定性，又鉴于威廉斯反对心理延续性的辩词假定了这种确定性，因此威廉斯的辩词是失败的。

因此，在帕菲特看来，鉴于要求对"A还是非A？"的问题给出一个确定答案是合理的，威廉斯第二个事例的貌似有理便取决于破坏A的同一性的貌似无理。而随着上述要求的合理性消失，A保持为A的必要性也消失了，因此，威廉斯对必要的身体标准的支持也消失了。就更为一般性的复制论证而言，斯温伯恩称赞它对唯物主义同一性条件的威胁是二元论的福音，诺齐克提出了一些方法来厘清而不是简单地拒斥该论证的多个候选者，帕菲特则认为同一性的终极不确定性使得威廉斯对复制的可能性的担忧在很大程度上无关紧要。尽管威廉斯可能是正确地认为，后来的两个人B和C尽管在心理上是延续的，但不可能都与先前的某个人A相同一，但在帕菲特看来，我们不必像威廉斯那样同时拒斥B和C，也不必像诺齐克那样试图在两者之间做出选择；相反，我们可以把它们都看作是与A之间有着唯一重要的关系，即在心理上连贯且延续。

结论

依雷蒙德·马丁（Raymond Martin）和约翰·巴雷西

(John Barresi)为他们关于该主题当代作品的优秀选集撰写的有益引言,"西方关于自我和个人同一性的理论演变似乎可以齐整地分为三个阶段:从柏拉图到洛克,从洛克到20世纪60年代末,以及从60年代末到现在"(Martin & Barresi 2002a: 1)。他们进一步指出,最近这个时期有三个重要的发展特点:第一,关于个人同一性的多对一或外在观点层出不穷;第二,对同一性是生存中真正重要的东西这一说法的怀疑日益高涨;第三,越来越多的人支持将人视为四维时间切片(four-dimensional time-slices)或"瞬时个人阶段的集合体"(aggregates of momentary person-stages)(同上:1-4)。眼下,值得留心的第一件事——尽管从前面两节来看也许已经足够明显了——是威廉斯或明或暗地抵制上述每一个举动,这种抵制似乎将他完全置于历史的第二阶段,即洛克阶段。毕竟,他的重复论证不仅依赖于同一性关系的内在性和确定性,而且如下文所讨论的那样,威廉斯至少还抵制帕菲特基于"相继的诸自我"(successive selves)逻辑所得出的结论。然而,值得留心的第二件事在重要性上令第一件事相形见绌:我们有充分的理由将这三项发展中的每一项都看作是对威廉斯对个人同一性问题的再问题化的回应,从而使他的论文成为向第三阶段,即后洛克式理论阶段的过渡进程中的重要事件,甚至近乎这场过渡的条件。

帕菲特与众不同的一个重要特点是,他除了对个人同一性问题进行细致分析外，还热衷于阐发这种分析的伦理意义；简言之，他把主题从形而上学的人格转向了道德的人格。因此，没人会讶异于威廉斯与帕菲特之间的对话超出了《理与人》一书中对《自我与未来》一文的批判，因为也许没有其他当代哲学家比威廉斯更容易让人联想到对道德人格深度的探寻，这种联想他也当之无愧。在拒斥非黑即白的个人同一性观点时，帕菲特引用了心理连贯程度的戏剧性变化，事实上，这种差异如此具有戏剧性，以至于他认为在"联系明显减少——性格、生活方式、信念或理想发生重大变化"的情况下，有理由提及"相继的诸自我"（Parfit 1984: 304-5）。这种说法似乎会严重威胁到行为主体性的跨时间统一（unity of agency over time）概念，而且还将一种特定的道德理论凌驾于其竞争对手之上：

> 如果我们不再相信人是单独存在的实体，而是开始相信生命的统一性只不过是此生各种体验之间的各种关系，那么我们就会更关心体验的品质，而不那么关心它们是谁的体验。这在一定程度上支持了功效主义观点。（同上：346）

威廉斯断然拒斥这种观点，即"在进行道德思考时，貌似更合理的做法是，较少地关注人，即体验的主体，而更多地关注体验本身"（同上：341）。事实上，正如接下来两章所记录的那样，这可能是威廉斯最为强烈反对的立场了。比如，威廉斯著名的《个人、性格与道德》（"Persons, Character and Morality"）一文中有一节回应了帕菲特关于道德人格的观点，而帕菲特的观点本身至少部分源于威廉斯早先关于形而上学人格的观点。然而，这种说法并不完全正确，因为威廉斯实际上可以同意，而且确实同意，道德所要求的似乎正是帕菲特所认为那种从他的人观念中自然产生的非个人性，但威廉斯认为，这样一来，道德就显得更糟糕了。

第三章

功效主义批判

第三章 功效主义批判

引言

威廉斯的《功效主义批判》("A Critique of Utilitarianism")是J. J. C. 斯马特的《功效主义伦理学体系概要》("An Outline of a System of Utilitarian Ethics")的姊妹篇，频频重印，其中的最后一句话对功效主义做出了预言："我们不再听人提起功效主义的那一天不会太远了"（Williams 1973a: 150）。然而，颇具讽刺意味的是，这篇文章的攻击所产生的重大影响确保了我们在随后的几十年里更多地听人提起功效主义。用"攻击"一词似乎并不过分，因为威廉斯寻求的是"功效主义思想的破裂点"（同上：114）。此外，虽然威廉斯确实对他在回应斯马特时"论战色彩过浓"感到遗憾，但他从未放弃其基本主张（Williams 1995h: 211）。本章将考察这些主张，以及其他主张，主要可归纳如下：行为功效主义（act-utilitarianism，或威廉斯所谓的"直接"功效主义）使道德主体与其行为和情感疏离，从而破坏了他们的个人完整性（integrity）；规则功效主义（rule-utilitarianism，或威廉斯所谓的"间接"功效主义）依赖于理论与实践之间站不住脚的划分；最后，对于领会威廉斯对伦理生活的总体看法至关重要的一个主张是，"对功效主义而言，悲剧不可能存在"（Williams 1972: 86）。

依威廉斯，"在留存至今的伦理学理论中，功效主义是最雄心勃勃的一个"（Williams 1985: 92）。威廉斯所说的伦理学理论究竟是什么意思，以及他所说的伦理学理论是否就是大多数哲学家所说的伦理学理论，这些都是相当有争议的问题，我们将在下一章讨论威廉斯对"道德系统"（the morality system）更为一般性的攻击。眼下，我们姑且接受威廉斯自己在《伦理学与哲学的限度》（*Ethics and the Limits of Philosophy*）中所下的可能带有倾向性的定义："伦理学理论是关于什么是伦理思考和伦理实践的理论阐论，这种阐论或者意味着存在某种一般的检测，可用来确定基本的伦理信念与原则是否正确，或者意味着不存在这样的一般检测"（同上：72）。从这个定义来看，功效主义的雄心壮志源于它的全面性和决定性，它既阐明了善，也确定了正当。

功效主义"把个人福祉的事实视作伦理思考的基本主题"（同上：75），"把产生可能的最佳事态放在首位"，这些可以"从人众的幸福或人众得到他们所要的或所偏好的东西的角度"来理解（同上：16）。在他的第一本书《道德：伦理学导论》（*Morality: An Introduction to Ethics*）中，

威廉斯概述了功效主义作为一种伦理学理论的四个假定吸引力:

> 第一,它是非超验的(non-transcendental),它不求助于人类生活以外的东西,尤其不求助于宗教考虑。……第二,功效主义中最基本的益品,即幸福,似乎最少引人争议。不管人与人之间的差异有多大,他们肯定至少都想得到幸福,而且,无论付出其他什么代价,获得尽可能多的幸福肯定是一个合理的目标……功效主义的第三个吸引人之处在于,道德议题原则上可以通过对后果的经验计算来解决。这使得道德思想成为经验性的……第四,功效主义给道德思想提供了一种通用货币。不同人的不同关切,以及同一个人的不同种类的诉求都可以(在原则上)用幸福来兑换。(Williams 1972: 83-5)

只有第一个特点,即功效主义的世俗性,完全逃脱了威廉斯的批判。第二和第四个特点,即幸福既是共同目标又是通用货币,则受到了持续的攻击。至于第三个特点,尽管威廉斯确实坚持认为功效主义"既有严重的技术性困难,也有深层概念困难",但公允说来,只有后者才真正吸引了他的注意力(同上:81)。

如前所述,威廉斯区分行为功效主义和规则功效主义，或直接功效主义和间接功效主义："我用**直接**一词……是指道德所关心的后果价值直接附着于特定行为，而不是附着于规则或实践，在这些规则或实践下做出的决定无需进一步考虑后果；后一种观点是**间接**后果主义"（Williams 1973a: 81）。在这里，威廉斯有意将功效主义这个"种"与其"属"即后果主义混为一谈，并主张"功效主义的一些不讨喜的特点源于其一般性的后果主义结构"（同上），以此来证明这种良性的混同是合理的。毫无疑问，威廉斯最出名的反对功效主义的论证是以行为功效主义为靶子。

实际上，威廉斯认为规则功效主义从根本上说是不稳定的，在不连贯的边缘徘徊，原因至少有以下几点：

> 如果已经做过了计算，而且发现打破规则的后果比遵守规则要好，那么当然没有什么关于计算的负效用的考虑能够推翻那个计算结果。事实上，对于一个自洽的功效主义者来说，很难有任何事情能够推翻那个结果。无论拥有某个规则的一般效用是什么，一旦一个人实际上已经看到，在某个情境中打破规则的效用比遵守规则要多，那么，不去打破规则想必就是纯粹的不理智吧？[原文如此]（Williams 1972: 93-4）

下文将结合透明性这一重要的伦理问题来探讨规则功效主

义。就眼下而言,我们只需留意到威廉斯从未放弃他早先的信念,即"若是对于间接性资源过分地予取予求,这样的功效主义就会失去其功效主义的基本考量,最终使其功效主义性质消失殆尽"(Williams 1973a: 81)。那么,我们最好从威廉斯最为人所知的、被许多人说成是臭名昭著的反对功效主义的论证开始,该论证引起了不小的轰动,而威廉斯本人谈及此事时似乎多少有些谨小慎微:"原来,我发明了一种针对功效主义的'个人完整性反驳',并就如何应对这种反驳(如果可以应对的话)展开了讨论"(Williams 1995h: 211)。

个人完整性:行动

在威廉斯对伦理学理论展开持续的怀疑性分析中,也就是在《伦理学与哲学的限度》一书中,他赞许地引用了约翰·芬德利(John Findlay)的说法,即"人是一个个分开的,这是基本的道德事实"(Williams 1985: 88)。但如果芬德利是对的,那么功效主义似乎从一开始就处于非常糟糕的境地,因为至少在威廉斯看来,人与人之间的分离并不是理论所承认的事实,且不说它是基本的还是非基本的。此外,威廉斯通过一系列推论步骤,最终将这种对分离性的忽视,这种对每个人独特的、个人的视点的不承认,这种"聚合性冷漠"(agglomerative indifference)

（Williams 1981b: 4），这种对"'是我'本身永远不能成为道德上可理解的理由"（Williams 1973a: 96）的坚持，与功效主义无法容纳作为一种价值的个人完整性联系起来（参见 Flanagan 1991: 58-9）。

关于功效主义在某种程度上忽视了人与人之间的分离的指控当然不是威廉斯的首创。比如，W. D. 罗斯在《正当与善》(*The Right and the Good*) 一书中指出：

> 如果唯一的义务是创造最大量的善，那么谁拥有善的问题——是我自己，还是我的恩人，还是我承诺将这种善赋予他的人，还是与我没有特殊关系的普通人——应该不会对我有创造这种善的义务造成什么不同。但事实上，我们都确信它会造成巨大的不同。（Ross 1930: 22）

就在威廉斯本人开始考虑这个问题的时候，约翰·罗尔斯（John Rawls）呼应了罗斯的观点，他指出"功效主义正义观的显著特点是，满足的总和如何在个体之间分配并不重要——除非这种重要性是间接的"（Rawls 1971: 26）。此外，罗尔斯大加挞伐那种把最适合个人层面欲望满足的理论应用于社会的观点，并得出了著名的结论："功效主义没有认真对待人与人之间的区别"（同上：27）。然而，罗斯和罗尔斯关注的是与功效主义福祉总和的**分配**相关的局限性，而威廉斯强调的是与福祉总和的**产生**相关的局限性。威廉斯的观点是，功效主义没有领会到结果由谁产生的重要性，他最终将这一失败归咎于功效主义的"**消极责任概念**"（Williams 1973a: 95）。

依威廉斯，功效主义的一个显著特点是它赋予事态以主导地位，这一点具有独特的意蕴：

> 重要的是世界包含哪些事态，因此，对于某个行动来说，重要的是如果采取了行动会产生什么结果，如果没有采取行动又会产生什么结果，而这些问题本质上并不受因果联系的性质的影响，特别是不受结果是否部分由其他行为主体产生的影响。（同上：95）

在任一给定时刻，总有某一行动或行动组合——可以理解为一些"因果杠杆"（causal levers）——能保证产生最佳结果。关键是要有人拉动正确的杠杆，从而引发所期求的行动或行动组合。至于究竟是谁在拉杠杆，这在很大程度上无关紧要："作为一个功效主义行为者，我只是满足系统的代表（representative of the satisfaction system），碰巧在某个时间靠近了某些因果杠杆"（Williams 1981f: 4）。威廉斯认为，这种对能动性的具体情况的漠视与功效主义的消极责任学说密切相关："如果我说得上对什么事情负责，那么我必须对我允许或未能阻止的事情负责，就像我对我自己……造成的事情负责一样"（Williams 1973a: 95）。但是，威廉斯反对说，消极责任学说违背了我们的一个根深蒂固的信念：个体性、个人性的行动主体，即实际做出行动或拉动杠杆的人，就像罗斯所说的那样，会造成巨大的不同。功效主义"摒弃了……涉及如下想法的考虑：……我们每个人对自己的所作所为有特别的责任，对其他人的所作所为则没有这种责任"，而且，威廉斯认为，"这是一种与个人完整性价值密切相关的想法"（同上：99）。

为了阐明这种联系，威廉斯介绍了两个例子，这两个例子的主人公乔治和吉姆在当代道德哲学中已经成为家喻户晓的名字。然而，在我们讨论这两个例子之前，值得注意的是，从一开始，威廉斯似乎就对这些例子会被如何解读感到有些担忧，他主动表示"目的不仅仅是提供或激发道德直觉以测试功效主义……相反，这些例子及其讨论的目的……是为了引导人们进行反思，从而更深入地揭示秉持这些想法的生活是怎么一回事"（同上：78）。此外，威廉斯最终认为自己之前的担忧是合理的，他重申："如果乔治和吉姆的故事能引起共鸣，那也不是直觉撞击原则的声音"（Williams 1995h: 211）。不过，得为解读他的人说句公道话：要区分直觉的撞痕和反思的撞痕，可能并不像威廉斯想象的那么容易。正如一位解释者在谈到乔治和吉姆时所感叹的那样："威廉斯的例子明显很有**力量**，尽管其力量到底是什么并不明显"（Davis 1980: 19）。

第三章 功效主义批判

刚获得化学博士学位的乔治找不到工作。读者了解到，乔治体弱多病，与妻子感情深厚，孩子年幼，妻子的全职工作让他的婚姻和孩子都备受煎熬。乔治得到了一份工作：生化战争实验室的化学研究员。然而，乔治坚决反对生化战争，拒绝了这一职位。他被要求重新考虑。毕竟，无论如何，这个职位都会有人填上；事实上，如果乔治拒绝了，那么有个积极陶醉于通过化学令人速死的可能性的人将会得到这份工作。而且，他的妻子并不怀有他那样的顾虑。威廉斯问道，在这种情况下，乔治该怎么办？

吉姆在一次南美植物考察中走错了路，陷入棘手的境地。他抵达一个小镇时，正好有20名随机挑选出来的印第安人要被枪杀，作为对潜在的政府抗议者的血腥警告。然而，监督行刑的队长给了吉姆一个"客人的特权"（guest's privilege），让他亲手枪杀一名印第安人。如果吉姆接受，剩下的19名印第安人将被释放。如果吉姆拒绝，所有20名印第安人都将被枪决。我们得知，吉姆的英雄行为，比如夺取队长的枪，终将是徒劳，而且旁观者以及——更重要的是——那些即将被杀害的人都极力主张吉姆接受。威廉斯问道，在这种情况下，吉姆该怎么办？

威廉斯相信，功效主义者会认为这两个例子的正确解决方法都是显而易见的：接受这份工作，枪杀一名印第安人。但威廉斯本人认为这两个例子都不是显而易见的。事实上，他认为功效主义在乔治的例子中压根就是错的,即使功效主义在吉姆的例子中是对的,但也不是显而易见的,因为在两个例子中,功效主义的回答实际上都"或多或少让作为一种价值的个人完整性变得难以理解"(Williams 1973a: 99)。进行生化武器研究违逆了乔治的个人完整性,枪杀印第安人违逆了吉姆的个人完整性,而对威廉斯而言,这里的个人完整性指的不外乎"一个特定的人坚持他认为在伦理上必要或有价值的东西"(Williams 1995h: 213)。更重要的是,"功效主义之所以无法理解个人完整性,是因为它无法连贯地描述一个人的筹划与其行动之间的关系"。威廉斯用这句话赋予了"筹划话语"(project-talk)在他对伦理学理论的全面批判中的主导地位。

一个人的筹划在很大程度上决定了他的性格。筹划的例子包括:

> 对自己、家人和朋友所需之物——包括基本的生活必需品——的显而易见的欲求,以及在较为宽松的环境中对品味之物的欲求。或者,还可能存在具有智识、文化或创造性特征的追求或兴趣……除此之外,还有一些筹划可能与他支持某项事业有关……也可能有一些筹划是源于某种更一般的人类行为和性格的性向(disposition)。(同上:110-11)

第三章 功效主义批判

参与某些筹划,"那些你更深入、更广泛地参与和认同的筹划"(同上：116),会产生"认肯"(commitments):"一个人可以认肯某个人、某项事业、某种建制、某项职业、自己的天赋或对危险的追求等诸如此类的物事"(同上：112)。威廉斯列举了犹太复国主义和反对生化战争(这方面他向乔治致意)的例子,也纳入了对朋友和家人的依恋。这些筹划在一定程度上填补了功效主义"在人类欲求的范围内,即这两端之间——一端是自利的倾向和必需,另一端是以无涉个人的仁慈之心进行的幸福管理"挖出的"大洞"(同上：112);换句话说,筹划既无需是自私的,也无需是伪善的。

筹划和认肯的重要性与其说源于它们的内容,不如说源于它们在塑造性格、构成自我甚至提供生活的理由方面所起的作用。正如威廉斯所说,"从如下意义上说,我当下的筹划是我生存的条件:除非我在欲望、筹划和兴趣的共同推动下前进,否则我根本不清楚为什么要继续下去"(Williams 1981f: 12)。尽管可能有些夸张,但简单地说,筹划赋予意义,或者至少算得上生活能有意义的一个必要条件:没有筹划,就没有意义。因此,期望功效主义通过尊重筹划来尊重生活所具有的任何意义,这似乎并不过分。相反,据威廉斯认为,功效主义使行为者疏离了他们的行动,因而疏离了他们的筹划,因而疏离了他们自己。尽管托马斯·内格尔表明"很少有人能在不虚张声势的情况下提出这种主张",并将威廉斯的观点讽刺为"如果我必须为最大多数人的最大利益服务……我还不如死了算了"(Nagel 1995c: 170),但威廉斯的主张显然是真心的。

我们已经考察了威廉斯的主张,即功效主义因其消极责任学说而倾向于贬低个人能动性,它呼请人们拉动或不拉动各种因果杠杆,而不关心这些杠杆可能与之连接的个人的筹划。功效主义为每个人的筹划的满足感分配了一个福祉系数,这样做之后,得出的结论是,功效主义的计算现在公平地评价了所有行为者的利益。如果计算确定福祉的最大化需要某人终止个人筹划,以免干扰其他人追求他们的筹划,那么对这个人来说,情况只能是这么糟。

这一切都要追溯到功效主义对事态的关注。但是,威廉斯现在问道,"作为一个功效主义行为者,一个人怎么能仅仅因为别人的筹划如此这般构造了因果性场景,得出这样的功效主义总和,就把他围绕其构建生活的筹划或态度,看作是众多满足中的一项满足,而且是一项可有可无的满足呢?"(Williams 1973a: 116)至于功效主义是否可能准确评价构成身份认同的筹划,威廉斯用一段修辞气势在他所有文字中无可匹敌的话拒绝了这样的提议。相反,功效主义在错估了这些筹划之际威胁到了它们,而在威胁这些筹划之际,功效主义滋生了疏离:

> 别人的筹划在一定程度上决定了功效主义的网

络，而要求这样一个人在这个网络给出总和时放弃自己的筹划和决定，认可功效主义计算所要求的决定，这是荒谬的。这是在真正意义上把他疏离于他的行动和他行动的源泉——他自己的信念。这使他成为一条通道，输入每个人的筹划（包括他自己的筹划），输出最优的决定；但这忽视了他的行动和决定必须在多大程度上视为源自他最认同的筹划和态度的行动和决定。（同上：116-17）

依威廉斯，筹划和认肯将行为者界定为人，而通过颠覆出于筹划和认肯而行动的能力，功效主义颠覆了他们的个人完整性。而容易受到功效主义式计算影响的，不仅有他们在行动上的个人完整性，还有他们在感受上的个人完整性。

个人完整性：感受

功效主义使行为者与自己的感受疏离，从而损害了个人完整性，尤其是"在这样的情况下：有很强的理由……去做某件事，但这件事在道德上令自己反感，且自己有反对这件事的强烈的个人认肯"（Williams 1981k: 40）。行动当然不是在心理或情感真空中发生的，像吉姆这样受环境和功效主义式计算的驱使去杀人的人会有强烈的感受，而威廉斯在这里重点关注的是功效主义如何容纳或未能容纳这样的感受。威廉斯的要点并不是，或者说不仅仅是，吉姆的"感受与其他利害攸关的事情相比可能显得微不足道"，而是关涉"在这一点上可以做出的一种有力且可辨的控诉：吉姆拒绝做他被请求去做的事将是一种自我沉溺的怯弱"（Williams 1973a: 102）。这样一种控诉构成了"功效主义的一个众所周知且必须说是强有力的武器"（同上），威廉斯对该武器做了两次探究：第一次是在他对斯马特的回应中，作为他总的"个人完整性反驳"的一部分；第二次是在将近十年之后，作为一个独立的现象，在《功效主义与道德上的自我沉溺》（"Utilitarianism and Moral Self-indulgence"）一文中。

在《功效主义批判》中，威廉斯开篇就指出，从功效主义的角度来看，一个人的个人完整性，比如吉姆的个人完整性，在他"**因为认为自己做错了事**而感到难过……"的情况下不会受到威胁，原因很简单（Williams 1973a: 101）："结果的余额是看起来那样的话……那么（从功效主义的角度来看）他并没有做错"（同上）。这并不是说吉姆在做决定时不会感到难过，而是这种感受已经被功效主义式计算考虑在内了，而且，鉴于功效主义式计算把吉姆杀死一个印第安人以拯救十九个印第安人的做法判为正确，任何随之而来的糟糕感受都是（同样从功效主义的角度来看）非理性的，这一点我们将在本章稍后关于憾恨的部分再做讨论。那么，指控道德怯弱或道德上自我沉溺究竟意味着什么，这样的指控与个人完整性之间到底有何关联？

威廉斯起初将那种控诉或指责描述为功效主义的有力武器，旋即又有些闪躲：

> 不过，我们必须清楚（对自我沉溺的指控）能达到什么效果，不能达到什么效果。在我看来，它所能做的至多是请我们思考，（在这些情况下）我们会多么认真地、出于何种理由认为自己被邀请去做的事情是错的，特别是从功效主义的角度来考虑这个问题。当行为者不从功效主义的角度看问题时，控诉无法强迫他这样做；如果他真的转为从功效主义的角度看问题，那么实际上也没什么可以控诉的了。（同上：102）

因此，从某种意义上说，试图用道德怯弱的罪名来指责行为者的感受，意味着试图操纵行为者进入功效主义的审思框架，这种尝试可能成功，也可能不成功。

然而，对于威廉斯来说，真正的问题是：不愉快的感受仅仅是可以进行计算评价的不愉快体验，还是某种不止于此的、更深层的东西？假设吉姆拒绝枪杀印第安人。功效主义者认为，吉姆的感受只是（或只会是）些不愉快的体验，这些体验当然不能抹杀，但相对于整体福祉最大化的考虑而言，并没有什么特别的意义；为了迎合这些感受而抵制功效主义的结论则是一种自我沉溺。不过,假定吉姆从非功效主义的角度来看待这个问题,他可能会认为他的感受不仅仅是不愉快的体验,而且还表达了对和错,表明了他能做什么和不能做什么。这里正是个人完整性的登场之处:

> 对怯弱的控诉之所以会让人感到非常不安,对违背功效主义考虑是自我沉溺的暗示之所以让人感到气恼,并不是因为我们是功效主义者,不确定该给我们的道德感受赋予何种功效主义式价值,而是因为我们至少在一定程度上不是功效主义者,不能把我们的道德感受仅仅视为具有功效主义式价值的对象。因为我们与世界的道德关系部分地是由这样的感受以及我们能够或不能够"忍受"什么的意识所赋予的,所以,从纯粹功效主义的角度来看待这些感受,也就是说,将其视为发生在道德自我之外的事情,就是丧失道德身份感,就是在最字面的意义上丧失个人完整性。在这一点上,功效主义使人疏离道德感受。(Williams 1973a: 103-4)

请回想威廉斯对功效主义的刻画:功效主义似乎有无限的野心,要把包括感受在内的所有伦理现象都还原为福祉最大化的通用货币。然而,人们很可能不愿意或无法赞同这

第三章 功效主义批判

一目标,而功效主义在要求合作之际,再次显示出它无法公允地对待个人完整性的价值——至少威廉斯在《功效主义批判》中是这么认为的。

在威廉斯后来发表的《功效主义与道德上的自我沉溺》一文中,他似乎不太关心如何容纳人们的怯弱感受,而是对自我沉溺指控的实际内容更感兴趣。威廉斯早先已经讨论过,功效主义仅仅关注不偏不倚地满足从集体角度决定的利益,它无法从任何其他角度表现不愉快的感受,这一点对个人完整性构成威胁;现在他要着手处理的,则是对自我沉溺的指控本身。当然,正如刚才所讨论的那样,威廉斯认为,这种从怯弱角度提出的指控无异于强行要求功效主义式审思。但这项指控的核心是什么呢?

重要的是要认识到,威廉斯在任何时候都没有否认道德上自我沉溺的实在性,也没有声称道德上自我沉溺只是个出现在某种恶毒的修辞策略中的虚假概念,功效主义者借这一策略威逼非功效主义者,迫使他们改变自己的伦理分析方法。(有趣的是,依这幅图景,功效主义者到头来类似于外部理由论者——参见第五章——在威廉斯看来,他们试图唬住行为者,让他以违背其现有性向的方式进行审思。)然而,威廉斯的确否认的是,个人完整性的表现与道德上自我沉溺之间存在必然的联系,尤其是在功效主义式考虑被压倒的情况下。

威廉斯认为,"当行为者的拒绝采取了如下的具体形式,即说虽然别人无疑会带来恶,但至少恶不会经**他**之手产生时,那么指控可以很容易采取这样的形式,即行为者对自己的美德持独据不舍的态度"(Williams 1981k: 40)。此外,这种"以牺牲他人为代价来关心自己的个人完整性、纯洁或美德……的指控认定了一种特定的**动机**"(同上:44),威廉斯主张,这种动机才是指控的核心。他认为这种动机是在伦理上颇为可疑的"反身性关注"(reflexive concern),依这种动机,"行为者关心的与其说是他人,不如说是他自己对其他人的关心"(同上:45)。假设吉姆拒绝枪杀一个印第安人。他的拒绝是否等同于自我沉溺,取决于:

> 他是否用过分关注表达自己性向的思考来代替对所需事物的思考,以及他的快乐是否来自如下想法,即他的性向将得到表达——而不是像不自我沉溺的人那样,来自如下想法,即如果他以某种方式行事(这种行事方式是某种性向的表达,不过他未必想到这一点),事情会变成怎样。(同上:47)

对威廉斯而言,道德上的自我沉溺"涉及一种发生在自我关切和他者关切之间界线上的退转……对于任何道德,乃至对于任何谈得上心智健全的生活,这条界线都是至关重要的;这种自我沉溺不仅涉及注意力的错误指向——虽然

第三章 功效主义批判

这也是事实——更实实在在地涉及关切的错误指向"(同上)。但是,假设吉姆拒绝了队长的邀请,以免自己的行事违背了"无论在什么情况下,杀死无辜的人都是谋杀"这一信念,从而显示了他的个人完整性,那么他会公正地招致自我沉溺的指控吗?假设乔治握住自己的枪不放(这完全是个比喻),拒绝武器工作,从而展现了他的个人完整性,那么他应当受到自我沉溺的指控吗?不,除非个人完整性成为他们审思的动机,但有趣的是,威廉斯认为这在概念层面上是不可能的。

尽管威廉斯同意,个人完整性是"一种令人钦佩的人类特性",但它并不因此就是"一个本身能产生动机的性向"(同上:49)。根据这一思路,"一个表现出个人完整性的人从他深蕴的性向出发来行动,并具有使他能够这么做的美德"(同上)。正是这些美德——不管它们是什么——而非个人完整性本身,成功地激励了行为者。我们把个人完整性归于那些坚持自己的信念或表现出坚定信念的勇气的人。个人完整性是我们参照某些(其他)品性要素而发出的赞美。比如,乔治拒绝这份工作(如果他拒绝的话)并不是**出于**个人完整性;相反,他的行为出于同情心、敬畏心或荣誉感等要素的融合。正如威廉斯在若干年后指出的那样:"对某人自己的个人完整性的反思无论如何是不值得称许的,但将个人完整性作为行动的**标准**似乎也非常不清楚,因为这会是**何物**的完整性呢?"(Williams

1995h: 212）。因此，个人完整性关涉一种依照自己的筹划和认肯行事的能力，这些筹划和认肯展现不同的美德和性向，这些美德和性向则提供了激励性效力。

功效主义者在指责道德上的自我沉溺时所犯的错误，首先是将个人完整性视作一种美德。但是，在犯了这个错误之后，威廉斯认为，随之而来的对道德上自我沉溺的指控是完全可以理解的：

> 因为如果把[个人完整性]视作一种动机，那么，除了以令人反感的反身性方式之外，很难在想法中重构其表征：这一想法只能是关于自己和自己性格的，也只能是可疑的那种想法。如果个人完整性必须由一种特有的想法来提供，那么这种想法除了关涉某人自己之外没有其他东西可关涉——但并不存在这种特有的想法，只有与种种筹划相关的想法，在执行这些筹划的过程中，一个人可以展示他的个人完整性。（Williams 1981k: 49）

因此，一旦功效主义者开始认识到，比如说吉姆或乔治只有在**出于**根深蒂固的伦理性向行事的过程中才会**秉持**个人完整性行事，而这些伦理性向，如我们所见，源自给人赋予身份认同的筹划和认肯，那么道德上自我沉溺的指控就会失去大部分（甚至全部）效力。

不过，威廉斯还是想知道，"'莫经我手'的想法又当如何看待？"（同上：50）。无疑，这种想法既是反身性的，又与个人完整性概念密切相关。诚然如此，但威廉斯一如他之前的论述，否认"莫经我手"构成了一种动机：

> 这个想法[即'莫经我手']……本身并不是一个促动性的想法，这些字眼也没有表达任何独特的动机。这不仅仅是说，它们并不在一切场合表达同一种动机。而是说，它们本身并不表达任何动机：如果一个人有动机不自己去做这事，那他就有某种不去做这事的（另外的）动机。（同上）

虽然吉姆拒绝枪杀一个印第安人的理由看似是"莫经我手"，但完整说出来的意思其实应该类似于："杀死无辜的人无论在什么情况下都是谋杀，而我不当谋杀犯——这我受用不起"。换句话说，虽然"莫经吉姆之手"初看上去无异于把个人完整性视作一种动机来求诉，但仔细观察可见，实际的动机，以及归根结底一切个人完整性的表现，都依赖于唤起谋杀之耻以及吉姆厌恶和回避可耻之事的性向之类的东西，无论这样的性向有多隐晦。

因此，威廉斯描述了功效主义者以两种不同的方式提出道德上自我沉溺的指控：要么指控怯弱，指控行为者"被无端的道德感受压倒"（Williams 1981k: 52），旨在刺激——实际上是用羞辱来逼迫——行为者进行功效主义式思考；要么指控不得体的反身性，其形式是自觉地诉诸自身的个人完整性，把它视作行动的动机，而威廉斯认为，个人完整性在促动方面的惰性削弱了这一指控。以贬低感受和误认动机这两点，威廉斯进一步证明了"无法指望功效主义在任何严肃的层面上讲通个人完整性"（Williams 1973a: 82）。事实上，尽管认为功效主义是"道德上自我沉溺的唯一敌人"似乎很自然（毕竟，威廉斯问道，"功效主义不就是对每个人——其中他人从数量上压倒了自我——的关切的表达吗"），但威廉斯指出，"他者关切和自我关切之别与功效主义和非功效主义之别绝不是一回事"（Williams 1981k: 49）。说到底，功效主义式动机和任何其他形式的伦理审思一样，都容易受到过度反身性和自我关切的败坏，尽管在威廉斯看来，这种情况下个人完整性问题很少甚至不会出现，因为功效主义本身已或多或少地使个人完整性问题变得难以理解。

总督府功效主义

威廉斯在《伦理学与哲学的限度》一书中谈到间接功效主义或规则功效主义时，哀叹"这类理论里有一个让人深深感到不安的裂罅或错位：一边是理论本身的精神，一边是它据称要为之提供辩护的精神"，间接功效主义者会通过区分理论与实践来补足这一裂罅（Williams 1985: 108）。一方面，间接功效主义作为一种实践，依赖于培育行为者的某些伦理性向和习惯——也就是某些遵守伦理规则的倾向——行为者认为这些习惯和性向很大程度上就是因为具有内在价值而得到辩护的。正如威廉斯所说，"对一个具有这些性向的行为者来说，它们有助于形成他的性格，但这些性向若要完成理论交付给它们的任务，行为者就不能把他的性格看作纯粹工具性的，他要能够从这种性格的视角去看待世界"（同上）。事实上，间接方案的成功依赖于行为者将自己视为依性格行事。当然，另一方面，间接功效主义作为一种理论，参照整体福利最大化这一更高的或二阶的目标，来为形成这种性格做辩护。因此，行为者自认为的动机与他们**真正的**动机之间的脱节，证明了这样一个事实，即"批判性思考本身是功效主义的，但它却可以得出如下结论……即人们若大多数时候作为功效主义者去思考就不能使效用最大化"（同上：107）。这种脱节首先伤害的是透明性。

鉴于这种脱节和透明性的缺失，威廉斯将间接功效主义称为"总督府功效主义"（Government House utilitarianism），以此提示"功效主义与殖民主义之间的重要联系"，或者简言之，其家长主义作风（同上：108）。依威廉斯，间接功效主义对理论与实践的区分"把人划成两大类，一类是理论家们，他们能够负责任地为非功效主义的性向提供功效主义辩护，另一类人则无所反思地运用其性向"（同上）。因此，"总督府功效主义对社会透明性的价值漠不关心"（同上：109）。正如欧洲主子和老爷们不会把非洲或印度政策的来龙去脉交托给当地人（自然是为了他们好），功效主义式社会组织和政策的制定者也试图让大多数行动主体免于做功效主义性质的反思性考量，以提高效率和效能。相反，无论功效主义对人们的性向提出了什么样的要求，这些性向都是通过教育和内化的过程灌输给人们的，从表面上看，这些性向的合理性是不言自明的。

然而现在，在这个更加进步（或至少更加敏感）的时代，没有什么比开明的统治阶级和无知的被统治阶级之间的类比更粗鲁的了。因此，"当今……间接功效主义版本则往往更多从心理角度而不是从社会角度来看待理论实践两分"（同上：109）。威廉斯在这里想到的并试图加以区分的是更为经典的间接功效主义版本——如亨利·西季威克（Henry Sidgwick）的——与相对现代的版本，如 R. M. 黑尔的（如参见 Sidgwick 1981；Hare 1952，1981）。理论和实践现在是在个人内部而不是在人际之间分开，不是在距离上分开，而是在旨趣上分开，因为间接功效主义者"区别做理论的**时候**和行实践的**时候**，于是乎采用了巴特勒主教的'冷静时段'这个概念——在这段时间里，性喜哲学思考的道德家反思他自己的原则和实践"（Williams 1985: 109）。据威廉斯所述，很遗憾，"这个版本同样有严重的困难"(同上)。

威廉斯认为,作为一种人际的社会政治现象,总督府功效主义固然显得难以令人接受,但即使把它看作一种个人内部的心理现象,它同样难以令人信服,缘由在于心理组织和人类达到有意的无知的能力方面的深刻实情。以前,行为者被视为出于一些性向而合乎伦理地行事,而性向的辩护说到头来在于他们不知道的功效主义原理,而现在,行为者仍然依他们的性向行事,但在某种意义上,他们既知道又不知道这些性向在多大程度上仅仅具有为功效主义服务的工具性价值。其基本想法是,在理论的、反思的层面赞同培养某些从功效主义角度看很有价值的伦理性向,然后在实践中以某种方式实现这些性向,但这种实践是不反思的,既不受益于功效主义辩护,也不承担这种辩护的负担,这同样是因为有时避免明确的功效主义推理最有利于实现功效主义的目标。威廉斯认为,问题的症结在于"这幅图景多多少少做出一个柏拉图式的设定:作为理论家进行反思的行为者可以让自己独立于他正在加以考察的生活和性情"(同上:110)。但威廉斯在其著作中反复强调的一点是,这种独立性是一种幻想,尽管这种幻想具有永恒的哲学诱惑力。

在对西季威克哲学的一份长篇考察中,威廉斯指出了依赖于内心存有理论和实践之分歧的伦理模型所面临的主要障碍:

> 困难在于……道德性向，乃至其他的忠诚和认肯，都有一定的深度或厚度：它们不能被简单地视为——尤其是不能被其拥有者简单地视为——仅仅是产生行动或事态的手段。这样的性向和认肯通常会赋予一个人的生命某种意义，并让人有某种理由活下去；可以说，它们在不同程度上，以随时间推移而变动的方式，对人的实践认同或道德认同有所贡献。完全跳出自我，从该视角来全面评估构成我自己生活实质的性向、筹划和情感，这是无法想象的。（Williams 1995g: 169-70）

个人筹划的概念及其在构成身份认同中的作用再次凸显出来；事实上，威廉斯的思想从未远离个人完整性和生命意义的概念，可以想象，间接功效主义的要求损害了透明的实践能动性（a transparent practical agency）的整体性和满意度。这类迈向抽象概念和理论抽离的步骤，威廉斯认为在康德式的道德理论中尤其严苛，甚至到了病态的程度，下一章将说明这一点。不过，要先睹为快的话，也许值得考虑一下威廉斯从他对总督府功效主义的讨论中得出的一个最普遍的教训："不存在连贯的伦理学理论"（同上：171）。

威廉斯的教训源于我们要求伦理学理论去做的事情。依威廉斯，伦理学理论

> 总是会遇到某种形式的基本困难，即生活实践以及关于这种实践的适当理论都需要承认我所说的深层性向；但与此同时，要使理论真正成为**理论**，就必须有抽象且客观的观点，而这种观点与这些性向的深度和必然性的关系无法得到令人满意的理解。因此，理论与实践的关系多多少少仍是不连贯的。但是，如果伦理学理论要是什么，那它就必须与实践保持密切且可解释的关系，因为这就是它必须成为的那种理论。
>（同上：171）

伦理学理论永远不可能做到它想做的事情，因为伦理实践，也就是理论所要捕捉的东西，恰恰由追求个人筹划之类的抗拒理论捕捉的活动组成。正如威廉斯指责行为功效主义无法恰当地权衡甚至承认那些为人的生命注入意义的筹划和认可一样，在他看来，规则功效主义强行将审思与辩护分离开来，也同样歪曲了那些筹划和认可，即使没有同样地威胁它们。

憾恨、悲剧和不可通约性

到此为止，威廉斯对功效主义提出的指控，无论在细节上有多么不同，至少都有一个共同的特点：功效主义往好里说是没有承认，往坏里说是有意破坏行为者与筹划和认肯之间的重要关系，而行为者正是通过这些筹划和认肯来表达自己的身份认同，并赋予自己的生活以意义。无论是使行为者疏离其行动，还是折损他们的感受或区隔他们的心灵，功效主义至少用三种方式威胁着他们的个人完整性：行为功效主义的"聚合性冷漠"不分青红皂白地压倒个人观点；行为功效主义的精打细算的优雅无视许多道德情感明白无误的粗粝；规则功效主义人为割裂理论与实践，这对心灵组织（psychic organization）提出了不切实际的要求。然而，有意思的是，威廉斯所指出的有问题的特征——冷漠、算计、造作——似乎与他职业生涯早期诊断出的一种更为普遍的弊病的症状有关："但是，[功效主义者]势必要做的……是把减少冲突、尽可能消除价值冲突至无余作为道德思考的一个无可争议的总体目标"（Williams 1972: 86）。在威廉斯看来，这种对消除冲突的追求之所以在哲学上变得病态，正是因为它忽视了伦理景貌的两个无法回避的特征：憾恨现象以及价值的多元性和不可通约性。

威廉斯对憾恨及其作为检测功效主义等道德理论是否能够充分把握道德生活某些基本面向的重要性的观察，可以追溯到他最早的伦理学论文之一（"之一"或许可以省去）《伦理一致性》，在这篇论文中，他第一次认识到所谓"未取的'应当'"（the "ought" not taken）在哲学上的重要性："在我看来，对许多伦理学理论的一个根本上的批评是，它们对道德冲突及其解决的论述没有恰如其分地反映憾恨的实情及其相关考虑：主要是因为它们从场景中消除了未予执行的**应当**"（Williams 1973e: 175）。依据认知主义理论，道德主张相当于有真假可论的事实性断言。在道德冲突的情况中，"问题仅仅在于相互冲突的**应然**陈述中哪一个为真，而它们不可能都为真，所以对其中一个陈述做出正确的决定就意味着摆脱了涉及另一个陈述的错误"（同上）。同样，对于功效主义来说，解决两种可供选择的行动方案之间的道德冲突，意味着解决一些事实性问题，即其中哪种行动方案会产生最大效用或最小负效用。一旦做出决定，那么一种选择就代表了正确的做法，另一种选择则代表了错误的做法。问题就在这里：憾恨自己没选错误的做法是毫无意义的，但这样的憾恨却时常发生。

回顾功效主义着眼于从幸福的角度为道德思想提供通用货币的主张，威廉斯对这一问题做了总结：

> 这一设置有个重要的后果，它使得一种在其他道德观里广为人知的冲突变得不可能，这种冲突就是两个同样成立但不可调和的道德要求之间的冲突。在其他道德系统中，一个人可能遭遇这样的情境，身处其中，（在他看来）无论如何行动都会做错事。对于功效主义来说，这种情况是不可能的。那个人所察觉到的各种要求都可以用"最大幸福原则"（Greatest

Happiness Principle）这一共同标准来衡量，而对于"正确或者错误的做法"，除了解释为是或不是"**整体上最好的做法**"之外，并没有其他连贯的解释。……与此相悖，很多人都能认可这样的想法：总的来说，某个行为确实是某个情境下的最佳做法，但这样做仍然包含某种错误。我认为，这个想法对于功效主义来说肯定是不融贯的。（Williams 1972: 85）

对威廉斯来说，"道德冲突在两种不同的意义上是不可消除的。在特定情况下，可能两种应当都无法消除。此外，这种冲突发生的趋势本身可能是不可消除的"（Williams 1973e: 179）。如果两种应当都不可消除，但功效主义却坚持压制其中一种，如果在面对被消除的选项时感到憾恨是适当的，但功效主义却没有给行为者留出这种情感的空间，那么功效主义作为一种道德理论就再次没能捕捉到伦理经验的实相。

有两点值得顺便提一下。第一，这里可以看出，威廉斯拒斥伦理认知主义以及应然陈述与信念陈述平行（尤其是凭它也具有真值）的观念，是他备受讨论的科学与伦理学二分的前兆（尤其参见 Williams 1985：第八章）。以《伦理一致性》中的关键句子为例："我得出的结论是，道德冲突有一个与欲望冲突相同但与信念冲突不同的特点，那就是，做出决定以结束冲突未必会消除相冲突的选项：比如，未执行的选项可能会作为憾恨持续存在"（Williams 1973e: 179）。面对道德冲突时的这种憾恨向威廉斯提示了一种类别上的不同；这种不同到底有多深入，到头来是个复杂的问题，我将在第六章展开讨论。

第二，留心在伦理冲突中产生的憾恨和另一种"特别重要的憾恨"之间的区别可能会有助益，对于后者，威廉斯在其开创性文章《道德运气》（"Moral Luck"，1981c: 27）中做了详细讨论。威廉斯将后一种憾恨称为"行为者憾恨"（agent-regret），即憾恨自己本可以采取其他做法，那样就可预防某种不希望发生的结果，特别是在这样一种情况下——问题独独在于行为者的做法确实合乎伦理：比如，司机憾恨自己撞死一个不看路跑到街上的孩子。威廉斯的观点或者说观点之一在于，某些理论家肯定会坚持认为这种憾恨是非道德的，但这种坚持在他看来徒劳无益，这一点与下一章要讨论的下述问题息息相关："狭义的道德与广义的伦理相比有多重要？"（Williams 1995f: 255）。

憾恨现象说明了功效主义在任何伦理困境中确立唯一正确的行动方案的野心与威廉斯坚持的"道德冲突既不能系统地避免，也不都能无余数地解决"（Williams 1973e: 179）之间明显的紧张关系。此外，这种紧张关系也妨碍了我们对那些被威廉斯称为"悲剧性的"伦理处境的领会和理解。在悲剧处境中，比如安提戈涅和她的兄弟，或者阿伽门农和他的女儿，或者吉姆和印第安人，

> 行为者有理由认为他所做的一切都是错的：存在着相互冲突的道德要求，其中任何一项要求都无法压倒或超越另一项要求。在这种情况下，尽管经过审思可以得出，其中一种行动方案整体来看是某人最好采取的方案，但是千真万确且不会改变的一点是，每种行动方案都是道德所要求的，而且在某种程度上，这意味着，无论行为者做什么，他都有理由在内心深处感到憾恨。（Williams 1981a: 74）

功效主义消除了伴随其中一种行动方案的道德要求；同时，功效主义推进心理简省（psychological parsimony），只要一个人的行为是为了实现效用最大化，它就消除了任何憾恨的理由——这两点都使悲剧成为不可能的。从威廉斯的观点来看，熟知的罪魁祸首仍然是功效主义的如下要求，即要求幸福在任何审思经济（economy of deliberation）中扮演通用货币的角色。这种悲剧不仅在道德生活中普遍存在，而且对理解道德生活至关重要，这与如下之点大有干系：这种悲剧把伦理要求呈现为既不受我们的控制，又不可思议地来源于我们是谁、我们如何生活——第七章会探讨这种联系。但是，除了幸福不可能成为功效主义价值的通用货币之外，这种悲剧性处境还可能宣示其他东西；它们可能宣示任何通用价值都是不可能的。它们可能宣示价值的不可通约性。

威廉斯关于价值不可通约问题乃至关于一般价值问题的许多思想，似乎在很大程度上归功于他与以赛亚·伯林的多年友谊。至少，威廉斯对伯林观点的刻画很容易捕捉到他自己的观点：

> 伯林一次次地告诫我们要警惕一个深刻的错误，那就是假定所有的善、所有的美德、所有的理念都是相容的，而且所欲之事最终可以毫无损失地结合成一个和谐的整体。有种老生常谈是说，在一个不完美的世界里，并不是所有我们认为好的东西都是在实践中相容的。但要点不在于此，而在于：我们无法融贯地设想一个没有损失的世界，诸善依其本性而相互冲突，不可能有一个毫无争议的方案予以调和。（Williams 1978b: xvi）

如我们所见，威廉斯当然认为功效主义的调和方案是有争议的。

威廉斯对不可通约性主张最有力的分析出现在他的文章《价值的冲突》（"Conflicts of Values"）中，依这篇文章，"价值不可通约的主张确实说出了一些真实且重要的事。事实上，它说了不止一件事"（Williams 1981a: 77）。在威廉斯看来，价值不可通约的主张可能等同于以下任何一种主张：

(1)没有一种通货可以解决所有价值冲突。(2)并不是说每种价值冲突都可以诉诸某一种独立于任何相冲突价值的价值来解决。(3)并不是说每种价值冲突都可以诉诸某一种价值(无论独立与否)来理性地解决。(4)任何价值冲突都不可能得到理性解决。

在这四种主张中,威廉斯认为只有最后一种"太令人绝望"(同上)。当然,前三种主张所涉及的正是威廉斯本人对功效主义以某一价值最大化来裁决所有伦理冲突的抱负所做的那种否定。毕竟,"效用提供万能通货这一观点的最基本版本是,所有价值都是效用的某种版本或应用,就此而言,所有价值都不可通约的主张当然拒斥了万能通货的观点"(同上:78)。对威廉斯来说,接受不可通约性和拒斥功效主义是一体的。

威廉斯确实承认,他无法直截了当地否定"乌托邦式的意识形态理论家"(Utopian theorist of ideology),他们主张"需要超越的是当前社会,在某种更好的状况下,冲突会减少,虚假的价值会被摒弃"(同上:80)。但他坚持认为,乌托邦主义者此时此地可以同意他的一个观点,即"试图通过构建哲学**伦理学理论**(在系统化道德信念的意义上)来减少我们的冲突,来立法消除道德的不确定性,是一项误入歧途的事业"(同上)。如果像威廉斯的许多例子所表明的那样,以及如日常生活中普遍存在的憾恨和悲剧所佐证的那样,"我们价值之间的冲突不一定是病态的,……把消除冲突的需要视为适用于理论体系的那种纯粹理性的要求,肯定是错误的"(同上:81)。那么,作为或许是当今世界占主导地位的伦理学理论体系的功效主义肯定是错误的。

结论

作为结论,我们再次看看威廉斯在《道德》一书中所确认的功效主义的四大吸引力:(a)功效主义没有超越性的诉求;(b)功效主义推崇一种貌似合理的基本善,即幸福;(c)功效主义的结果取得了经验性地位;(d)功效主义让幸福充当道德思想的通用货币。现在我们应能看清,除(a)之外,威廉斯认为这些吸引力,尤其是(b)和(d),是多么肤浅和难以捉摸。威廉斯对(d)——作为通用货币的幸福——的批判侧重于功效主义在彻底解决道德冲突上的失败,以及功效主义在许可多种(潜在地不可通约的)价值上的无力,这份批判我们刚刚已经考察过了。将幸福视为"问题最小"的基本善是一回事(Williams 1972: 83),而相信如下之点完全是另一回事:幸福是唯一的价值,并如威廉斯所说,是"同质的"——它的意思是说,所有其他价值最终都是"它的不同版本"(Williams 1981a: 78)。

至于(c),威廉斯当然承认"许多人一直认为功效主义最令人满意的特点之一"的诱惑力,这一特点就是伦理审思"变成了社会科学问题",尤其是"在公共政策问题上"(Williams 1972: 85)。然而也许并不令人意外的是,威廉斯似乎并不相信功效主义对精确性和计算的偏好值得不加批判的赞扬。首先,在推动伦理决定算法化的过程中,功效主义没有意识到——更不用说区分开——两种不同的拟议行动类别:经验上可设想的行动和道德上可设想的行动。威廉斯认为,可能存在"某些这样的情形,它们如此可怕,以至于认为道德理性过程可以从中得到答案的想法是疯狂的:这些处境大大超越了人类的道德审思,乃至于从道德的角度来看,发生了什么已经无关紧要了"(Williams 1973a: 92)。威廉斯的观点似乎是,功效主义的福祉加总无论是否科学,既过于迟钝,也过于精致。它过于迟钝,以至于几乎每种可设想的情形都成了它计算的材料;它过于精致,以至于几乎每种可设想的情形都至少假装具有计算精度。正如威廉斯在其著作中最尖刻的一段话所说的那样,"把坏事弄得尽可能好是[功效主义的]座右铭之一,甚至在屠杀七百万人和屠杀七百一十万人之间的区别上,它也有话要说"(同上:93)。威廉斯认为,功效主义的社会科学经验主义(social scientific empiricism)的吸引力很容易加以抵制。

重新审视(b)以及关于幸福构成无可争议的最终目的的主张,威廉斯在这一点上的保留与其说是针对目的本身，不如说是针对功效主义粗暴地允许采取一切手段来实现这一目的。这里出现了我们所熟悉的担忧，涉及功效主义重视事态，涉及其消极责任学说，涉及它忽视个人观点以及（因此）无法将个人完整性领会为一种价值。或者，换一种说法，令威廉斯忧心的，并不是功效主义将幸福作为最终目的的做法，而是功效主义的结构，它不仅倾向于忽视筹划、认肯、理想和关系，而且倾向于使个体疏远这些，而这些恰恰是那种幸福所必需的，甚至是它所赖以构成的。功效主义最致命的吸引力在于对不偏不倚的不正当要求，这种要求不仅会侵犯能动性，还会侵犯人格本身。但是，这一批评——也许是威廉斯最具破坏性的批评——究竟多么特别地针对功效主义，多么独一无二地适用于功效主义呢？

回想一下，这一批评最终等于指控功效主义没有给个人观点留出足够的空间，或给予足够的重视；事实上，正是这一不足构成了威廉斯的个人完整性反驳的基础。然而，塞缪尔·谢弗勒（Samuel Scheffler）在一本旨在精心打造一种能够更好容纳威廉斯的某些关切的功效主义的书中坚持认为，"如果从个人完整性出发的反驳被解释为在反驳行为者的筹划原则上可有可无这一点，那么它必须被视为针对几乎所有非自我主义理论的批评，而功效主义并不独独容易受它攻击"（Scheffler 1994: 8-9）。毕竟，我们可以说，暂且不谈功效主义对不偏不倚性的独特定义，单就它强调不偏不倚而言，这只是满足了几乎所有道德理论的首要标准。同样，大卫·布林克（David Brink）也认为："个人观点的重要性所引发的忧虑可以不被视为**道德性质的忧虑**（moral worries），而是关于**道德的忧虑**（worries about morality）……这些是对道德要求的正当性或至高无上性的担忧，而不是对功效主义道德阐论的正确性的担忧"（Brink 1986: 432-3）。只要功效主义式计算成功地捕捉到了个人筹划的道德价值，威廉斯对其要求的任何抱怨就都应更准确地指向道德本身的要求。虽然任何赋予个人观点以特权的举动的确违背功效主义对事态的强调，但话说回来，任何道德理论似乎都会包含某种机制来抑制这种特权，那么人们还该不该——威廉斯还该不该——当真得出结论说，这样一来，任何道德理论的情况都确实如此糟糕呢？

事实上，威廉斯不仅准备否定任何令人满意的道德理论的可能性——正如下面几章将展示的那样，他最终把受康德和亚里士多德启发的各种其他道德理论指控为功效主义的同谋——他还准备否定道德本身。不过，这么说来，对威廉斯而言，道德的含义最终是相当狭隘的。威廉斯在《伦理学与哲学的限度》一书中区分了道德和伦理，以此确定了该书的一个重要主题，提出"到现在，'道德'这个词的内容变得愈益独特鲜明，我将建议，我们应该把道德理解为伦理的一种特殊发展，这种发展在近代西方文化中具有一种特殊的意义"（Williams 1985: 6）。第四章会探讨这一发展及其意义。为什么威廉斯要将道德看作"奇特的建制"（同上：174）？此外，第四章不仅会探究或开始探究威廉斯对道德与伦理所做的区分，还会探究他对道德与非道德之间所做的可能更为重要的区分。他引用了一些他批判功效主义时论述过的观点，解释道："我想先提一个问题，即'道德'与'非道德'之间的区分据说为我们所做的事情；我曾说过，道德方面的考量只有在与人类采取行动的其他理由相关联，并且一般性地与他们的欲望、需要和筹划相关联时才有意义"（Williams 1993a: xiii）。区分道德与非道德对我们的价值或重要性何在？威廉斯从来没有把什么问题看得比这更重大。

第四章

道德系统批判

第四章　道德系统批判

引言

本章的视线将从威廉斯对功效主义的多线抨击，转移到一场类似的多线抨击，所抨击的是一个也许不那么为人熟知但同样难对付的靶子——"道德系统"。这后一场交锋发生在有争议的概念领域，该领域至少在一定程度上被两个笨拙的对照和一份稠厚的遗产所占据。对照是理论与反理论之间，以及道德与伦理之间的对照。遗产则来自康德。这对区分和这份遗产如何相互作用是个复杂的问题。比如，对威廉斯而言，真正存在的区分可以说只有一个，这是因为要么他对道德的怀疑态度坍缩为对理论的怀疑态度，要么他对伦理的认可等同于一种反理论的生活方式。此外，有人可能会说，无论是否等同，理论与反理论之间以及道德与伦理之间的区分，或者至少威廉斯在这些方面的偏好，都是从对康德式伦理学理论的某种解读中自然而然产生出来的。因此，作为引言，有必要谈谈威廉斯如何描绘这一概念领域——伦理学理论、伦理学本身和康德——以及他如何在其中确定自己的立场。

据一本关于这一主题的珍贵文集的编者说,"反理论家认为规范性理论是不必要的、不可取的或不可能的,他们通常同时出于这三个理由而抵制规范性理论"(Clarke & Simpson 1989: 3)。依此描述,威廉斯无疑算得上是一个不折不扣的反理论家。尽管他在自己的著作中避免使用"反理论"(anti-theory)一词,但他始终坚持认为,道德哲学不仅"相比哲学任何其他分支都更不需要系统理论,却充斥着比它们更多的过度普遍和过度简化的理论系统",而且"道德哲学……压根就没有理由产生任何有趣的自成一体的理论"(Williams 1972: xx-xxi)。如上一章所述,威廉斯关于伦理学理论最出名的定义出现在《伦理学与哲学的限度》一书中,该定义的特点是要求"对基本伦理信念的正确性进行一般性检测"(Williams 1985: 72)。稍早的一段话或许可以让我们对这种一般性检测的含义有所了解:"关于道德是什么,不可能有任何非常有趣、规整或自成一体的理论,而且,即便眼下一些理论家的活动很活跃,也不可能有一种作为哲学结构的伦理学理论,可与一定程度的经验性事实相结合,得出一个用于道德推理的决策程序"(Williams 1981i: ix-x)。因此,在威廉斯看来,这种"一般性检测"或"决策程序"标志着任何伦理学理论的关键组成部分,即在任何具体的实践情境下确定一个人的道德行动的某种机制。

如第三章所示,无论是直接还是间接形式的功效主义，似乎都能颇显有理地满足这一要求。在前一种情况下，道德上正确的行动变成了计算后果之事，而在后一种情况下，道德上正确的行动变成了遵守规则之事；但无论在哪种情况下，都存在一个预设的、指导行动的程序，供行为者遵循。然而，对于其他候选理论来说，事情可能就没那么简单了。比如，努斯鲍姆在奋力捍卫伦理学理论时指出，罗尔斯通过反思平衡进行的整体论、融贯论的辩护过程摒弃了任何单一的达至伦理正确性的检测方法或决策程序，然而，威廉斯在《伦理学与哲学的限度》一书中对《正义论》的讨论却明确地将罗尔斯视为在倡导一种伦理学理论（Nussbaum 2000: 233；参见 Williams 1985：第五和第六章）。康德的情况可能更加复杂，他在许多方面既是罗尔斯的先辈，又是威廉斯的宿敌。

即将显而易见的是，在威廉斯看来，"康德的阐论困难重重且十分晦涩"，其中最突出的可能是将身处情境之中的道德行为者与不偏不倚的审思行为者分离开来，这种分离足以让人怀疑还有没有可能沿着康德的思路构建可行的决策程序（Williams 1985: 64）。这并不是说康德无法满足威廉斯关于"积极伦理学理论"的较为宽松的标准——毕竟，比如，《奠基》"既包括关于何为伦理思考的看法又包括关于怎样运用这些伦理思考的看法，并把这些看法同这种特定运用所带来的实质结论结合在一起"（同上：74）——而是说，威廉斯认为康德的标志性观点较少代表**伦理**，而更多反映**道德**，后者"被理解为伦理的一种特殊发展，这种发展在近代西方文化中具有一种特殊的意义"（同上：6）。道德（这里专指《伦理学与哲学的限度》中"道德系统"这一关键提法中的"道德"）"格外强调多种伦理概念中的某一些……它还有一些奇特的预设"（同上）。这些概念和预设，无论奇特与否，多数都涉及威廉斯所抱怨的关于抽象性和不偏不倚性、义务和谴责、道德纯粹性和抵制运气的独特康德式观点。事实上，"康德特加关注的只是道德"（同上：55）。此外，威廉斯对其中一些概念和预设的批判，可以看作是对个人完整性反驳的适度调整，这次针对的是康德式理论，而非功效主义。

值得一提的是，威廉斯对康德式道德理论的批判看起来几乎完全脱离了康德的文本。尽管威廉斯肯定对复杂的哲学注释并不陌生（如 Williams 1978a，1980，1997），但他的著作中很少引用和讨论康德的特定段落。比如，在他关于康德道德哲学的（可以说）三篇最重要的论文（《道德与情感》（"Morality and the Emotions"）、《个人、性格与道德》（"Persons, Character and Morality"）、《道德运气》）中，没有一篇包含一段康德的特定著作的引文。即使是对康德的伦理学遗产始终持怀疑态度的《伦理学与哲学的限度》，也只是在零星的尾注中提到康德的作品。眼下，康德赫然缺席的主要原因无疑可以联系到另一点，即威廉斯的著作中赫然出现了有康德倾向的当代著名哲学家——

也不妨说是康德的追随者或代理人。威廉斯与之交手颇深的这些哲学家包括内格尔、罗尔斯和艾伦·格沃斯（Alan Gewirth）——且举三例。尽管如此，不可否认，威廉斯对道德的指控首先是对康德本人的责难，他认为，"对道德做出最纯粹最深刻又最彻底的刻画的哲学家是康德"（Williams 1985: 174）。因此，威廉斯有可能因他对康德的读解被认为存在不足而招致反驳，这种反驳也的确发生了。

特别是芭芭拉·赫曼（Barbara Herman），她指责威廉斯误解了康德，尤其是威廉斯未能领会到康德理论在应对他的批判所提出的各种挑战方面的机敏。她认为这些挑战基本上有三种，接下来的三个部分将分别考察其中的一种。首先，威廉斯抱怨康德式道德"甚至坚持支配我们最基本的筹划和最切己的认肯，要求我们在如此程度上依系于道德，以至于使我们疏离我们自己，疏离我们所珍视的东西"（Herman 1993a: 24）。这种抱怨大致相当于威廉斯针对康德主义的个人完整性反驳。其次（仍是据赫曼解读威廉斯对康德的解读），康德式道德"导致了对我们情感的疏远和贬低，尤其是拒斥将情感视作道德上有价值的动机"（同上）。这一批评最先出现在威廉斯最早发表的论文之一《道德与情感》中。最后，"康德式道德常常要求我们关心错误的东西——关心道德——而不是要求我们关心我们行动和自然关切的对象"（Herman 1993a: 24）。对第三项指控的探讨，最好结合威廉斯在《个人、性格与道德》中的著名表述"过头的一虑"（one thought too many）。在讨论了这三个问题（个人完整性、情感、"过头的一虑"）之后，本章将继续考察"道德系统"，并以分析威廉斯内容广博、读者众多且至少有可能遭到广泛误解的论文《道德运气》作结。

显然，威廉斯偏好反理论而非理论："我比以往任何时候都更加坚信，[道德哲学]不需要的是属于它自己的一套理论"（Williams 1981i: ix）。但我们必须领会他对康德式理论的局限性的看法，才能充分理解这种偏好。同样明显的是，他偏好伦理而非道德，他认为后者是"我们应该以一种特别的怀疑态度来对待的东西"（Williams 1985: 6）。但是，要充分领会这种对道德的怀疑态度，同样取决于把握威廉斯对康德理论抱负的怀疑态度。因此，本章虽然在某些方面是零散的，就当代伦理哲学的局限性提出了许多各自有别的不满，但借由康德的影响在各个环节所发挥的巨大作用而保持了统一性。

个人完整性（再论）

在第三章中，"根本筹划"（ground project）凸显出来，正是它受到功效主义"聚合性冷漠"的威胁，也就是说，受到功效主义聚焦于整体福祉最大化的威胁，而这可能会牺牲赋予行为者同一性的认肯或理想或计划。我们已经看到，威廉斯认为这些认肯、理想或计划是"[一个人的]（one's）生存的条件：除非[一个人]（one）在欲望、筹划和兴趣的共同推动下前进，否则[这个人]（one）根本不清楚为什么要继续下去"（Williams 1981f: 12）。无论是否按字面意思理解，这样的说法都强调了人与人之间的分离，同时将个人视点置于优先地位。从某种意义上说，功效主义考虑到了个人视点，至少在整体上功效主义式的计算中指派了一定量的效用以表明筹划对行为者的某种价值，但从另一种更深层的意义上说，功效主义忽视了个人视点，因为这种筹划有着威廉斯曾在一处说到的"定言的"（categorical）本性，故而本质上抵制功效主义式的估价方法。还是那句话，这只是反映了这样一个事实，即"一个人的兴趣、欲望和筹划的样式不仅让他有理由对其未来的视界中发生的事情感兴趣，而且还构成了存在这样一个未来的条件"（同上：11）。在威廉斯看来，功效主义牺牲了行为者的根本筹划，从而不仅损害了他们的同一性，而且相当直白地损害了他们的个人完整性。

在《功效主义批判》一文中提出上述观点后，威廉斯在《个人、性格与道德》一文中进一步考察康德式理论是否能在功效主义失败的地方取得成功，以及在哪些方面取得成功。乍一看，前景可观。毕竟，倾向于以意图而非后果作为道德分量的衡量标准的康德主义似乎把重点放在了行为者身上，这一点值得赞许。但事实证明，这种乐观是短暂的：

> 康德式观点强调行为者之间的分离性，就此而言，它不像功效主义那么抽象……但现在产生了一个问题，即康德主义捍卫个体的个体性以对抗功效主义的聚合性冷漠的可敬本能是否真的能够奏效，毕竟康德式观点似乎强加了人之为道德行为者的那种贫瘠而抽象的特性……一个真实的问题是，康德式理论所提供的个体观念（conception of the individual）是否足够得出人们想要的东西，即使只是康德主义者想要的东西；更不用说这对另一些人是否足够，这些人尽管同样拒斥功效主义，但希望为个体性格（individual character）和个人关系（personal relations）在道德经验中的重要性留出比康德主义更大的空间。（Williams 1981f: 4-5）

很显然，这里的罪魁祸首是贫瘠和抽象，威廉斯将这两者看作是伴随着下述视角的采纳而来：这种视角足够不偏不倚，据此可以依照定言命令进行康德式的普遍化。

这里似乎至少默许了对康德理论的双立场解释：从个殊个体的立场出发提议的行动（更准确地说，是其行为准则），需要从另一个更不偏不倚的立场获得类似道德认可的印章。因此，定言命令就成了连接这两种立场的通道，经由它，行动被认可为（或不被认可为）道德上允许的行动，因为这是任何人在类似情况下都可能采取的行动。但康德式的不偏不倚未能充分体现威廉斯在批判功效主义时强调的那种赋予同一性、塑造性格的个人筹划的重要性，因此，个人完整性再次受到威胁。

威廉斯坚持认为"康德派强调道德的不偏不倚……最终把筹划之为我的筹划的含义弄得过于稀薄"（Williams 1981f: 12），威廉斯不禁要问："一个秉持不偏不倚视角的**我**，如何才能拥有充足的同一性，过上尊重自身利益的生活？"（Williams 1985: 69）。对威廉斯来说，这当然是不可能的，他总结了他对康德主义落空的期许：

> 一个有这般根本筹划的人，会被功效主义要求放弃该筹划在特定情况下所提出的要求，只要这与他作为客观的效用最大化者在考虑到所有因果上相关的因素后须做的事情相冲突。不过，康德派虽然可以做得更好，但仍然没法做得足够好。因为如果真的发生冲突，就必须要求不偏不倚的道德获胜；而这对行为者来说未必是合情理的要求。有时候，要一个人以道德行为者世界的不偏不倚的良好秩序的名义放弃某种东西是完全不合情理的，因为这种东西是他生存在那个世界的一切兴趣的条件。（Williams 1981f: 14）

我们很快就能看出，末尾这个事关不偏不倚要求的合情理性或不合情理性的说法（当然还有它的语气），这个几近最后通牒的说法，对于威廉斯的一些批评者来说已经再熟悉不过。眼下只消说，这段话划定了一个争议不小的领域，所争议的即是那些认肯不偏不倚的道德理论所施加的要求的正当性，而正如许多哲学家所承认的那样（如 Davis 1980；Flanagan 1991；Herman 1993a；Scheffler 1994），如此一来，争议几乎涉及一切道德理论。

威廉斯诉诸个人完整性和个人视点的神圣性，拒斥康德派坚持从个人筹划所形成的同一性中抽离出来并采取不偏不倚视角的做法，这些都标志着他在更一般性地拒斥康德式道德的无条件性。尽管康德式理论似乎可以保留个人筹划的个殊性，保留这些同一性和完整性的基石，至少在对行为准则的表述足够精细的情况下是这样，但当这些筹划被认为在道德上是不允许的时候，真正的威胁就出现了，赫曼清楚地认识到了这一点：

> 威廉斯在这里并没有误读康德式道德。它确实要求人们做好准备，在最深层的筹划要求采取不可允许的行动时，将这种筹划搁置一边。问题是，以这种方式认肯道德的道德行为者，他作为一个人的个人完整性是否会受到威胁……要使道德重视性格的条件（人之为人的个人完整性），就必须重视行为者对其筹划

> 的依系，允许其行动成为这些依系的表达。作为一种主张限度的道德，康德式道德可以做到这一点。它无法做到的是尊奉**无条件的**依系……事实上，考虑到有可能出现严重不道德的筹划，或是为了道德中立的筹划而采取的卑劣行动，希望这种道德不如此似乎才是不理性的。（Herman 1993a: 39）

威廉斯的想法很简单：无论其内容如何，如果一个人的筹划真的赋予了他同一性，那么放弃这些筹划就等于放弃了自我，任何道德理论都无法要求人做出这样的牺牲。不过赫曼（以及其他许多人）的回驳同样很简单：任何名副其实的道德理论都必须要求牺牲不道德的筹划，不管那是不是赋予同一性的筹划。事实上，赫曼的老师约翰·罗尔斯在《正义论》中就谈到了这一点："现在，个人完整性的美德当然是美德，也是自由人的优点之一。然而，这些美德虽然必要，但并不充分；因为它们的定义几乎可以容纳任何内容"（Rawls 1971: 519）。道德盖过了个人完整性。

在拒斥康德关于普遍化的抽象要求，或至少是其压倒性的要求时，威廉斯显然认为自己连上了某种常识性的直觉，这种直觉将个人的东西置于不偏不倚的东西之上。但任何这样的直觉的存在，往好里说，大概也是值得怀疑的。比如，努斯鲍姆认为，

> 从我们自身之外的视点来看待我们的处境的要求,是从伦理问题的日常观点中产生的要求。我们常常会觉得自己太关注自我了;即使是小孩子,也很快就学会公平分配好东西的想法,并批评那些只想着自己的目标和筹划的人。分配应该不偏不倚,就好像不从任何特定个人的视点出发一样,这种想法在操场上(以及家庭餐桌上)比在政治上更常见。……当威廉斯把非理论的行为者描绘成一个被看待世界的个人视角所禁锢的个体时,他无疑是把一部分日常生活看扁了。(Nussbaum 2000: 243)

眼下,小孩子的言谈举止对威廉斯观点的反驳有多大声量可能很难估量,但努斯鲍姆的观点肯定是有道理的,只要艾丽丝·默多克(Iris Murdoch)所说的"在道德生活中,敌人是憨肥无情的自我(ego)"是正确的,那么威廉斯的观点似乎就不足以抵御敌人的攻击(Murdoch 1970b: 52)。

其他人似乎同样对抵制不偏不倚视角的要求持怀疑态度。事实上,在威廉斯认为自我性在个人完整性方面有所增益之处,彼得·雷尔顿(Peter Railton)则看出其在自主性方面的潜在损失:

> 伯纳德·威廉斯强调,我们中的许多人都制定了某些"根本筹划",这些筹划赋予我们的生活以形态

> 和意义，他还提请人们注意，如果一个人被迫将自己的根本筹划视为有可能被道德考量所推翻的东西而与其疏远，那么这可能是对他的损害。但有人可能会反对这一点并敦促说，自主性的关键在于将一个人将自己的认肯——甚至是自己的根本筹划——拿出来接受省视。我们的根本筹划是在我们青年时期，在特定的家庭、阶级或文化背景下形成的。质疑这些可能会让人感到疏离，甚至迷失方向，但如果不这样做，就会失去自主性。（Railton 1988: 107）

不过，若要替威廉斯说句公道话，他的筹划概念似乎包含了反思性认可的要素，足以防止雷尔顿所提到的那种良心有亏，尽管这种反思性认可也许达不到严格的不偏不倚性。多数时候，根本筹划是在行使而不是放弃个人自主性的过程中赋予同一性的：一个人自己把他的筹划变成他自己的筹划。无论如何，正如威廉斯在我们接下来讨论的《道德与情感》中所说的那样，

> 不偏不倚性和一致性在人类的活动和关系中确实非常重要。但是，正如康德所说的那样，把这些概念上升为所有道德关系的典范，就是把我们每个人都变成最高立法者；这是一种幻想，它代表的不是道德理想，而是人的神化。（Williams 1973f: 226）

请放心，无论构成威廉斯的道德理想的是什么，即令这种东西在他对伦理生活的整个构想中尚且能够讲通，那它也将是非常俗常的，与人类心理和社会组织的规格（specifications）和能力紧密相连。

道德与情感

如第一章所述，威廉斯对哲学做出的许多最重要、最持久的贡献，与其说是发明一些狭窄的论证，不如说是发掘一些宽泛的主题。在《道德运气》一书的序言中，他承认自己对"道德"产生了"越来越深的怀疑"，他写道："正是这种怀疑，以及对道德或伦理理论力量的怀疑，使得我不愿为道德思想创制什么精致的生理学，而是想尝试找出道德思想的哪些部分像是真正有生命力的——方法通常是粗暴地戳一戳"（Williams 1981i: x）。当然，在威廉斯的推动下，道德思想中一个奄奄一息的部分现已明显复苏，这在很大程度上要归功于他的努力，这个部分涉及情感在实践审思乃至一般道德心理学中的性质和作用。鉴于近年来关于情感的哲学理论层出不穷，人们没有意识到当威廉斯在1965年将注意力转向情感时（也可以说是直到这时）这个话题在道德哲学中是多么被忽视，这是情有可原的。此外，根据威廉斯的诊断，这样的忽视很难说是单纯无知，反而主要是受"相当简单的情感观和深具康德色彩的道德观这两者的结合"的驱使（Williams 1973f: 207）。不过，在考虑威廉斯对这一结合的评估时，要记住，他做出这份评估这一事实本身和评估的细节一样值得赞赏。

简单来说，威廉斯认为，如果不承认情感在我们关于良好生活和正确行动的观念中所扮演的重要角色，任何关于道德的系统论述就不可避免地会遭到歪曲。所以，

> 终于到了正视康德的时候了。因为，如果有人认为，一个人为了表达某种情感而做的那些事情，会有助于我们将他视作一个道德行为者；更进一步说，如果有人说……一个人拥有可敬之人的观念意味着他应该倾向于某种情感反应而非其他情感反应；那么他就必须试着回答康德那个非常强有力的主张，即这是不可能的。（Williams 1973f: 225-6）

威廉斯在《伦理学与哲学的限度》第十章中论述"道德这种奇特建制"（Morality, the Peculiar Institution）时指出，虽然康德无疑是道德体系的幕后操纵者（*éminence grise*），但"道德并不是哲学家的发明。我们差不多所有人都以道德作为我们的一般观念，或不那么融贯一致地以道德作为我们一般观念的一部分"（Williams 1985: 175）。同样，正如我们将要看到的那样，并不是康德发明了一种没有情感的伦理生活的概念，正如并不是他发明了一种不受运气影

响的伦理生活的概念，而是说他把这些概念——我们的概念——推向了极端，威廉斯认为，其荒谬性只有对它们做出的所谓形而上学辩护才能与之媲美。但是，否认情感与伦理幸福（ethical well-being）的相关性的根据有哪些？

据威廉斯对康德的解读，这种根据有三个；也就是说，针对"一个人受情感支配的行动贡献于我们对他作为道德行为者的评价——或者如康德所说，贡献于他的道德分量（moral worth）"（Williams 1973f: 226）这一观点，有三个值得注意的反驳。首先，情感过于"反复无常"，以至无法作为道德行为的可靠向导。从根本上说，该反驳认为，由情感引导的行动本质上是非理性的，有别于根据坚定原则采取的理性行为。威廉斯断然拒斥了他所认为的康德"在对一致性的这种空洞考虑中道德的死板甚至傲慢"，他认为情感对道德生活的贡献无须是要么全有要么全无的。更重要的是，康德对情感的看法似乎过于简单化了，因为，"在不完全放弃情感性动机的情况下，无法根据其他的考量调整自己的情感反应、拿捏好分寸"，这种说法"肯定是错误的"（同上）。

其次，康德认为，如果情感只是简单向我们袭来，不请自来，那么它们就会再次暴露其非理性的根源，以及它们作为道德行为的向导的不适当。对康德来说，道德行动必须是自主的（但凡有自主这回事），而情感必定是他律的（但凡有他律这回事）。显然，威廉斯清楚地认识到，在自由选择行动这一主题上,"一切都有待商榷",他只给了两点"提示"(同上:227)。首先,需要重新思考这个想法,即非自愿的情感某种程度上外在于并寄生于自愿的理性决定:"认为人们决定采用他们的道德原则的想法是个神话"。支持这一提示的是关于道德心理学的一段精辟论述(而且不是最后一次):"在我们看来,一个人真正的信念来自他内心深处,这个地方比他的决定要深;依据一个仅仅表面上的悖论,我们认为来自他内心深处的东西,他——也就是做决定的那个'他'——可能会认为来自他的外部。情感也是如此"(同上;对照 Williams 1985: 191)。不说别的,这里我们起码看到了威廉斯对一种足以与现象相适应——在这一情形下是与情感相适应——的道德哲学的独特吁请。

威廉斯说第二个提示"平淡无奇",但这一说法对该提示的表述不甚公允,它可能比任何其他提示都更接近于捕捉到——又一次相当雄辩有力地捕捉到——他对康德式(而且不只是康德式)道德理论的所有保留意见。康德认为,如果善举是出于坚持原则而非感情用事,或者用更康德式的术语来说,如果善举真的具有道德分量,那么善举的受惠者会过得更好。对此,威廉斯回应道:"他可能需要的不是普遍法则的好处,而是某种属人的姿态(human gesture)"(Williams 1973f: 227)。如果这些姿态被证明是在某种意义上非道德的,"这只是表明,人们对人的行为还赋予了道德价值之外的其他价值"（同上），这是威廉斯最经久不衰的主题之一，接下来的三节乃至整本书都会对该主题做更全面的探讨。

最后，康德认为，由于人们在情感构成上天然存在差异，因此将道德价值建立在这些偶然分布的人格特征（features of personality）上是错误的，或者用威廉斯的话说，这么做"既在逻辑上与**道德**概念不相容，而且在某种终极意义上也是极不公平的"（同上：228）。针对这一点，威廉斯对康德进行了全面的控诉，这种控诉同时从哲学、心理学和人类学方面发出，颇具他的特色。这一回应值得详细引述，因为从中可以洞察到他的一种萌发未久却已丝丝入扣的怀疑态度，这种怀疑指向一切超出其对经验事实的把握的伦理观，不论这种观念是描述性还是规定性的：

> 在此，我们必须牢记有关康德的两个事实。一个事实是，他的工作包含着对如下思想的至极推究，这一思想……即道德分量必须与任何天然优势相分离，康德把它一路追索下去，得出结论说，道德思想和行动的源泉必须位于受经验制约的自我之外。同时，我们要记住的第二个事实是，康德在这方面的工作一败涂地，它所指向的先验心理学（transcendental psychology）即使在其并非不可理解之处，也肯定是错误的。与人得到的道德尊敬程度相关的人类特征都

> 无法避免成为一种经验特征，它会受制于经验条件、心理历史和个体差异，无论这种特征是敏感性、毅力、想象力、智力、判断力；抑或是同情心；抑或是意志力。（同上：228）

当然，以"与人得到的道德尊敬程度相关的人类特征都无法避免成为一种经验特征"为开头的这句话可以为伦理自然主义（ethical naturalism）呐喊助威，而伦理自然主义虽然是当代哲学中常常令人沮丧的模糊领域，威廉斯还是对此做出了总体上远不算模糊的实质性贡献。然而，说到"康德在这方面的工作一败涂地"的那句话并非毫无争议。

归根结底，威廉斯拒斥康德严格将出于义务动机的行为——大体上指出于遵守理性原则的意愿的行为——置于出于其他动机的行为之上的做法，而这些动机就包括情感性动机，它充其量被视作无涉理性的倾向的一个例子。如果道德行动必须是纯粹的，那么情感就不可能成为关于道德的康德式故事的一部分，这就使得关于道德的康德式故事在威廉斯看来是个童话。不过，哲学家们指责威廉斯把情感在康德伦理学中的地位描画得过于粗糙，声称他没能理解道德原则在多大程度上起到"调节作用"（Baron 1995: 127）或充当"限制条件"（Herman 1993a: 31）。威廉斯指责康德在道德动机问题上过于非黑即白，但批评他的人说，事实上，康德的观点更细致入微。

依赫曼，不应该或不一定要把康德的义务概念——表现为定言命令的形式——本身视作一种激励力量，而应该将其视作对行动在道德上是否可允许的高阶查验，无论其发生的动机如何。行动所必需的是在道德上可允许，所不必需的则是受它们在道德上是否可允许这一事实所促动。赫曼总结了她的观点：

> 因此，在向需要帮助的人提供援助的情况下，普通道德行为者的行动被多因素决定是很正常的：他可能会出于帮助他人的情感愿望而行动（满足他人的需要就将是他行动的直接目标），**而且他也会出于义务而行动**（他所做之事的可允许性是他采取行动帮助他人的必要条件）……如果反对义务动机的主张是，只要它存在且有效地控制着某人的行为方式，它就排除了作为动机的情感的影响，或者使行为者无法对他人的需要做出反应，那么当义务动机作为一种限制条件起作用时，这两种反对它的主张都不成立。（Herman 1993a: 31-2）

威廉斯对此可能会有些似曾相识的感觉。因为在这里，赫曼的分析似乎与她之前关于无条件性和压倒性的断言惊人地相似："康德式的论证是，在极限情况下，当与道德的冲突严重且不可避免时，道德必须获胜"（同上：40）。然而，赫曼的康德式论述要求情感受到道德原则的监护，在威廉斯看来，这贬低了一种相当成熟且无需附加物的正当道德动机。道德行动是否需要道德原则支持，这个（仍然）远未解决的问题是威廉斯对某艘假设沉船的为人熟知的分析的核心。

过头的一虑

如果说威廉斯的个人完整性反驳侧重于道德理论所带来的一种危险，即疏离我们自己、疏离那些决定我们性格并因此反映出我们最深层的一面的筹划和认肯，那么他在《个人、性格与道德》一文结尾处对查尔斯·弗里德（Charles Fried）的一段话所做的相对简短的讨论则突出了另一种类似的危险，这一次是指疏离他人，即疏离我们自己与之交往最深的人。故事是这样的，假设一艘船正在下沉，一个人可以在付出同样努力的情况下，在两个人——其中一人是他的妻子——中救出一个，但只能救出一个。威廉斯认为，道德理论家会为这个人的行动寻找辩护。功效主义者也许会援引在紧急情况下倾向于救配偶而非陌生人可以让福祉最大化。另一方面，康德主义者可能会主张，在这种情况下，定言命令（当然要以法则的形式适当体现）把救妻子的行为判作道德上可允许的。然而，在威廉斯看来，任何这样的辩护都是"过头的一虑"。

威廉斯没有诉诸抽象原则，而是提示"有些人（比如他的妻子）可能希望，把他的促动性思虑完全摆明了是这样：他认为那是他的妻子，并且在这种情况下，救自己的妻子是可允许的"（Williams 1981f: 18）。尽管马西娅·巴伦（Marcia Baron）尖锐地指出，在这种情况下，妻子的希望之于道德的干系颇为可疑（Baron 1995: 138），但威廉斯显然认为，不偏不倚地为该行动辩护的举动——比如，制定一项原则，根据该原则，任何丈夫在类似情况下都应该救他的妻子而不是别人——是荒唐的，但却是康德式理论的典型做法乃至标志性做法。在讨论的最后，他指出："到某个地步（如果这个事例还到不了这个地步，什么样的事例能到？），我们会触及一个必然之点：诸如对他人的深深依系之类的东西会在世界上以无法同时体现不偏不倚的观点的方式表现出来，而且它们还冒着违逆不偏不倚的观点的风险"（Williams 1981f: 18）。简言之："有些情境是辩护所不能及的"（同上）。

威廉斯对不偏不倚的道德理论尤其是康德式道德理论的"过头的一虑"反驳，可能是他著作中少有的一例，在这个例子中，随之而来的批评成功地平息了对这个问题的进一步讨论，或者至少是以同样的措辞展开的讨论。无论如何，威廉斯再也没有回到弗里德的例子上来。这并不是因为赫曼再次用对威廉斯来说无异于投降的语言为康德辩护："康德主义者所要求的只是，他不要把救妻子的愿望视作一个**无条件**有效的理由"（Herman 1993a: 42）；这也不是因为在心智哲学中有正当理由怀疑将促动性思虑（motivating thoughts）的内容分离出来的可能性；而是因为，威廉斯的讨论看起来很明显地将促动和辩护这两个问题——或不如说两个环节——揉在了一起。舍夫勒很好地概括了这种担忧：

> 必须指出的是，"促动性思虑"的概念并不完全清楚，更不用说"完全摆明的促动性思虑"的概念了。我们做一个从整个段落的上下文来看合理的假定：这样的想法必须是这个人实际有的想法——说他实际有，是对立于诸如他的行动的可辩护性（justifiability）受到质疑时会有而言的……这样的假定，大多数人在反思之后肯定都会觉得非常没有道理。认为每当人们对某一行为做出有利的评价时，人们就认肯了这样的说法，即做出该行为的行为者应该有这么做是允许的想法，而且应该在一定程度上由它所驱动——这种观点看起来没什么道理。（Scheffler 1992: 21-2）

努斯鲍姆直言不讳地强化了该观点："任何伦理学理论都不要求（行为者）在每一次做伦理选择之前都明明白白地反思一番"（Nussbaum 2000: 246）。

康德主义者为正确的行动辩护，只要这些行动是出于责任、体现出善意并符合定言命令。诚然，眼下对康德有一种影响颇大的解读，将定言命令呈现为一种决策程序，正好切合威廉斯在他为伦理学理论下的定义（参见 Rawls 1989），但说它可以产生决策并不是说在任何情况下都必须征求它的意见。因此，对威廉斯来说，问题不应该归结为康德式理论是否终究提出一个荒谬的要求，要求在行动之时有某种特定的思虑，而且这种思虑作为动机既是必要的又是充分的；问题应该归结为：在要求行动应依循不偏不倚原则而得到道德辩护之际，康德式理论是否会在如此程度上威胁到个人关系，以至于导致我们重新评估我们对道德的认肯。这依然是个活生生的问题。

道德系统

威廉斯与康德式伦理学的争战似乎范围很广，涉及多条战线：根本筹划与个人完整性、情感与道德动机、个人关系与"过头的一虑"。然而，在另一种意义上，这场争战又可能看起来较为狭窄，因为所有这些攻击显然都依赖于类似的策略、使用类似的弹药：威廉斯声称，康德向不偏不倚迈出的标志性步伐，且不论究竟如何实现，总带有一些后果，其严重性破坏了这一步伐的合理性。依威廉斯所见，康德把定言命令置于道德行为者与其筹划和认肯之间，因此，要在个体的道德经济中为个人完整性和情感留出空间，需要解除定言命令的这种中介作用。此举将道德从抽象的理性化领域拉回到具体的生活领域。事实上，在前面提及的三种抨击中，说到头来，康德式的抽象是威廉斯一贯的敌人。但这不是他唯一的敌人。

在《伦理学与哲学的限度》一书的开头区分伦理与道德时，威廉斯特别强调了"落入伦理概念范围里的考虑……没有明确的界限"，而"道德这个特殊系统……要求为自己划出一条鲜明的界限"（Williams 1985: 7）。道德的概念资源的贫瘠性，正如他坚持将伦理考量和非伦理考量放在一个连续统中，都是威廉斯反复强调的主题。这样的图景也许带来含混，而在他看来，这种含混未必一无可取。依威廉斯，以康德的理论为主要范例的理论"渴望将所有的伦理考虑都还原为一种模式……试图表明这种或那种类型的伦理考虑是基本的，其他类型的伦理考虑必须据以得到说明"（同上：16）。但这样的愿望与威廉斯最受尊崇的观点之一背道而驰，第三章从不可通约性的角度提到了这一点："我们采用各不相同的伦理考虑，它们互相之间有真实的区别；这也是我们应该预料得到的，不说别的，至少是因为我们有一个长久的复杂的伦理传统，它由多种多样的宗教来源和其他社会来源汇流而成"（同上）。令人振奋的是，他坚定的反还原论再次凸显："如果确有关于伦理物事的真理……为什么要期待这个真理该是简单的呢？这尤其是说，为什么伦理真理在概念上是简单的呢？为什么要只使用……一两个概念而不是使用多个概念？也许我们需要多个概念，需要多少就使用多少"（同上：17）。当然，需要的不仅仅是威廉斯认为最具道德系统特征的概念：道德义务。

依威廉斯，"道德的与众不同之处在于，它使用一个特殊的义务概念，给予这个概念以格外的分量"（同上：174）。这种义务概念之所以如此特殊，依赖它的系统之所以如此奇特，可以从威廉斯与它的运用相联系的两个原则或准则看出来，这两者都体现了道德在概念上的幽闭恐惧症，体现了其狭隘，其受束缚的眼光，以及其无可逃避的气场。原则之一是"唯一项义务可以压倒一项义务"（同上：180）。原则之二是"出亦义务入亦义务"（同上：181）。威廉斯让我们拒斥这两个原则，甚至完全拒斥整个道德系统。

也许值得顺便指出的是，在给道德贴上"奇特建制"的标签时，威廉斯尽管未加评论，但他是有意唤起对美国南方奴隶制度的一种普遍存在的委婉说法。威廉斯的心目中想必有这样一种联系：奴隶制成功挑战了人性、平等和同情的观念，却在很大程度上没有受到南方地主们的挑战，同样，道德主宰了我们的伦理意识，尽管它明显扭曲和歪曲了道德经验。威廉斯认为，他在《伦理学与哲学的限度》（以及其他许多作品）中贯穿始终的一个任务，是拓宽伦理学的领域，以更准确地反映他通常所说的——尽管这说法助益不大——伦理考虑的多样性和复杂性；但同样重要的任务，是强调其中许多考虑在多大程度上并非固有或独具伦理性，而只在一定程度上和特定情况下如此。威廉斯说："在道德体系中，道德义务通过一类具有特殊重要性的结论形式表达出来——行为者通过审思得到的结论是，在某种特殊处境中基于道德理由该怎么做"（Williams 1985: 174-5）。到目前为止，一切都还好。他继续说，"但在道德系统之内有一种压力，要求我们把所有进入审思并产生特定义务的考虑都表现为某种一般义务；于是，如果我现在有义务去做产生最好结果之事，那是因为我有一种一般义务——也许是不是唯一的义务——去做结果最好之事"（同上：175）这种想法似乎是，以审思结论为形式的义务必须从某个地方获得其义务性，即其定言性或"必须做到"的特质，而且获得这种特质的地方最好就是另外一个更一般的义务。[1] 那么，这个步骤奠定了威廉斯所说的"出亦义务入亦义务"原则的基础，这条原则就是"道德系统要求我们找到一项一般的义务来支持一项特殊义务"（同上：181）。尽管这条原则可能会让人想

---

[1] 本句原文为 The idea seems to be that obligations in the form of deliberative conclusions must pick up their obligatory nature, their categorical or must-be done quality, from somewhere, and where better than from some other, more general obligation。从上下文看，最后半句开头的 where 疑为 nowhere 之误。——译者注

起威廉斯在对弗里德的"过头的一虑"回应中所谴责的，即道德理论家为行动寻找充其量也是多余的辩护角度（比如，发生海难时，人有义务救自己的妻子，**因为**在这种情况下，人有更一般的义务去最大限度地追求幸福），但实际上，这个问题可能比出于自然情感等动机的行动是否需要被更多的理论性考虑所覆盖更为宽泛。威廉斯在此关注的似乎是道德的范围这个永远棘手的问题。

传统上，道德义务的范围问题集中在这样一些问题上，比如，既然我们有义务帮助那些比自己不幸的人，那么"那些不幸的人"的网应该撒得有多广？事关道德义务，我们究竟应该帮助谁？家人？家人和朋友？家人、朋友和邻居？全国人民？无毛两足动物？对问题的另一种表述简简单单是：道德有权利要求我们付出多少时间、注意力、资源和良知？威廉斯总结了他的关切：

> 一旦上路向更一般的义务进发，我们可能就开始招来了麻烦——不仅是哲学上的麻烦，也是良知上的麻烦——我们可能再无法为无关道德的活动留下一点儿空间……我们接受一般的间接的义务去推进形形色色的道德目标……这些目标就摆在那里，等着有空闲的人手去出力实现它们。这个想法有可能（我不是说一定要）这样落实：我最好被招去做那个，而不是去做我原无义务去做的那些事情；我能够被招去，就应

> 当被招去……我们若接受用义务来构成伦理思想的主张，那么，义务可以通过几条途径自然而然地把生活完全置于其统治之下。（Williams 1985: 181-2）

换句话说，道德变得无可逃避。这一思想得到威廉斯论述的道德系统的第二条原则的强化：唯一项义务可以压倒一项义务。

导致道德义务扩增的是谴责现象，其形式既有社会责难，也有自责，后者被理解为前者的内化表现。正如威廉斯所说，"谴责是道德系统的典型反应"（同上：181）。他真正的意思是，谴责是道德系统中对越轨行为的典型反应，这当然意味着谴责是对未履行义务的典型反应。考虑到在道德上有义务采取的行动的审思优先性，考虑到追求任何非义务性做法所伴随的谴责，也就是说，考虑到威廉斯所说的道德义务的"严苛性"，自然会形成一种压力，使人们将其他可能的做法视作本身具有义务性，而且动摇不得："道德鼓励这样的想法，唯一项义务可以压倒一项义务"（同上：180）。这种新发现的道德权威的来源是什么？嗨，当然是某种更一般的义务，这里我们见证了道德的两个准则之间的共生关系。在道德系统中，非道德考虑无法赢过道德考虑，否则行为者就会受到谴责。因此，为了免受谴责，此前非道德的动机通过援引——威廉斯会说是发明——越来越一般的义务，转化为道德职责（duties）。事实上，无论是罗斯的初选义务（prima facie obligations），还是那些"冒牌货"，即对自己的职责，威廉斯都认为它们是在做一些归根结底不成功的尝试，试图迁就或适应道德系统所许可的道德义务的无可逃避性（同上：182），而他很快就会撤销这一许可。

如何做到这一点？"如其本分地看待义务，它本是种种伦理考虑之中的一种；我们需要阐明这种本分的义务观念，以便上上下下观览道德用义务观念构筑的气势凌人的大建筑"（同上：182）。要形成这样一份阐述，必然要承认一些道德体系所坚持否认乃至以否认它们为自身前提的东西，但我们除非正视这些东西，否则就无法诚实地认识到，对我们自己这样的生物来说，道德的要求虽然常常相当重要，但还没到无可逃避的程度。正如威廉斯所说："伦理生活本身是重要的，但它能看到别的事情也可以是重要的"（同上：184）。然而，康德及其追随者仍然无视这些别的事情的重要性，因此可以将威廉斯的许多著作看成是既试图确立非道德、非义务、不会招致谴责的审思性考虑在人们生活中起的关键作用，又试图强调它们在面对道德考虑这种假定的王牌时所具有的韧性。没错，有义务这回事；没错，义务对伦理生活的顺利运行至关重要，因为正如威廉斯所说，"人要生活，就要有一些靠得住的东西；义务的根基就在于它们都是哪些东西这个基本问题"（同上：185）；没错，在适当的环境中，义务将具有审思优先性，也就是说，它将在相互竞争的审思性主张中占优。但是，威廉斯认为，人们应该能够依靠什么或者需要依靠什么才能正常生活甚至兴旺发达，这类考虑只会构成极少的具体义务，以禁令的形式消极地表达出来（不得杀人、不得偷盗等），远远算不上道德系统所赞成的那种大包大揽的一般义务。

这是否意味着不存在积极的义务呢？完全不是：千万要去救你溺水的配偶！但这意味着，救你配偶的义务完全是出于一些伦理考虑，或者说出于简简单单的一些考虑，一些反映着亲密和认肯、即时性和紧急性、偶然性和情境的考虑，而不是出于诸如这样一种无所不包的仁慈义务：它体现了出亦义务入亦义务的原则，以及唯一项义务可以压倒一项义务的原则。在《伦理学与哲学的限度》出版十年后，威廉斯重新审视了他对道德的批判：

> 在反对道德的问题上，我尤其主张，义务从来不是最终的实践结论，而是实践决策的输入。它们只是伦理输入的一种，只构成诸种伦理考虑中的一种。我还就它们是哪种考虑做了些提示，大意是，义务是确保重要利益得到保护的一种方式，一种贯穿于社会化行为者的审思过程的方式。（Williams 1995h: 205）

注意这里的重点：确保重要利益而不仅仅是伦理利益的一

种方式，但不是唯一的方式。归根结底，道德系统意在将义务作为堡垒，抵御欲望和自利的促动效能：欲望和自利通常从享乐主义和审慎的角度来解释，并被视为有可能——甚至很可能——不利于道德利益，而道德利益通常从抽象性和不偏不倚性的角度来解释。

依威廉斯，对道德系统的一种概括，一种非常康德式的概括，是对道德纯粹性的要求：道德动机的纯粹性——体现为一种无条件的意志；道德义务的纯粹性——体现为它的无所不在；道德行动的纯粹性——体现为某种一路到底的"我必须"；道德反应的纯粹性——体现为谴责。但是，正如我已经表明并将在第五章结合实践理性主题更为详细地表明的那样，威廉斯处处拒斥道德纯粹性的观点：所有的行动都是有条件的；没有什么必然会赋予道德义务以特权；即使是欲望也可以支撑着一路到底的"我必须"；谴责只是多种可能的消极道德反应中的一种。还是那句话，"各种类型的[道德哲学]都有个普遍的毛病：它们都把某种极为简单的模式硬加到伦理生活之上"（Williams 1985: 127），而伦理生活一点也不简单。

伦理生活之所以复杂，一个重要原因是个人性向和内化的社会价值在形成个人性格方面起着不可或缺的作用。道德关注无条件的判断环节，威廉斯把这替换为关注与性格的创造和展示相关的环节，这些环节从内在来说就更为杂乱。然而，正如威廉斯在《伦理学与哲学的限度》的题辞中效果糟糕地引用的加缪的话："若无性格，则只好诉诸心术"。性格的纯洁性是一个显然不可能实现的目标；然而，依威廉斯，理论的纯洁性虽然同样不可能实现，却仍是当代道德哲学中一个公认的目标。目标难以消灭的一个原因与放弃目标的后果有关，人们认为这后果可能包括违心地把运气收入伦理经验之中。正如威廉斯所说，"道德纯粹性本身表现了一种价值。它表达了一种理想……人类生存可以达到终极公正……道德所怀的理想是一种超越于幸运的价值，即道德价值"（Williams 1985: 195）。事实上，又一次地拜威廉斯的戳动所赐，准确阐明道德与运气之间关系的课题此后成为道德哲学中的某种家庭手工业。

道德运气

威廉斯的开创性论文《道德运气》涉及几个标志性的问题，本节更多关注对它们的诠释而非批判。即便如此，考虑到这篇论文所蕴含的丰富哲理，它本身就值得用一本书的篇幅详加讨论，因此诠释必定是不完整的，这让人感到遗憾。当然，关于康德和道德系统的一章似乎是考虑这些问题的最合适的地方，因为威廉斯认为康德是"至今仍颇强势的观念的最较真的支持者，该观念认为存在一种基本价值，即道德价值，它不受运气影响"（Williams 1981e:22）。当然，赌注很高，因为他认为"康德力求摆脱运气的努力……与我们的道德概念关系极为密切……它的失败可能倒会促使我们思考：我们是否不该把道德这个概念整个丢掉"（同上：23）。正如他在一篇《后记》（Postscript）中所说的那样（这篇《后记》是在论文原稿发表近 20 年后，为一本关于该主题的珍贵文集而写的［参见 Statman 1993］），"对运气的抵制并不是无端附加在道德之上的一项抱负：它是内植于道德之中的，正因如此，道德不可避免地会受到怀疑，怀疑它是否有能力实现这项抱负"（Williams 1995e: 242）。事实证明，这篇后记特别有助益，因为原作相当复杂，而且，若为一代读者说句公道话，它也相当难读。正如玛丽·米奇丽（Mary Midgley）所写："威廉斯的讨论如此丰富，汇集了如此多种持怀疑态度的论证，以至于往往会让读者应接不暇"（Midgley 1984: 28）。事实上，威廉斯自己后来也认识到了论文在表述方面的各种问题（暂不提它所收到的反响方面）。

任何读过威廉斯几篇论文的人都知道，他的一篇论文经常处理多个主题，这些主题可能不容易在概念上统一起来。比如，本章开头讨论的《个人、性格与道德》不仅关心"过头的一虑"和康德主义容易受到个人完整性式反驳（integrity-style objections），还关心帕菲特的工作以及人格性（personhood）是否允许作标量诠释。《道德运气》提出了一份同样充盈但多少有些费解的论题名目。威廉斯后来承认：

第四章 道德系统批判

> 造成误解的最重要原因……我现在认为是我同时提出了三个不同的问题。一个问题是……狭义的道德与广义的伦理相比有多重要？第二个问题是，对特定的行为者以及我们对某些行为者的看法而言，伦理——纵然是广义上的——有多重要……文章提出的第三个问题是回溯性辩护的问题，这是最广泛的问题，因为它可以超出伦理领域，在任何对实践理性的应用中出现。（Williams 1995e: 244-5）

第一个问题，即威廉斯将道德体系的狭窄关切与更宽泛认识下的伦理领域的关切区分开来，我们现在应该已经非常熟悉了，它在《道德运气》中的作用也很容易理解。受制于康德对纯粹性的坚持，道德系统无法在概念上为运气留有余地，而威廉斯的伦理概念却可以，因此后者应优于前者。考虑到这种熟悉度和可预测性，看起来有足够的理由让本节主要讨论威廉斯的第二和第三个问题。

不过，值得注意的是，威廉斯确实承认康德主义（道德系统也一样）在"为人世间的不公平之感提供了慰藉"（Williams 1981e: 21）上的"魅力"，或者如他在《伦理学与哲学的限度》中所说的那种魅力，"在康德那里，再一次，这种理想呈现出最绝对的形式，同时也是最动人的形式……人类生存可以达到终极公正"（Williams 1985: 195）。这种公正取决于对平等和应得的特定解释，依该解释，道德对所有人平等开放，而人们只应为自己所能控制的事负责。《道德运气》直白地质疑了后一种说法，因为它关联于为我们的行动辩护的过程，也就是威廉斯提出的第三个问题。此外，威廉斯认为，康德主义所提供的慰藉虽然诱人，但最终需要吞下一个难以下咽的假定："要提供这种慰藉……它必须认下更多的东西。如果道德价值仅仅是诸种价值中的一种，就算它完全不受运气摆布，这也意义不大。免于运气这一点要有意义，道德价值必须具有某种特殊的、实际上至高无上的尊严和重要性"（Williams 1981e: 21）。这就来到威廉斯在《道德运气》中想要讨论的第二个问题或议题，即伦理与其他一切之间的差异——眼下从重要性的角度来界定——的性质和意义。当然，这个话题以前被提出过，而且还会再被提出来，毕竟它在威廉斯的哲学优先话题中占有如此重要的地位。事实上，道德不仅不配享有某种具有独特审思优先性的特殊地位，而且依威廉斯，人们甚至不希望道德享有这种地位；实际上，他们更高兴的是不存在这回事。

不同的哲学家发现了道德运气的不同面向在哲学上的突出意义，其中一些后来的、另类的兴趣和解读不时会被读回到威廉斯自己的论文中（毕竟，"道德运气"这个术语是在那里被创造出来的），这使其比最初出现时更加混沌不清。鉴于这种混沌，在讨论《道德运气》最重要的内容——回溯性辩护这一观点之前，不妨先把威廉斯不关

第四章　道德系统批判

心或不真正关心的一些运气形式放在一边，所有这些都可以从他对高更（Gauguin）的众所周知的讨论中得到说明。威廉斯要求我们将（他笔下的）高更想象成一个"受益于艺术创作的浪漫主义观念"（Williams 1995e: 244）的人，"一位富有创造力的艺术家，为了过上他自认为可以追求其艺术的生活，背离了人类社会对他提出的一些明确而又切身的要求。"（Williams 1981e: 22）重要的是，（至少）威廉斯笔下的高更"在乎这些要求，在乎因忽视它们带来的后果（我们可以假定这些后果相当严重），但面对这一切，他还是选择了过另一种生活"，他"断然从实现他身为画家的禀赋这个框架内"（同上：23）来理解这种生活。更为重要的是，"依这一事例本身的性质，事先看不到高更是否会成功。眼下讨论的不是如何消除某事的外在障碍：只要消除了这种障碍就不难预知事情会顺利进行下去。在我们的故事里，高更不管不顾地寄望于一种尚未宣明的可能性"（同上）。那么，在高更的事例中，威廉斯特加关注的是哪种运气呢？

　　内格尔自己的《道德运气》本身就颇具其应得的影响力，该文最初是为回应威廉斯的文章而写的。他在文章中极富教益地指出

　　　　道德评价的自然对象大体上有四种方式受运气影响——这种影响让人感到不安。一种是内构运气的现

象——你是什么样的人，这不仅仅是你有意做什么的问题，而是你的倾向、能力和脾性的问题。另一种是个人境遇的运气——一个人所面临的问题和环境。另外两种与行动的原因和结果有关：一个人如何被先在环境所决定的运气，以及一个人的行动和筹划如何产生结果的运气。（Nagel 1979b: 28）

暂且不论威廉斯对内格尔将运气在伦理问题上的影响刻画为"让人感到不安"有多认可，关键是要明白，威廉斯在《道德运气》中主要关注的只有内格尔区分出的最后一种方式。

更确切地说，威廉斯主要关心的是，代表实践审思之产物的事件中所充斥的运气，是如何能或不能为审思辩护的。再确切一点地说，威廉斯主要关心的是，代表实践审思之产物的事件中所充斥的运气，是如何决定审思的合理性（rationality）的。如他自己所说：

> 我想探讨并坚持的是这一主张……能为[高更的]选择提供辩护的将只有成功本身。他若失败……他就做了错事，这不仅是说，既然他失败了他就是错了，他更是错在，在这种环境中做了错事，他就没有任何理由认为他当时的所作所为是得到辩护的。反过来，他若成功，他就有理由那样认为。（Williams 1981e: 23）

显然，让威廉斯着迷、促使他写下《道德运气》大部分内容的，是回溯性辩护这一概念："人们认为，某些事情对理性以及对辩护概念本身是本质性的，那就是，一个人在做出选择之际，还不知道他是否正确，他就应该能够运用那些能够用于辩护的考虑；但是，高更无法做到这一点"（同上：24）。换句话说，威廉斯提出的观点与实践审思的公认观点背道而驰，后者认为，评估某一行动是否合乎理性，取决于评估行为者如何根据做决定时起作用的各种因素（如信念、计划、嗜好、欲望、情感）进行推理。相比之下，威廉斯认为，高更的决定是否合乎理性，取决于其后发生的事件，更重要的是，取决于因其而发生的事件，而这些事件的结果如何在某种程度上取决于运气。

当然，高更必须具备某些特定的能力，才能让他这个事例鲜活起来。因此，"内构运气"似乎必然与任何讨论都息息相关。然而，威廉斯坚持认为，他感兴趣的并不只是高更的能力或脾性等方面的运气因素，而是高更自己对这些因素的理解——这是影响他审思和做决定的关键因素——将如何通过随后发生的事件而实质性地得到证认或遭到废除。威廉斯说，"这就是一个行为者回望时对自己的看法会在多大程度上、以何种方式受到结果的影响，而不是简单地指向他或她在事件发生前的考虑方式的问题"（Williams 1995e: 245）。因此，更为清楚的是，威廉斯在很大程度上忽略了与高更所处环境相关的运气，或者他所说的"外部的"或"事变"（incident）运气。

高更决定以不履行对他家庭的义务为代价，追求实现自己作为画家天赋的筹划。这样的决定在理性层面得到辩护了吗？在威廉斯看来，只有事态的发展才能说明问题。如果他的筹划成功了，那就是得到辩护的。然而，如果筹划失败了，对他的决定的辩护是否能够落实将取决于筹划是如何失败的；特别是，"关键在于对这一筹划来说失败的原因有多内在"（Williams 1981e: 25）。如果高更在离开家人后生病，导致他无法在南太平洋作画，这当然是运气不好，但这只是偶发的、依环境而定的或外在的运气，其本身并不能破坏他早先决定的合理性，就追求他作为画家的天赋而言，这是他一直无法做到的。在这种情况下，"他不知道他错了没有，也再不会知道。能证明其计划为错的不单在于其计划失败了，而在于他失败了"（同上）。也就是说，能证明他错了的是（糟糕的）内在运气，这种运气"差不多集中于这个问题：他是不是一个真正有天赋的画家，能够成功做出真正有价值的工作"（同上：26）。在意识到自己有作为画家的天赋后，高更不仅成功地从理性上辩护自己在乐园追求画家生活的决定，而且——没有比这更好的说法了——辩护了他自己。对威廉斯来说，这一点意义重大，因为"首先要讨论的不是我们或其他人可能就这些行为者给出的说法或想法（尽管我们的讨论对这些说法或想法会有影响），我先来讨论，我们能够期待行

第四章 道德系统批判

为者怎样前后一致地看待他们自己"（同上：27）。然而，威廉斯的读者并不总是承认或领会到这一要点。

西蒙·布莱克本（Simon Blackburn）在其出色的《牛津哲学辞典》（*Oxford Dictionary of Philosophy*）中的"高更问题"条目下写道："威廉斯把画家高更作为一个象征，象征着一个人为了艺术做出了相当恶劣的行为（至少对他的家人而言），而他在艺术领域取得的成功到头来又辩护了他"（Blackburn 1996: 153）。但这说得非常含糊（倒不一定是布莱克本自己糊涂）：向谁辩护？威廉斯从来都没有提示，事后认可高更的决定是理性的，这就一定向其他人尤其是被他抛弃的家人辩护了这个决定。事实上，他从一开始就非常明确地指出了这一点：

> 我应该先就提醒读者，即便高更最终能得到辩护，这也不一定能让他在任何意义上向其他人，或至少不一定能向所有其他人，为他自己提供辩护。这样看来，对于那些因其决定遭受痛苦的人，高更也许无论如何也无法启口说，他们没有说得通的理由来责备他。即使他成功了，他也无权让他们接受他要说的；要是失败了，他甚至无话可说。（Williams 1981e: 23-4）

所以，显而易见，最基本的问题是有无可能从赋予同一性的根本筹划——威廉斯在《功效主义批判》中首次引

人——的成败的角度为自己辩护。在像高更这样的事例中，

> 行为者为之做出决定的这个筹划乃是这样的筹划：他把自己深深认同于这个筹划，乃至于，如果筹划得以成就，他进行评价的立足点就会来自这样一种人生，这种人生将正是从他成功了这一事实中引出他的人生意义的一个重要部分；如果他失败了，其筹划就必然不会为他的人生提供这样一种意义。……他失败了，他的立足点就将是这样一个人的立足点：对这个人来说，促成那个决定的根本筹划被证明毫无价值。（同上：35）

因此，对威廉斯来说，高更的根本筹划——实现他的艺术天赋——不亚于前文联系到个人完整性所指出的"他生活在那个世界上的一切兴趣的条件"。

高更经过审思，在某一时刻判定他的筹划需要他放弃家庭。《道德运气》一文反对于关于理性行为者的标准阐释，提出了一个相当发人深省的论点，即对于高更来说，这是否构成一个理性的决定，在当时尚无定论，而是取决于运气——在艺术上能获得成功的运气，而这在当时是无法得到保证的。这里的反康德式主旨是明确无误的。在《伦理学与哲学的限度》一书中，威廉斯指出，"要概

括康德的进路,最好的说法也许是,他为道德和实践理性各提供了一套阐论,并把它们送达同一个地方"(Williams 1985: 210n1)。一个不算过度引申的提示是,威廉斯的进路可以总结为,他对道德和实践理性的阐论最终可能会到达非常不同的地方,而《道德运气》在许多不同的层面上增强了这一提示。但是,如果这种运气的辩护确实没法使高更免受指责,如果他的妻子仍然完全有理由认为他是个混蛋,那么威廉斯的讨论似乎不仅有效地排除了依环境而定的运气、外部运气和事变运气,而且还排除了道德运气。

内格尔是第一个提出这一令人信服的观点的人:"我不赞同威廉斯之处在于,他的论述未能解释为什么这种回溯性的态度可以称为道德态度。如果成功无法使高更能向他人为自己辩护,却仍然决定了他最基本的感受,那只能说明他最基本的感受无需是道德的。这并不表明道德受制于运气"(Nagel 1979b: 28n3)。内格尔的观点似乎让人依稀想起赫曼反复提出的论点,即虽然威廉斯坚持个人完整性、情感和个人认肯对我们理解伦理生活很重要,但事实证明,这种坚持所带有的哲学分量不足以抵消(康德式)道德的昭然的无条件性和压倒性。无论如何,赫曼在谈到《道德运气》时也提出了几乎相同的观点:

> 高更既然将绘画上的成功视为他的人生筹划,达到成功便赋予了他生命最深刻的意义,因此构成了他

> 评估之前做选择的唯一立场。但是……康德主义者无需否认，令人深感满意的生活有可能建立在道德上不可允许的行为的基础上。同样，他也无需否认，高更改动了自己的价值体系，将自己的行为置于道德批判的范围之外。康德主义者必须坚持的是，尽管如此，高更的所作所为仍有可能是错的。(Herman 1993a: 41)

是否如赫曼所言，康德无需否认有可能存在令人深感满足却不道德的生活，这个问题事实上可能极其棘手，当然也超出了本文的讨论范围。更切题的一点是，不管康德会怎么做，威廉斯实际上已经宣告对高更的道德批评是没有限制的，这与他做艺术家是否成功无关。就事论事地说，内格尔和赫曼确实看起来有理由去争论将"道德"一词与高更的运气联系起来的做法，威廉斯在其《后记》中似乎至少委婉地承认了这一点，其中的重点（和术语）已经相当明显地从道德辩护转向了理性辩护。不过，赫曼的回应也有助于将人们的注意力从回溯性辩护议题转向威廉斯在《道德运气》中公开宣称的三个主题中的另一个，即伦理与其他一切之间的分野。然而，在我们以评论这种分野结束本节之前，有必要对内格尔在上文引述的段落中提到的对"基本感受"（basic feelings）的影响做一些说明，哪怕只是非常简短的说明。

第三章讨论了威廉斯的一个抱怨，即功效主义为消除两种相互竞争的道德主张中的一种主张提供了理论基础，从而消除了憾恨的缘由，使悲剧成为不可能。威廉斯认为康德主义也使悲剧成为不可能，这或许并不让人感到奇怪。焦点还是在憾恨上。依康德，行动的对错反映了行为者意志的品质，这是从行为者的意图上解读到的。有意的行动会招致谴责，而谴责会伴随着憾恨之感。因此，对于康德而言，为出于不良动机而有意做出的行动感到自责或憾恨才讲得通、才是理性的。威廉斯认为，这是康德保护道德纯粹性不受运气污染的一般策略的一部分。当然，污染，一如运气，一如憾恨，频频主宰着悲剧，因此《道德运气》坚持认为"行为者憾恨这种感知并不局限于**自愿的**行为（*voluntary* agency）。它所涵盖的范围远远超出有意做出的事情，可以一直延伸到一个人有意所为之事与之有因果联系的任何事情"（Williams 1981e: 27-8），从而为悲剧铺平了道路。或许有些讽刺意味的是，尽管威廉斯强烈反对道德系统过分强调（自我）谴责，将其作为对未能履行义务的唯一反应，但他实际上又批评该系统限制了这种谴责的涵盖范围。尽管如此，依威廉斯，行为者很可以有理由对这样一些行动感到憾恨：这些行动的糟糕结果是糟糕的运气所致，这样的结果也嘲弄了他们初衷的纯洁性。

还记得那个不幸的卡车司机吗，他不小心撞死了一个孩子。他是有意害死孩子的吗？当然不是。孩子的死是他导致的吗？当然是。他应该感到憾恨吗？康德主义者说，不应该。威廉斯则说，他很可能应该感到憾恨（关于有价值的讨论，参见 Wolf 2004）。就像之前的高更一样，要点在于，威廉斯关注的是那些行为者的同一性端系于此的事件，而威廉斯坚决拒绝如下可能性，即"如果头脑足够清楚地行动，我们就可以把自己完全从我们行为的那些无意为之的方面择出来……而我们自己还能够保持我们作为行为者的同一性和性格"（Williams 1981e: 29）正如他在一个特别引人注目的形象中所说的那样："作为行为者，你的历史是一张网，其中，意志的产物被不是由意志产生的东西环绕着、支撑着，并部分地由它们所塑造……我们若要赋予这个意义上的人所是者以重要性，我们就必须接受很多东西，这些东西单凭它们实实在在发生了就对人所是者有所索求"（同上：29-30）。威廉斯直接将认识到"实实在在发生"的影响和重要性与（古希腊）悲剧联系在一起："俄狄浦斯说'我没有做那事'，可他是作为因做了那事而流放而失明的人说这话的"（同上：30n2）。威廉斯问道，我们是不是想要有"某个行动主体的概念，根据这一概念，俄狄浦斯所说的话简简单单就是真的，而且，倘若那句话对他来说直接就意味着他好像与那件事没有任何瓜葛，他就是在正确地看待所发生的一切？"（同上）。显然他不这么认为。只要俄狄浦斯的性格是由善意行动的不良后果形成的，只要俄狄浦斯是因为这些行动而成为现在的他，那么为这些行动感到憾恨就变得恰如其分，不然他就会因远离自己行动中造成不幸的原因而牺牲自己的同一性。

目前尚不清楚威廉斯在这里的观点，乃至他关于道德运气的大多数方面的观点，吸引了多少追随者。虽然对悲剧的深入探讨必须推迟到第七章，但在此不妨引用吕迪格·比特纳（Rüdiger Bittner）相当严厉的反驳，他认为威廉斯关于俄狄浦斯的罪责及其后来感到憾恨的根据的"影响深远而又值得怀疑的论述只是为了吓唬孩子"（Bittner 1992: 266）。比特纳接着对威廉斯的立场做了富有教益的总结：

> [威廉斯的]推理是：不对行动的意外后果感到憾恨，就是超然于这些行动，但若这样超然，人就无法保持自己作为行为者的同一性和性格。这个推理应该会格外有力地适用于行动的核心领域，即有意的行动，也就是这里讨论的问题。威廉斯的意思是，不为自己的所作所为感到憾恨，就是超然于自己的行动，但这就失去了自己作为行为者的同一性和性格。（同上：268）

比特纳接着质疑这幅图景的连贯性，尤其是质疑达到超然据称会有的严重后果和艰难程度——这两者被理解为对缺乏憾恨的惩罚，而威廉斯显然认为这种缺乏类似于不诚实。然而，就算不赞同比特纳的观点，我们也无疑可以看出，他关于能动性和意向性所做回应的思路很像是前文引用过的内格尔的一个说法，也就是把威廉斯对康德式的超然和不偏不倚的抱怨批驳为"很少有人能在不虚张声势的情况下提出"的主张。毕竟，把一系列不可通约的价值视为一些点位，认为围绕这些点位可以正当地形成兴旺发达、从个人角度感到满足的——简言之，有意义的——同一性，这是一种论点；但认为价值的显而易见的数量在某种程度上阻碍了对其品质的考虑，或者更极端地说，认为在某种明确的道德要求面前牺牲自己的筹划一定会招致真正意义上的解体，这又是另一种论点了。而后面这种论点无疑是威廉斯的确持有的。

威廉斯一次又一次地反对任何这样的说法，即审思的输入和输出仅仅因为具有或反映了道德的特性或内容而应被遵从，无论是在促动方面还是其他方面遵从。与他之前的关切"'道德'和'非道德'之间的区分据说为我们所做的事情"（Williams 1993a:xiii）相呼应，威廉斯在《后记》中提到了"一个仍需追问的问题：坚称某种反应、态度或判断是或不是**道德的**，这有什么意义？这个类别应该传递什么？"（Williams 1995e: 244）。当然，威廉斯在《道德运气》一文中的主要目标之一，就是通过征得以下共识来破坏这种遵从："尽管我们有时会跟随这样一种观念：一个最好的世界莫过于人人敬重道德，人人都心向道德，但实际上，我们有深刻而顽强的理由庆幸那不是我们的世界。"（Williams 1981e: 23）。世界上有高更在塔希提岛画的画作，并为拥有这些画作而感到高兴，要不是高更放弃了他的家庭义务，世界也不会拥有这些画作。那么，我们一定要得出高更有道德的结论吗？不，完全不是，但威廉斯认为，如果诚实的话，我们必须得出这样的结论：道德代表了一种并不总是需要获胜的价值，而凭借这一事实，世界在某种程度上变得更好了。

也许不足为奇的是，最后一点受到一些人的质疑，比如赫曼：

> [威廉斯的]论证中存在一种混淆。既然高更的画作存在，既然它们是我们世界中的物品，我们就珍视并欣赏它们。由此并不能得出，我们理应珍视导致这些画作产生的一切。甚至也不能得出，我们必须认为一个有高更画作的世界比没有高更画作的世界来得更好。珍视画作的同时，认为这些画作的道德代价太高也并非不理性。（Herman 1993a: 40-1）

诚然，这么看并非不理性。但威廉斯容许多种多样的价值，也指出了在价值排序上存在恒久的分歧，仅凭这些他就可以承认，就高更的事例而言，也许就会有人判定代价过高。然而，事实上，威廉斯确实认为高更的画作值得这份代价，而且似乎显然希望他的读者，至少是多数读者，同意他的观点。因此，除了对理性审思和行动的评估可能被随后发生的事件所牵制这一观点之外，道德运气的一个突出用意还涉及一般性地消泄道德这一范畴，而联系到威廉斯关于实践理性的整体观点——这是第五章的主题——这种消泄的确切性质可以变得更加清晰。

结论

人们很可能会将本章的前几节看作是证实了一种并不罕见的印象，即威廉斯倾向于提出或捍卫可能被刻画为消极哲学立场的东西，在这里是反理论和反道德。此外，本书前几章可能提示了一种对哲学人物作负面描述的倾向甚至是趋势，无论是洛克的个人同一性、密尔的功效主义，还是康德的道德系统，更不用说更近期的理论家了；比如帕菲特、斯马特和内格尔。但是，对于威廉斯的观点也可以不很费力地做出更积极的解释，至少在这样一种意义上更为积极：它们可说是使人回想起以往的某些哲学立场（当然，有个前提条件，那就是这些立场本身很可能是"消极的"）。以上一节中的一个例子为例，将威廉斯不惜牺牲道德来高扬美学价值的做法与尼采的类似做法做对照似乎合情合理。威廉斯的观点多少受益于尼采，眼下这也许已经不是什么秘密；至于受益多少，以何种方式受益，这将在第七章的大部分内容中得到讨论。但是，威廉斯反对道德系统的论证有多少可以被积极地描述为对黑格尔主题的重述和阐释,这一点也许并不那么明显。

我们再想想,在威廉斯看来,康德主义和道德系统的恼人之处是什么来着?当然包括达到抽象地步的不偏不倚性,以及令人窒息的普遍性和压倒性("道德必须获胜")。在不对黑格尔的文本做任何全面分析的前提下(实际上此处严格避开了这种分析,但读者可参见 Wood 1990:第五章),在威廉斯对道德系统的两点批评中,我们仍然可以看到黑格尔本人对康德的"形式主义"(formalism)和"严格主义"(rigorism)这些出了名的指控的影子。根据前一种指控,康德的定言命令不过是对不一致性的一种纯形式上的约束,而不是基于道德理由对准则进行实质性审查的机制:行为者以空洞为代价来换取普遍性。用黑格尔自己的话说:"无论强调作为义务根源的纯粹的、无条件的意志自决(self-determination of the will)多么重要……[对康德来说]仅仅固守一种道德的视点而不过渡到伦理的概念,就会使这种收获沦为**空洞的形式主义**,使道德科学沦为**为义务而义务**的空谈"(Hegel 1991: 162)。尽管威廉斯的关注点似乎多少更广阔些,但我们看到,他反复讨论这样一个类似的问题:康德通过制定和"检验"准则来实现不偏不倚性,这种做法是否允许保留足够的个人特殊性,从而为特定的个人带来有意义的结果。此外,威廉斯明确赞同黑格尔的第一项指控:"纯粹的康德式观点把道德的重要性置于道德动机本身的重要性之中……这种看法遭到黑格尔的猛烈抨击,他的理由是,这种看法没有为道德思想提供内容"(Williams 1985: 184)。

依黑格尔的第二项指控,康德坚持以行为者意志的普遍性和理性纯粹性作为道德分量的标志,这使他的看法过于严格,使他忽视了影响行动正确性的其他突出因素的重要性,尤其是行动的背景和后果。(在这方面,康德关于说谎的著名观点经常出现,其特点——或其被夸张地讽刺之点——正是缺乏灵活性。)尽管在这里威廉斯与黑格尔有着同样的关切,但威廉斯无疑也会强调康德式严格的另一个重要的牺牲品:行为者的性格。当内心深处的性向屈服于道德近乎贪得无厌的要求时,有意义的同一性的许多潜在基础也会屈服。威廉斯将黑格尔(和他自己)的批评有效地结合在一起,指出道德"在其接近康德的道德哲学形态中……受理性共同体的梦想的支配,如黑格尔所言,远离社会-历史现实,远离个殊伦理生活的具体意义"(同上:197)。最后,威廉斯特别赞赏黑格尔对问题的设定,因为他"寻问人们具体经验到的生活形式怎样才能够延展,而不是考虑普遍纲领怎么能够得到应用"(同上:104)。黑格尔在伦理(Sittlichkeit)中所体现的对具体个殊性的强调,同样被威廉斯在他自己的伦理观中视为神圣。

需要明确的是,威廉斯对康德式道德系统的批判与黑格尔对康德式道德作为普遍法则的空洞性和程序严格性的批判之间的对照用意谦逊，只想作为一种提示。首先，这样的对照再次提出了一个问题，那就是威廉斯对康德的描述是否准确和公允，这个问题从未淡出我们的视线。罗伯特·皮平（Robert Pippin）特别提到了威廉斯的批评，

> 康德的道德理论并不止于试图制定对所有行为者都有约束力的实践法则，也不止于认为道德分量、道德善好只能归因于仅仅出于义务而做出的行动……这意味着，如果把他的道德理论刻画为主要关注我们追求物质目的的限制条件，或者刻画得如此消极，那就歪曲了他的道德理论。如果我们要充分履行我们的义务，有些事情我们必须积极地去做；有美德的义务，而不仅仅有权利的义务；这应该促使我们重新思考黑格尔的批评以及深受这种批评促动的黑格尔式替代方案。（Pippin 1997a: 114）

当然，不消说，如果我们要感谢皮平、赫曼和其他许多人近来为我们提供了更丰富、在哲学上更令人满意的康德式伦理学图景，那么我们经常要感谢威廉斯给了他们启发。

一个不那么谦逊的观点强调如下看法是错误的，即威廉斯将整个道德哲学史视为一个又一个错误观点而加以抵制。事实上，与第七章要谈的威廉斯对亚里士多德的亲近相比，上文所示的他对黑格尔的赞同显得微不足道，而他

与尼采的关系，尤其是他晚年与尼采的关系，可以说接近于认同。在威廉斯看来，亚里士多德、黑格尔和尼采这三位无疑为伦理学的概念化提供了可钦可敬的资源，这种概念化不会乞援于道德系统中那些令哲学思维停滞的要素。简单来说，威廉斯乐见的有：亚里士多德强调伦理关乎性向，黑格尔强调伦理嵌入于文化，尼采强调伦理反映偶然的价值。然而，过去有位相当杰出的哲学家，他的观点对威廉斯思想的影响至少可以说不亚于刚才提及的三位思想家。这位哲学家就是大卫·休谟。我们还记得威廉斯的精辟论述，康德为道德和实践理性各提供了一套阐论，并把它们送达同一个地方。换句话说，正是康德在概念上融合理性行动与道德行动的方式导致了他赋予道德以特权。相比之下，威廉斯实际上为他关于实践理性的阐论赋予了特权，正如我们将在第五章看到的那样，他给这份阐论一种独特的休谟式色彩。如果道德能在该阐论中找到归宿，那自然更好；如果不能，那对道德来说情况就更糟了。

第五章

实践理性

第五章　实践理性

引言

似乎很难相信威廉斯的《内在理由和外在理由》("Internal and External Reasons")曾经"没有得到充分的讨论"(McDowell 1995: 68)。可以公允地说,与威廉斯长久而辉煌的发表生涯中其他任何一篇文章或一部著作相比,这篇被伊莱贾·米尔格拉姆(Elijah Millgram)(1996: 197)正确地称之为"议题设置"的论文引出了更为杰出的哲学家的更多回应。何以如此是本章的主题。

《内在理由和外在理由》一文提出了威廉斯对实践推理的阐论;更具体地说,是对行动理由的阐论;再具体一点说,是对有关行动理由的陈述的阐论。之后,威廉斯为澄清他最初的讨论又做了三次尝试,作为第一次尝试,威廉斯在《内在理由与责备的不明晰》("Internal Reasons and the Obscurity of Blame")一文中将问题表述为:"'A 有个理由去 φ'这种形式的陈述,其真值条件是什么?其中 A 是一个人,'φ'是一个行为动词。当我们说某个人有个理由去做某事时,我们在说什么?"(Williams 1995c: 35)。

对此，威廉斯的最新回答，也是他更喜欢的回答，采取了如下形式："仅当从 A 的主观动机集合……到 A 去 φ 之间**有一条可靠的审思路线**（sound deliberative route），A 才有个理由去 φ"（Williams 2001: 91）。这个回答直指威廉斯的行动理由内在论观点的核心；也就是说，它捕捉到了一个行为者去 φ 的理由与"会因他 φ 而得到满足或推进的动机"之间在威廉斯看来必要的联系（Williams 1981b: 101）。与之相对，外在的理由陈述没有连通于一个行为者现有的动机，而"若这些陈述被这样孤立地界定，它们就是假的，或是不融贯的，或真正说来是某种别的东西被引人误解地表达出来"；简言之，是在"唬人"（同上：101）。对威廉斯来说，"只存在内在的行动理由"（Williams 1995c: 35）。

威廉斯是在相当一般性的层面上处理这一问题的，因此他对于最好怎样刻画理由陈述的分析同样适用于诸如冲浪、结婚或者吃泰国菜的理由，但是，当理由陈述的应用对象是具有伦理性质的行动时，利害关系明显变得更为重大，威廉斯的进路的蕴意也更令人担忧，至少在很多哲学家看来是这样。最简单地说，他们担忧的是，如果关于行动理由的任何陈述的真值都必然依赖于陈述所适用的行为者具备某种特定动机，但又没有什么能保证这个行为者实际上会有这样的动机，那么伦理理由（比如守诺的理由，或避免伤害他人的理由）可能会看起来像是偶然的、地方性的、主观的等等，缺少那种在很多哲学家看来使这些理由独成一类并为之赋予效力的性质；比如必然性、普遍性或客观性。换言之，威廉斯对行动及其附带的审思的阐论涵盖了**一切**行动。这样一来，伦理推理就成了仅有的那么一类实践推理当中的一个不起眼的例子，最终也必须涉及内在理由；此外，这似乎还使得或许占主流的伦理学观念在威廉斯抨击外在理由的可能性时被一道波及。（我们再次听出，这里回响着威廉斯对"'道德'与'非道德'之分据说为我们所做的事情"的关切。[Williams 1993a: xiii]）

本章讨论威廉斯在《内在理由和外在理由》以及后续论文中为行动理由内在论提出的论证。为帮助澄清这一观点，本章也讨论了三位知名哲学家对威廉斯观点提出的三份意义重大的回应。在《对实践理性的怀疑论》（"Skepticism about Practical Reason"）一文中，科斯嘉德（Korsgaard 1996c）实际上是问威廉斯，他的阐论能否容纳得了康德式的纯粹实践理性原则。在《有可能存在外在理由吗？》（"Might there Be External Reasons？"）一文中，麦克道尔（McDowell 1995）实际上是问威廉斯，行动的理由是否必须是理性审思的产物。而在《我们相互承负什么》（*What We Owe to Each Other*）一书的一个附录中，斯坎伦（Scanlon 1988）实际上是问威廉斯，他的立场是否充分领会了理由陈述所必然带有的普遍性。这三份回应不仅因其品质和力度而值得单独探讨，而且威廉斯本人在简要提及科斯嘉德（参见 Williams 1995c: 44；1995e: 220；2001: 97）

和斯坎伦（参见 Williams 2001: 95-6）时，以及在对麦克道尔的详细答复（参见 Williams 1995h: 186-94）中，也对其品质和（某种程度上说）其力度予以了承认。拓宽我们的讨论范围，使之囊括这些回应，将有助于突出威廉斯对实践推理的重要且有影响力的阐论中的关键问题，同时探查其中被察知的某些薄弱环节。

内在理由

我们已经说到，威廉斯认为"A 有个理由去 φ"或者"存在一个 A 去 φ 的理由"这样的陈述可以有两种解读，他在《内在理由和外在理由》一文中绍述如下：

> 依第一种解读，这句话若为真则大致意味着，A 具有某个动机，这个动机会因他去 φ 而得到满足或推进，而如果事实并非如此，这句话就为假：存在一个与行为者的目标有关的条件，如果这个条件得不到满足，那么依这种解读，说他有个理由去 φ 就不为真。依第二种解读，并不存在这样的条件，理由句不会因为缺少适当的动机而被证否。我称第一种解读为"内在的"解读，称第二种解读为"外在的"解读。（Williams 1981b: 101）

第五章 实践理性

对行动理由的内在和外在的**陈述**都有广泛的应用,这一点没人有异议,但威廉斯提了这么个问题,这也是这篇论文的焦点:内在和外在理由**本身**是都实际存在的呢,还是说,虽然外在的理由陈述无处不在,但唯一货真价实的行动理由是内在理由。他的策略包括:第一步,阐述内在理由陈述的一个极简模型;第二步,通过澄清和完善这个模型的几方面蕴意来扩展这个模型;第三步,提出两个相关联论证,这些论证旨在排除外在理由的可能性。

威廉斯称其极简模型为"准休谟式的"(sub-Humean),其最初表述如下:

> A 有个理由去 φ,当且仅当 A 有某种欲望,这种欲望会因他 φ 而得到满足。(Williams 1981b: 101)

这个模型是休谟式的,因为它把拥有一个行动的理由和拥有一个欲望联结起来,并依赖于这个联结,让人想起休谟所坚持的著名观点:"单靠理性不足以产生任何行为,也不足以产生意志"(Hume 1978: 414);然而,这个模型又是**准**休谟式的,因为它缺少休谟本人的额外点缀,最明显的是它没有自然情感的明确作用。不过,就目前这样而言,"准休谟模型无疑过于简单了",威廉斯"力图通过补充和修改,将其发展为某种更加合用的东西"(Williams 1981b: 102)。这些补充和修改呈现为四个命题,它们共同微调了如下两者的联系：一者是内在理由陈述，另一者是这些陈述对其"必定显出一种相对性"的东西，也就是"行为者的**主观动机集合**（subjective motivational set）"，或者按威廉斯的缩写，S（同上）。在此微调过程中，这些命题突出了理由同时扮演的解释和规范这两种角色。

对准休谟模型的第一个限定是这样说的：

> （i）一个内在理由陈述会因 S 中缺少某个适当元素而被证否。（同上）

一方面，威廉斯想要在一个行为者的主观动机集合和对行动理由之于行为者的信实的归赋（truthful ascription）之间确立必要性联系。（实际上，威廉斯认为，行为者具备这样的动机元素对于让理由陈述成真是充分的，不过他一贯把他的注意力限制在仅仅证立针对必要性的主张 [参见 Williams 1995c: 35]。）另一方面，威廉斯想要排除这样一种可能性：S 中随便什么样的元素都可以为归赋理由辩护。他尤其想要削弱基于假信念的动机元素产生理由的能力，并用现已成为经典的金酒/汽油的例子来说明他的关切：

> 行为者相信这东西是金酒（gin），而它其实是汽油。他想喝杯金汤力酒（gin and tonic）。那他是不是有理由（reason），或者说，有个理由（a reason）把这

第五章　实践理性

> 东西与汤力水（tonic）兑着喝呢？……一方面，说他有个理由喝这东西是很古怪的；自然的说法是，他没有理由喝这东西，尽管他以为他有理由。另一方面，如果他真去喝了，那么我们不仅对他这样做有个解释（即他为什么这样做了的一个理由），而且我们这个解释具有行动理由的形式。（Williams 1981b: 102）

该怎么分析这种情形呢？

威廉斯认真对待行动理由的解释性特征，因此也认真对待上述第二种选择，即：行为者凭着有一个他**为什么**喝下汽油加汤力水的理由（如果他确实喝了的话），所以本来也曾有过一个理由**去**喝汽油汤力水，即使这个理由建立在把汽油认成金酒的假信念上。无疑，理由确实构成解释。如威廉斯在一个关键段落里所言，"如果存在着行动的理由，那人们总得有时出于这些理由行动，而如果人们的确这样行动，那他们的理由总得出现在对其行动的某种正确解释中"（Williams 1981b: 102）。在此事例中，如果行为者真把汽油与汤力水兑着喝了，那么这些行动就有了一个十分简单明了的解释；不过，虽然理由一贯产生解释，威廉斯却在这一点的逆命题面前退缩了。威廉斯承认，"假信念和真信念之间的差别无法更改适合于他行动的解释的**形式**"，但他声称，把一个理由归给那个喝汽油的人，归根究底是"望向了错误的方向，实际上是暗示内在理由观念只关心解释，完全不在乎行为者的理性"（同上：102-3）。能对行为者喝一口汽油汤力水有个解释，初看上去为归给行为者一个喝一口汽油汤力水的理由提供了担保，但是说到头来，威廉斯认为其他考虑还是要占上风。

在《内在理由与外在理由》中，威廉斯提示，由于"内在理由观念关心行为者的理性（rationality）"，我们需要为准休谟式模型补充第二个限定，大致如下：

> （ii）如果 S 的一个成员 D 的存在依赖于一个假信念，或 A 关于 φ 之于满足 D 的适切性的信念为假，那么 D 不会给 A 一个去 φ 的理由。（同上：103）

因此，回到威廉斯的例子，S 的一个成员，即想喝手边瓶子里东西的欲望，不会给 A 一个把瓶子里的东西与汤力水兑着喝的理由，因为喝瓶子里的东西的欲望建立在一个假信念之上。或者说，S 的一个成员，即喝金汤力酒的欲望，不会给 A 一个把瓶子里东西与汤力水兑着喝的理由，因为 A 关于把瓶子里东西与汤力水兑在一起适切于满足喝杯金汤力酒这一欲望的信念为假。"声称某人可以经由一条可靠的审思路线达到他应该去 φ 这一结论（或者说，达到他去 φ 的结论）"，威廉斯说，"至少包含着修正行为者对此事观点中事实和推理方面的一切错误"（Williams 1995c: 36）。但威廉斯明确地把理性与消除假信念联系起来，这似乎就把问题搞混了。

在他的讨论中的一处，他容许了如下想法："尽管如此，仍然成立的是：如果他确实在这种情况下去 φ，那么不但存在过一个他为什么 φ 了的理由，而且这也展现出，相对于他的假信念而言，他是在理性地行事"（Williams 1981b:103）。如果一个行为者因汽油是金酒这一假信念而喝了汽油汤力水，那么这个行为者的确是相对于他的假信念而理性地行事；也可以说，他把他认为是金酒的东西与汤力水兑着喝了，这是他在采取适当的手段达到他喝杯金汤力酒的目的。此外，行为者也可以在某种意义上说成是有个理由。但从前面的讨论中可以留意到，任何这样的理由都只是解释性的，只是他为什么要这样做、为什么要喝那东西的一个理由，因为威廉斯认为，光靠解释行动的能力本身，不足以给一个行为理由的归赋提供辩护：他声称，存在一个解释可能不足以担保一个行为者的理性。正因如此，他明确规定，S 的元素如果建立在假信念之上，就不能产生理由。但这里可能会引起混淆，因为理性（rationality）与理由（reasons）不是一回事；毕竟，正如威廉斯在上文所容许的观点指明的那样，理性未必与假信念不合。

若威廉斯想把**为何做了**的理由（reasons why）和**要去做**的理由（reasons to）区分开来，或者说，把解释性理由（explanatory reasons）和我们可称之为辩护性的理由

（justificatory reasons）区分开来，他当然可以像上文针对准休谟模型所做的第二个修改那样，要求后一种理由中消除假信念，以此做出区分。但是，如果他把这种对消除假信念的关切，等同于担保行为者的理性的关切，那他就是误导了人们。一个行为者是否有理由行事是一回事，他是否理性地行事则是另一回事。威廉斯在后来这些年把重点从理性转移到可靠审思，似乎至少是在默然承认这一点。正如可靠论证的特点是兼具有效性和真前提，可靠审思的特点也是兼具理性和真信念。因此，威廉斯对内在理由的准休谟式模型做出的第二个限定，与其理解为凸显了真信念与理性的重要联系，不如理解为凸显了真信念与可靠审思的重要联系。

威廉斯对准休谟式模型的第三项增补由以下两部分"认识上的后果"组成，这是从他对金酒/汽油事例的讨论中引出的：

> (iii)(a)A 可能虚假地相信一个关于他自己的内在理由陈述，而且（我们可以补充说）(b)A 可能不知道关于他自己的某个真的内在理由陈述。（Williams 1981b: 103）

这些后果当中，第一种看上去简单明了，行为者虚假地相信他有理由喝汽油这个例子就很好地说明了这一点，但威廉斯敦促我们判定第二种后果时要慎重，即，行为者如果知道某个事实，他就有理由以某种方式行事，他强调："这个不为行为者所知的事实与其行动必须相当接近和直接；否则，我们就只能说，如果 A 知道这个事实，那他就有个理由去 φ"（同上）。至于如何最佳地辨别实际的和反事实的这两种情况，威廉斯只做了一个可能不大有帮助的提示，即这个判定"必须与一个问题密切相关，即这种无知何时构成对 A 实际所行之事的一部分解释"（同上）。威廉斯接着关注无意识动机的可能性，他进一步提醒，如果我们要容许 S 的元素引起的行动是为了一个理由而实施的，那么这些元素和其所引起的行动之间必须有理性的关联。在这里，我们确实找到了理由与理性之间的一个正当联结，因为无疑有一种经典的理性观念把理性归结为一种能力，也就是按需去提供理由来为我们的信念或行为辩护的能力，而无意识的动机元素完全可能会妨碍这种能力。

最后，对于理由必须相对化于行为者的主观动机集合这一主张，威廉斯引入了第四个限定：

> (iv) 可以在审思性推理中发现内在理由陈述。（同上：104）

凭借这一限定，威廉斯进一步远离了准休谟式模型的休谟主义，远离了他所认为的其狭窄的工具论性质。至于如何最佳地理解关于实践理性的工具论,这个可能有争议(参见 Vogler 2002: 11-15),同样,说起这个问题,休谟那句著名告诫"理性是并且只应是激情的奴隶"(Hume 1978:415)所从出的《人性论》,是否应被视为工具论的经典文本,也可能有争议(参见 Millgram 1995;Korsgaard 1997)。不过,一般说来,工具论涉及用手段-目的推理来处理如何行动的决定。依米尔格拉姆定义,

> 工具论认为,一切实践推理都是手段-目的推理。它说,你想要各种东西,而实践推理的要义在于弄清楚如何得到这些东西。工具论是一种排他论观点:如果这种观点是正确的,那么虽然你能思考如何得到你想要的东西,但不能思考你究竟想要什么。(Millgram 1997: 2)

这样,我们不难理解为什么有些伦理学家——当然还有所有道德家——会希望远离工具论。既然理由的作用被限制在为预先给定的目的确定高效的手段,那就没有机会对目的本身进行理性的批判,没有简单明了的方式对互竞的目的进行理性的裁决,这么一来,一切似乎都是允许的。

尽管"准休谟模型假定,作为达到目的的因致手段,φ 必须与 S 中的某个元素相关",但在威廉斯看来,"这只是一种情况"(Williams 1981b: 104);行为者的主观动机与

行为之间的可靠审思路线"并不仅仅涉及察知何种手段可以达到已制定的目的"(Williams 1995c: 38)。威廉斯显然想摆脱工具论的束缚,他敦促以一种更广阔的观点看待实践推理或可靠审思可能会采取的形式:"实践推理的一个明显例子是,因为通过 φ 去满足 S 的某个元素最便利、经济、让人舒适等……所以得出某人有理由去 φ 的结论。但审思还有更广泛的可能性"(Williams 1981b: 104)。这些可能性包括:通过对各种选项进行时间排序或权衡,打破审思的僵局;通过思虑或想象备选做法,提出全新的行动方案;以及"找到构成性的解决办法"(同上),这里威廉斯的意思是"为一项从不确切的角度被采纳的筹划找到一种确切的形式"(Williams 1995c: 38),比如"给定某人想要娱乐的前提,决定怎样才能度过一个愉快的夜晚"(Williams 1981b: 104)。威廉斯认为,反思、发明、对照,这些都是既作用于行为者的 S 的元素也通过这些元素起作用的审思过程的一部分,这一过程既能产生新的行动理由,也能破坏原有的行动理由。

显然,什么算作可靠审思,以及由此什么可以在内在论观点下为理由辩护,可能是相当棘手的问题,但这是我们完全应该预期到的:

> 由于存在着很多种审思方式,所以什么算作"一条可靠的审思路线",一般来说不是完全确定的,甚

> 至对于特定时刻的特定行为者来说也不是完全确定的;由此可得,行为者有理由去做什么的问题本身不是完全确定的。经常有人反对把内在论观点同这种广泛的审思观念这样结合起来,认为这就把我们关于行为者有个理由去做什么的概念搞得模糊不清。但这不是该立场的缺陷。一个人有理由去做什么,这往往**就是**模糊的。(Williams 1995c: 38)

到本章结论部分还会再提模糊性的问题。眼下,威廉斯不仅支持他所说的"一种广泛的审思观念",还支持一种宽泛的行为者主观动机集合的观念。

威廉斯从他所认为的审思与动机之间必不可少的相互作用出发,敦促读者不要

> 认为 S 是静态地给定的。审思过程可以对 S 产生各种各样的影响,而这正是内在理由理论应该乐于容纳的事实。因此,关于 S 可能包含什么元素,这种理论也应该比某些论者所认为的要更加宽松。我主要是用欲望一词来讨论 S,从形式上讲,这个词可以用于表示 S 中的所有元素。但是,这个术语可能会让人忘记,S 能够包含体现了行为者的认肯的东西,它们可以抽象地称之为:评价的性向、情感反应的模式、个人的效忠以及各种各样的筹划。(Williams 1981b: 105)

毫无疑问，威廉斯把德性与恶品、情感纠葛以及个人价值与抱负之类的东西加入到动机混合物中，并用审思兼想象对这堆混合物搅动一番，最终得到了一个远比狭义的工具论精致、无疑也远比它忠实于生活的实践推理模型。然而，这一公认得到扩展的模型，多大程度上回应了之前提到的缺少行动目的批判机制的担忧，仍然有点不清楚。

实际上这里有两个重叠的担忧：第一，担忧行动的目的会免于理性的批判；第二，担忧威廉斯在行为者的 S 中为之留有余地的种种依系和认肯会免于理性的批判。这两个担忧当然是重叠的，因为依内在理由模型，行动的目的必然与行为者的 S 的元素相关，但考虑到威廉斯声称，审思既能增加也能减少 S 中的元素，两者似乎抵制了相互坍缩为一。这些担忧的用意仍然来自这样的可能性：要么目的可能是不道德的，要么促动目的的东西可能是不道德的。

人们察觉到内在理由模型易受不道德影响，威廉斯本人对此当然很敏感，他特意澄清说："这里当然不假设行为者的欲望或筹划都得是利己主义的；我们希望他会有各种类型的非利己主义的筹划，这些筹划同样可以提供内在的行动理由"（Williams 1981b: 105）。尽管如此，对某些人来说，光是希望可能还不够，尤其是有些哲学家会让道德推理成为可靠推理本身的一个标准或组成部分，从而有效地保障道德行动，威廉斯对此既有所预料又予以抵制：

> 但如果我们允许变更行为者的推理以及事实假定，那么会有人问，难道我们不应该也变更（比如，插入）利弊考虑和道德考虑吗……内在论在如下程度上坚守其休谟主义起源：它把修正事实和推理作为"通向这一行为的一条可靠的审思路线"这个概念的一部分，但不把从外部修正利弊考虑与道德考虑作为这个概念的一部分。（Williams 1995c: 36-7）

他在更近期的文章中还说：

> 我们不能单单假定，比如道德考虑或长期利弊关切之类的东西一定会出现在每个行为者的 S 中。我们都很明白，对许多行为者来说，这些东西的确会出现在他们的 S 中，即使不是完全稳固地出现在他们的 S 中；但若想从哲学上声称它们必然是理性能动性的一部分，仍需要论证。（Williams 2001: 92）

事实上，更公允地说，威廉斯也许不是对这一步有所预料，而是他要回应科斯嘉德试图为这一步腾出空间的做法，这一步我们在下文讨论她对《内在理由和外在理由》的回应时会看到。

因此，在威廉斯看来，不应该预先判断一个行为者的 S 中的元素的伦理意义。S 完全可以也可能会包括一大批伦理性向和正确行为的倾向,但这不是必然的。必然的只是某种联系,即:拥有一个行动的理由,这联系于从行为者的 S 中的元素出发的一条可靠的审思路线。威廉斯认为他自己对准休谟模型做了改进,改进之点在于既放宽了什么算作促动,也放宽了什么算作审思,这让他收获了不少好评,比如麦克道尔说:"威廉斯的论证的一个长处,是立足于对内在解读可用素材的一种精微而灵活的认识"(McDowell 1995: 68)。但仍然有个问题,这种放宽当真减少了威廉斯对工具论的承袭吗?

在对这些问题的讨论中,坎达丝·沃格勒(Candace Vogler)认为威廉斯并非"严格地"是工具论者,因为他

> 可以认为,一个人的性格中可能有一些东西,使得他会为了良好地行事——这是说以伦理或利弊方面于该人合宜的方式行事——而放弃短期收益、私人好处、报酬——简言之,放弃短期来看过得好的机会,而使他这样行动的东西并没有工具论者所说的偏好或欲望的特性。在威廉斯看来,当一个人的主观动机集合包含了一些与他的长期私人利益或与伦理一致的元素时,上述情况就会发生。(Vogler 2002: 190)

如前所述,威廉斯确实回避了一种休谟风格的实践推理模式,依该模型,每个行动都是对当前出现的某种激情或欲

望的满足,作为替代,威廉斯发展出了一个更为复杂的模式,该模型涉及林林总总的审思过程,纳入其中的,有时间上延展的筹划和认肯,有内化的性格性向,没准还有审思的原则本身,其中许多原则可能显而易见是伦理的。尽管如此,有些担忧也许挥之不去:对威廉斯来说,审思(无论如何广义地理解它)最终还是涉及最能满足 S 中的元素(无论如何广义地理解它)所设定的目的的手段,因此内在理由解读的可信性也许还是不完全独立于关于实践理性的工具论的可信性(参见 Millgram 1996: 209-13)。

两个反对外在理由的论证

如上所述,在把准休谟式实践推理模型转化为内在理由模型时,威廉斯认为,理由必须既解释一个行动为什么会被实施,又反映一定的审思规范;比如,导向行动的审思应该避免从假信念中推论出来。在威廉斯开始明确提出反对外在理由的可能性时,理由的这两个特性仍然起着主导作用。行动理由内在论观点认为,只有某条可靠的审思路线把去行动这一结论连到一个行为者的主观动机集合时,行为者才有个理由去行动,外在论观点则与此不同,认为"即使 A 的动机集合中没有任何动机可以直接促使他去 φ,或通过某种可靠审思的延伸而促使他去 φ,就 A 而言,他有理由去 φ 这一点仍然可以为真"

（Williams 1995c: 35）。威廉斯借本杰明·布里顿（Benjamin Britten）的一部歌剧提到亨利·詹姆斯（Henry James）的一篇短篇小说，他援引小说主人公欧文·温格拉夫（Owen Wingrave）来削弱外在理由的阐论。

威廉斯聚焦于如何看待欧文有个参军的理由这一说法："欧文的家人竭力向他申说参军的必要性和重要性，他的所有男性祖先都是军人，家族尊严也要求他参军"（Williams 1981b: 106）。考虑到欧文"根本就没有参军的动机"，"他所有的欲望都把他引向另一个方向"，而且"他憎恶军队生活的一切及其所意味的一切"，所以家人的说法很可疑，而且，说得更确切些，这个说法具有典型的外在性（同上）。要让内在理由解读合用，参军必须满足或以其他方式推进欧文的动机集合中的某个元素，而它肯定做不到这一点。然而，家人想必很清楚欧文根本没有入伍的动机，可仍然坚持主张他入伍，并断称欧文的的确确有个去参军的理由。威廉斯评论道："他们是在一种外在的含义上提出这个说法的"，他既谋求理解这种含义，又力图减弱其效力，为此，他提出两个相关联的论证（同上）。

威廉斯的第一个论证从《内在理由和外在理由》前文中的一条评论出发，这条评论涉及理由的解释能力，而在这里他重申"如果某种东西可以成为一个行动理由，那么它就可以成为某人在某一特定场合行动的理由，因而也会出现在对该行动的解释之中"（同上：106）。对于外在论解读来说遗憾的是，外在理由在解释上无能为力，或者如威廉斯所说的那样，"凭借外在理由陈述**本身**是无法为任何人的行动提供解释的"（同上）。这种无能的性质看上去归根究底是概念性的，是解释的概念要求与外在理性陈述从概念上满足不了这些要求这两方面的结合。

威廉斯认为，"外在理由陈述的全部要义，在于这种陈述可以独立于行为者的动机而为真。但是，能解释一个行为者的（有意图）行动的东西，不外乎某种促动他如此行动的东西"（同上：107）。最后这个说法对威廉斯的事例来说至关重要，但并非没有受到质疑，比如受到了雷切尔·柯亨（Rachel Cohon）的质疑："这是个有争议的说法，绝非显而易见为真"（Cohon 1986: 549）。然而，威廉斯似乎认为这个说法不仅显而易见，而且无可辩驳："当理由是其行动的解释时，那这个理由当然就会以某种形式在他的 S 中，因为毫无疑问——没人否认这一点——他实际做的事只能由他的 S 加以解释"（Williams 1995c: 39）。此外，威廉斯认为欧文的例子为这种解释/促动的互动关系提供了强有力的支持。（米尔格拉姆发难说，这个例子的无可辩驳性本身使它无助于更一般性地理解实践理性，他指责说，威廉斯举欧文·温格拉夫这个例子，是"挑选了外在理由构设的一个特别难以置信的例子，对这种例子，我们倾向于说行为者**没有**理由，但威廉斯就仿佛一切外在理由都必定像**它**这样一般进行了下去"[Millgram

第五章　实践理性

1996: 205]。)

麦克道尔精妙地捕捉到了威廉斯最初提出的反对外在理由陈述之可能性的论证背后的推理:

> 任何行动理由都必须**能够**解释某人以此为理由的方式做出的行动。如果一个理由确实解释了一个行动,行为者就**会**具有按照相关方式行事的动机,也就是一个会被提供理由的解释所阐明的动机。但依据假定,外在理由陈述可以对某人成立,而无需此人实际上有什么动机会被他做他据说有理由做的事情所"满足或推进",甚至无需他有这样的动机:这个动机与他做这件事的相关性需要由审思揭示。(McDowell 1995: 70)

假定他家人提供的外在理由完全没触及欧文的 S,再假定任何对行动的解释都必须以某种方式关系到一个行为者的 S,那么外在的行动理由不仅无法解释行动,而且依威廉斯的阐论,它根本就无法成为行动理由。威廉斯从概念上的理据出发,也就是基于外在理由无法满足一般而言的行动理由的一项重要标准这一点,摒弃了外在理由。接下来,他转而考虑这样一个问题,由此也开始了他的第二个论证:鉴于外在理由这方面的不足,究竟还可能需要什么才能使外在理由陈述奏效呢?

回想一下欧文·温格拉夫被认定有参军的理由，该理由基于家族传统和荣誉的考虑。这样的考虑并没有触及欧文的 S，因此他有个理由去参军的说法显然是外在的，而且威廉斯认为这显然是错误的。但是，假设欧文最终按他家人提出的理由而行事；也就是说，假设欧文是为了维护传统和荣誉而参军；要让这种情况发生，就必须有新的东西出现，有最初的情况中不存在的东西，某种在最初的事例中不存在的东西，某种现在可以像理由必须能够做到的那样，去解释欧文的行动的东西。无论这种新的东西是什么，它都不可能是外在理由陈述的真理性，因为这一陈述的真理性在欧文之前顽抗时就已经伴随着了，甚至在欧文没有参军动机时就已经在场了。在威廉斯看来，要让欧文同时获得行动的动机、解释和理由，其唯一途径不是外在理由陈述的真理性本身，而是他相信这一真理，相信这一特定的陈述。

他在《内在理由和外在理由》中，从他前面提出的解释和促动之间的联系说起：

> 但是，能解释一个行为者的（有意图）行动的东西，不外乎某种促动他如此行动的东西。因此，为了解释行动，除了外在理由陈述的真理性，还需要某种别的东西，某种心理联结；这种心理联结似乎就是信念。A 相信一个关于他自己的外在理由陈述，这一点

可能有助于解释他的行动。(Williams 1981b: 107)

这种信念如何能够产生？更确切的疑问是，一个新动机如何能够产生？毕竟，外在理由立场在此面临真实的挑战："行为者眼下并不相信这个外在陈述。如果他得以相信这个陈述（comes to believe it），他就有了去行动的动机；因此，从本质上讲，得以相信这个陈述这件事必然涉及获得一个新动机。这怎么可能呢？"（同上：108）在表述他的回答时，威廉斯把关注点从解释转向审思。

现在，最要紧的是，在行为者得以相信一个外在理由陈述因而得以被它所促动这件事上，有什么方式上的限制。威廉斯立基于休谟的极简立场，而休谟当然否认理性有能力"产生意志"，但如我们所见，事涉理性的所及范围，威廉斯看来宽容一些。尽管如此，挑战依然艰巨："基本要点在于认识到，外在理由论者必须**用一种特别的方式**来设想获得一个动机与得以相信理由陈述之间的联系"（同上：108）。什么特别的方式呢？"行为者应该获得动机，**因为**他得以相信理由陈述；而他会变成这样，是因为他以某种方式正确考虑问题（is considering the matter aright）"（同上：108-9）那么，"正确考虑问题"究竟可能涉及什么呢？涉及"他应该正确地审思；而那个外在理由陈述本身将不得不被理解为大致等价于或至少包含如下主张，即如果行为者理性地审思，那么不管他原来的动机是什么，他都得以有动力去 φ"（同上：109）。"但是"，威廉斯提出反对意见，并走向他第二个论证的结论，"如果以上说法正确，那么休谟的基本观点看起来确实很有说服力，认定所有外在理由陈述都为假看起来也颇有道理"（同上）；这些陈述为假，是因为有种东西是正确考虑问题的过程根本无法提供的，而这种东西，用米尔格拉姆的又一个贴切的用词来说，是"动机燃料（motivational fuel）"（Millgram 1996: 198）。

威廉斯在这里的观点，似乎又一次建立在大体上概念性的理据之上。此前，外在理由陈述表现为有所欠缺，是因为其概念本身，也就是理由陈述与行为者的 S 无关这一点，在威廉斯看来否决了满足行动理由所要求的解释力；与此类似，外在理由陈述又一次表现为有所欠缺，也是因为其概念本身，也就是可以经由正确审思获得对理由的信念这一点，被正确审思的概念本身所否决。虽然威廉斯愿意承认理性审思有可能以前面提到的方式——比如，通过想象或比较某一给定目的的构成性解决方案——辨认出某个新动机，但这只是承认了对内在理由的辨认。眼下考察的事例则是，欧文通过正确考虑问题而得以相信家人提出的外在理由陈述，因此变得有动力去参军，而威廉斯就这一事例争辩说，实践审思的条件无法得到满足：

因为，根据假定，行为者原本没有那么一个动机

> 供他由之出发进行审思，以达获这个新动机。给定行
> 为者先前具有的动机以及这个新动机，依这种解读思
> 路，为使外在理由陈述为真，以下说法必须成立：有
> 了以前的动机，那就可以用某种方式理性地达获这个
> 新动机。但与此同时，这个新动机与以前的动机不
> 能有我们前面对审思的讨论中考虑过的那种理性关
> 联——因为那样一来，从一开始就有一个内在理由陈
> 述为真了。(Williams 1981b: 109)

实际上，威廉斯提供的是一个归谬论证。假设一个外在理由陈述为真，比如，假设存在一个欧文参军的理由。假设欧文目前不愿参军，他只有得以相信那个外在理由陈述为真，才能获得参军的动机。最后，假设欧文只有经由理性审思，"正确考虑问题"，才得以相信那个外在理由陈述为真，从而获得一个新动机。现在看来，这是荒谬的，因为正确考虑问题需要适当的动机，而这正是我们一向知道欧文缺少的东西；而且无论如何，如果他有这样的动机，并得以看出自己有理由参军，那么他也就成功地满足了威廉斯的内在推理而非外在推理的模型。

威廉斯第二个论证的这种概念性引发了一种忧虑，这类似于和他第一个论证相联系的忧虑，即他可能到头来预设了一个或多个重要论点。比如，柯亨反对威廉斯的第一个论证，她认为威廉斯毫无根据地假定，解释必须兑现为

促动，而布拉德·胡克（Brad Hooker）则反对威廉斯的第二个论证，认为威廉斯毫无根据地假定，促动必须兑现为主观性（参见 Hooker 2001）。下文将联系到科斯嘉德、麦克道尔和斯坎伦的文章，进一步考察这种反驳，而这将从属于一份更广泛的考察，即考察威廉斯对于正确考虑问题所施加的规范，也就是威廉斯认为使正确审思正确的东西。但在我们转向对威廉斯为内在理由所做论证的这些重要回应之前，还有一样东西值得考虑一番：我们可以称之为威廉斯关于外在理由陈述的"差错理论"（error theory）。如果我们采取了威廉斯的立场，承认外在理由陈述无法真正给行为者提供行动理由，那么（至少）有两个问题值得注意。首先，依威廉斯，当人们相互提出外在理由时，真正发生的是什么，人们犯下了什么差错？其次，如果理由最终必须得到主观的认证，这种认证以行为者实际具有的动机元素为依据，那么，还有没有批评这些理由的空间？如果有，这是什么样的空间？

差错理论

威廉斯提示说，如果外在理由陈述并不真的给行为者提供理由，那么或许最好把这些陈述解释为要么是隐隐指责对方不理性，要么是默然敦促对方进行内在推理。关于第一个提示，威廉斯承认

> 对于一个不愿去 φ 的人，当然有很多话是说话者可以说的，比如，他可以说那个人不体贴、刻薄、自私、轻率；也可以说，如果那个人有动力去 φ，事情就会好很多，那个人也会好很多。这些都可以是很妥帖的说法。如果某人提出批评采取的是外在理由陈述的形式，并且把这种形式极其当真，那么他似乎是想要说，这个行为者大错特错之处是他**不理性**……尤其是因为，他希望但凡是理性行为者的任何人，都承认做那件事情的要求。（Williams 1981b: 110）

暂且把可以对不愿行动的人使用的那许多"很妥帖的说法"放在一边，威廉斯肯定相信，如果他对准休谟模型的调整和他反对外在理由的论证有什么成功之处的话，那就在于抵御了一种指责，即，如果行为者无视外在理由主张，并为了满足 S 的元素而行动，那么他们的行动是非理性的。实际上，正是威廉斯据以把实践理性等同于内在推理从而消除上述指责的根据，在某些人看来是预设了反对外在理由解读的论点。

至于他的第二个提示，威廉斯写道："我猜测，那些被**认作**外在理由陈述的东西，事实上通常是乐观的内在理由陈述：我们提出这些陈述，并希望在行为者内心某处有某种动机可以通过某条审思路线导向我们寻求的行动"（Williams 1995c: 40）。若像这样把外在理由理解为尝试启动一种承认,也就是承认此前未承认的内在理由,外在理由就成了"预叙"(prolepsis)的手段,"预叙"这个词在《牛津英语词典》中的释义是"把某个未来的事物表征为或理解为已经做出或已经存在"。威廉斯只给了"最简要的勾勒",外在理由看上去是以如下方式预叙地运作的:"按照内在论的标准,说 A 有个理由去 φ,这个主张严格说来在被提出的那一刻不是个真实主张,但它被提出来这一事实本身有助于从行为者的 S 中引出一个更一般的动机"(Williams 2001: 95)。什么样的动机?在探究外在理由的归赋和谴责的归赋之间的结构相似性时,威廉斯指向了"避免遭到他人反对的动机",这种动机可能显现为"一个伦理上重要的性向,它存在于被自己所尊重的人反过来尊重的欲望"(Williams 1995c: 41)。看起来,"把这个动机和那些人关于他应该去 φ 的欲望或要求结合在一起,的确可以导致他(现在)有个理由去 φ"(Williams 2001: 95)。欧文的 S 中有个长存的欲望,那就是培养或维持家人对他的特定看法,这个欲望会被他们敦促他参军所激发,并通过这种方式成功地担保家人的(内在)理由陈述的真理性。

威廉斯总结道:"只有唤起这样的机制,我们才能消除真正内在的理由主张与外在的主张之间的鸿沟,后者除非获得社会或心理方面的某种帮助,否则没有理由视为比唬人和威逼多出些什么"(同上)。但是,在外在的威逼和内在理由的伪外在生成之间,难道就没有空间了吗?如果外在理由陈述恰当地表达了用于伦理上愚钝之人的"很妥帖的说法",那又该怎么看呢?

威廉斯在对下面的事例的研究中处理了这样一个问题——对于那些看起来没有动机(因此没有理由)以合乎伦理的方式行动的人,我们可以正当地说些什么呢:

> 比如说,我认为某人……应该对他的妻子好一点。我说:"你有个理由对她好一点。"他说:"什么理由?"我说:"因为她是你妻子。"他说——他是个无赖——"我不在乎。你不明白吗?我真的不在乎。"我对他尝试了各种说法……我发现他真的是个无赖:在他的动机集合中,没有什么能给他一个对妻子好一点的理由。(Williams 1995c: 39)

下文将结合斯坎伦对威廉斯立场的反应来讨论这个特定情境;眼下请记住,威廉斯欣然承认,面对这样的冷漠,人们可以正当地斥责这个丈夫"忘恩负义、不体贴人、冷酷、大男子主义、恶毒、自私、刻薄,以及其他许多贬低之点"(同上)。此外,人们还可以坚持认为"如果他对妻子好一点,那么事情就好一点"(同上)。但是,在这里我们可以感受到威廉斯的推理迄今为止所累积的分量,即使是这样的判断也无法证明"外在理由论者希望我说的一件具体事情,即这个男人有理由对她更好一点"(同上)。对丈夫的批评完全可能展现对该情境之伦理的十足理解，但若坚持用理由陈述的形式表述这种批评，则会展现对实践推理本性的十足误解。据威廉斯对他为内在理由解读的论证的理解，理由若博取不了主观动机的支持则根本不成其为理由，即便被人本着道德改进的态度提出，也不过相当于唬人。现在，是时候看一看对威廉斯的解读的三份值得关注的批判了。

科斯嘉德：《关于实践理性的怀疑论》

威廉斯受休谟启发提出的实践推理的主观论立场，最终相容于康德关于道德的观点，即道德取决于纯粹意志的客观且自主的原则的可能性有多大？据科斯嘉德那篇广受赞誉的论文《对实践理性的怀疑论》，可能性很大。科斯嘉德说的对实践理性的怀疑论，指的是这样的疑虑："人类行动多大程度上受到或可能受到理性的指示"（Korsgaard 1996c: 311），这些疑虑有"内容"和"促动"这两种形式。内容怀疑论"是怀疑理性考虑之于审思和选择的活动有何干系"（同上）。促动怀疑论是怀疑"理性（reason）作为一种动机的能力限度（scope）"（同上）。休谟以兼持两种意义的怀疑论而闻名。内容方面，理性只有一个狭窄的角色，即为给定的目的确定合适的手段。促动方面，唯有情感，而非理性，才具备促动力。康德则因他不持这两种意义上的怀疑论而同样闻名。内容方面，理性原则有通过自我立法产生行动理由的广泛能力。促动方面，不论一个人的情感处于何种状态，这种理由都具有促动力。在这篇论文里，科斯嘉德倒不是选定了康德，而是主张，不论最终胜出的是康德还是休谟的观点，"促动怀疑论必定总是建立在内容怀疑论的基础上"，因为"促动怀疑论并不具有独立的效力"。（同上：312）对于威廉斯在内在理由上的立场，她认为她的论证会产生重大的后果。

谈及对实践理性的怀疑论，科斯嘉德认为《内在理由与外在理由》中所提倡的立场是某种混合："威廉斯采纳了怀疑论论证的一个部分，即实践推理必须从能够促动你的某个东西开始；但是放弃了另一个部分，即唯一的推理形式是手段-目的的推理"（同上：326）。这支持了先前的讨论，其中，威廉斯在一个方面仿照休谟，朝着主观元素予以相对化，以此坚持促动怀疑论，而他又在另一个方面反对休谟，不承认狭窄工具论的界限，从而不承认内容怀疑论。但如果科斯嘉德是正确的，那么，什么能够算作促动，则很可能取决于什么能够算作审思，而威廉斯在前一方面的保守主义也许就无法被他在后一方面的自由主义所辩护。

科斯嘉德的论文，很大一部分涉及梳理清楚她所谓的"内在论要求"（the internalism requirement）的蕴意，据这项要求，"对实践理由的主张如果真要为我们提供行动的理由,那么这些主张就必须能够促动理性之人"(同上:317)。事实上,大概可以不算太夸大地说,《对实践理性的怀疑论》的主旨就是:"内在论要求是正确的,但它可能没有排除任何道德理论"(同上:329)。我们已经看到,威廉斯实际上设定了内在论要求,他不无争议地声称"能解释一个行为者的(有意图)行动的东西,不外乎某种促动他如此行动的东西",这一声称本身反映了他对理由提出的解释要求(Williams 1981b: 107)。接着,威廉斯简单地把行为者的主观动机集合描述为实践审思的唯一可靠的动机燃料来源。然而,科斯嘉德指出,与休谟不同,"威廉斯能够容纳某人出于原则方面的理由而行动的情形,在这种情形中,审思所采取的形式是:运用该原则,或者认识到该原则适用于当下的情形"(Korsgaard 1996c: 327)。此外,从原则出发行动还可能开启看待促动的新方式。

比如,威廉斯一旦声称"行动可以产生于行为者的 S 中的种种元素,而无需成为某个单独目的的手段"(Williams 2001: 92),那么他就无法排除一种可能性,即某种对纯粹实践理性原则的接受性也包含在了 S 的元素中,也就是说,他无法排除纯粹实践理性之于内在论要求的相容性:

> 如果接受了内在论要求,那么由此可以推出:当且仅当我们能够被纯粹实践理性本身的运作得出的结

论促动时,纯粹实践理性是存在的。我们身上必须有某种东西使我们能够被这些结论所促动,而这种东西将是主观动机集合的一部分。(Korsgaard 1996c: 327-8)

科斯嘉德观察到,"威廉斯似乎认为这是对纯粹实践理性的存在持怀疑态度的理由",但她不敢苟同:"然而从内在论要求推出的东西看起来是这个:如果我们能被源于纯粹实践理性的考虑促动,那么这种能力就属于每个理性存在者的主观动机集合"(同上:328)。与偶然且主观的促动无关的纯粹实践理性,仍有可能在威廉斯的内在论的实践推理模型中找到立足点。

科斯嘉德相信,任何通过限制 S 的候选项从而对抗她的主张的步骤,都与威廉斯相隔绝:

> 我们无法主张主观动机集合只包含目的或欲望,因为只有当所有推理都采取手段-目的形式……这才有可能成立。在这个主观动机集合中可以发现哪类东西,这不会限制可能推理的种类,反倒依赖于可能推理的种类。我们也无法假定主观动机集合只由个人的或特异的元素构成,因为那就未经论证地阻断了一个可能,即:理性可以产生每个理性存在者都必定会认可、也能够被其促动去行动的结论。什么样的理性运作会得出关于做什么和追求什么的结论,这是一个未

决的问题，而只要这个问题是未决的，我们是否能被这些结论促动的问题也必定是未决的。（同上：328）

通过限制理性在审思中的能力限度，休谟限制了什么能够算作促动。通过扩展理性在审思中的能力限度，威廉斯扩展了什么能够算作促动。

我们已经看到，科斯嘉德论文的重要目的包括表明促动怀疑论依赖于内容怀疑论，并表明内在论要求所实际排除的实践推理样式何其之少——假如还有所排除的话。她十分肯定有一种样式没有被排除，那就是康德的推理样式，而这一结论之惊人，愈发突出了她的论文的总体重要性。毕竟，我们完全可以情有可原地把康德当成外在推理的典范，因为如果说康德相信什么，他似乎总相信，不管行为者的 S 有什么内容，有些理由都适用。这里，科斯嘉德又有一个气魄宏大的结论，那就是纯粹推理和主观动机内容无需互不相认，更无需相互为敌。此外，从下面这段话可以清楚地看出，威廉斯也接受这个结论，这种接受无疑同《对实践理性的怀疑论》一文有一定关系：

康德认为，如果一个人从他或她现有的 S 出发正确地审思，那么不管这个 S 是怎样的，这个人都会承认道德的要求，但康德之所以这么想，是因为他把道德的要求理解为隐含在一种实践理性观念中，他认为他可以表明这种观念适用于如其所是的任何理性审思者。我认为，把这看作内在论的一个极限情况，可以最好地保持内在论 / 外在论这一区分的本旨。（Williams 1995h: 220）

但是，关于内在理由模型对于纯粹实践理性的理论顺从性的这种认同，绝不应该掩盖威廉斯与康德主义的重大分歧，该分歧已经在整个第四章展示过。

事实上，威廉斯和科斯嘉德争执不下。就科斯嘉德而言，她坚称："威廉斯的论证并未表明，即使存在适用于行动的无条件理性原则，我们也无法被这些原则促动。他只是认为不存在这样的原则"（Korsgaard 1996c: 329）。而就威廉斯而言，他也明显针对科斯嘉德而坚称："主张道德约束本身已经内置在身为理性审思者这个概念之中的人，不能凭空得出这个结论"（Williams 1995c: 37）。虽然威廉斯同意科斯嘉德的一个观点，即"如果实践理性的结构确实得出特定的一种对每个理性行为者都有约束力的理由，那么对每个理性行为者而言，就确实有一条从他或她的 S 出发到达这种理由的可靠的审思路线"（Williams 2001: 94），但是威廉斯从来没想认可这个条件句的前件。二人都向对方提出了一个让步和一个索求。科斯加德承认内在论要求，但索求威廉斯提出论证来排除如下可能性，即实践推理终究可以是在康德意义上纯粹的。而威廉斯其实也向科斯嘉德承认，实践推理有可能是纯粹的，但又索求一个对它确实如此的论证。到头来，康德的思想保留在了桌面上。麦克道尔的论点则是，亚里士多德的思想以及外在理由的可能性也都保留在桌面上。

麦克道尔：《有可能存在外在理由吗？》

在麦克道尔看来，威廉斯认为"相信外在理由的唯一旨趣"是"能够指责任何这样的人是不理性的：他没有在[外在理由]理论家认为他应该被促动的某个方向上被促动"（McDowell 1995: 75），而威廉斯对此的反应既值得赞许又应受责备。一方面，麦克道尔称赞威廉斯坚称"……'不理性'这一指摘不过是'唬人'"（同上）。但另一方面，麦克道尔责怪威廉斯以同样的气势坚称"外在理由论者必须设想一种由推理带来的向正确考虑问题的转变"（同上），这正是他在《有可能存在外在理由吗？》一文中决意要削弱的立场。

别忘了，威廉斯对外在理由陈述的拥护者提出他自己版本的休谟的质疑：理性如何能够产生意志？麦克道尔重述了威廉斯的立场：

> 外在理由论者必须构想一种正确的审思程序或推理程序，它产生动机，但不……受现有动机的"控

第五章　实践理性

> 制"；因为，如果这种审思被现有的动机以这种方式"控制了"，那它揭示的理由就不过是内在理由。因此外在理由论者必须把理性产生新动机构想为这样一种活动，这种活动能够采取的方向并不由行为者在先的动机形态所塑造——不管行为者开始时有什么动机，这种活动都将具有理性上的说服力。（同上：71）

虽然威廉斯的结论是"我看不到有什么理由认定这些条件有可能会得到满足"（Williams 1981b:109），麦克道尔则没有这么肯定。

麦克道尔的讨论聚焦于威廉斯对外在理由观点的质疑中的如下"关键主张"："那个外在理由陈述本身将必须理解为大致等价于或至少蕴涵着如下声言：如果行为者理性地审思，那么不管他原来有什么样的动机，他都得以有动力去 φ"（同上：109）。作为对这一关键主张的回应，麦克道尔摆出这个"关键疑问"："为什么外在理由论者必须把向正确考虑问题的转变构想成是由**正确审思**带来的？"（McDowell 1995: 72）。正如科斯嘉德承认内在论要求，但指责威廉斯只是假定只有他的准工具论能满足这一要求，麦克道尔也承认外在理由拥护者面临一个挑战，即如何不求助于现有的动机库存而获得新动机，但他指责威廉斯只是假定唯一有可能带来这种转变的是推理。而且正如科斯嘉德争论说，威廉斯关于实践推理内容的观点没有确定什么可以算作促动，麦克道尔争论说，威廉斯关于从没有被一个外在理由陈述之为真所打动到被这一点打动的转变的观点没有确定什么可以算作"正确考虑问题"。

当然，"考虑"的确像是隐含了审思，但麦克道尔主张，"正确考虑问题"为威廉斯所做的只相当于提供"行为者为何最终相信理由陈述的**解释**，它适合把这里的转变揭示为朝向**真**信念的转变"（同上：72-3）。麦克道尔说，如果是这样，那么"外在理由理论家……所需的不过是……：行为者**在**他得以相信理由陈述**之际**，得以正确考虑问题"（同上：73）。麦克道尔提示，不只理性审思能满足这个"**在……之际**"的隐含条件，那些显然是非审思的力量，诸如劝服，激发，尤其是皈依，也都能满足那些条件。不过，麦克道尔优先选取的正确推理的替身——因而也是他优先选取的对威廉斯的质疑的回应——似乎是某种类似性格发展的东西，这是一个有着古代哲学根源的候选项。对此，麦克道尔做了详细说明：

> 如果我们以大致亚里士多德的方式，把伦理教养设想为一个养成恰当行为模式的过程，一个与灌输相关思维模式密不可分的过程，那么，在此过程中，人们如何既习得一种看待事物的方式，同时又习得一批促动方向或实践关切，就并不神秘……而且，如果这种教养以它应有的方式进行，那么我们将愿意说，那

种看待事物的方式……涉及正确考虑事物……。在此，谈论受到恰当教养和谈论正确考虑问题，实际上是同一评价的两种表述。（同上）

麦克道尔认为，借助习惯的养成，人们可以不引人注目地习得新动机，其形式是这样那样行事的性向，而其中包括的一些动机绝非源自此前所习得的动机。

由狼养大的人面对外在理由陈述时无动于衷（令人脑海中浮现出威廉斯所说的冷漠的丈夫），这种情况下，或许某种皈依经验会上升到正确考虑问题的地步。虽然麦克道尔承认"单单皈依的观念最多指向一种对性格转变的解释的概要"，但是他接下来"假设至少有时我们确实能够依这思路来理解某个漏网者怎么会突然或逐渐变得像是受过恰当教养"（同上：74）。更重要的是，这样突然或逐渐的变化实际上应答了威廉斯的质疑："皈依的观念在此可以充当一种可理解的动机取向转变的观念，而带来这种转变的恰恰**不是**诱导某人进行那种被现有动机控制的实践推理，借此发现一些他之前没有认识到自己具有的内在理由。"（同上）最重要的是，这种突然或逐渐的变化又相当于认识到一个外在理由之为真。

在麦克道尔看来，虽然实践推理的终点确实必须是正确推理，但这无法推出正确推理必须是达此目的的唯一手段。他拒斥在他眼中威廉斯坚持的一点，即"必定有一种审思性或理性的程序，它将引导任何人从不被如此促动转变到被如此促动"。他提出自己的关键主张："相反，向被如此促动的转变是**向**正确审思的转变，而不是**由**正确审思带来的转变。"（同上：78）既然如此，"要带来这个转变，可能需要某种非理性的变动，比如皈依"（同上）。接下来，麦克道尔把威廉斯出错的根源定位于内在理由模型的"心理主义"性质，认为这个模型过于依赖"单单个体心理学的事实"和它对信念和欲望之为"理性上自足的精神现象"的理解（同上：77）。他的观点似乎是，威廉斯错在不可信地假定 S 的元素是行为者为了进行审思而可以随时隔离和辨认的东西。但威廉斯拒绝接受这一论点，或者说，只接受如此陈述他的假定，但拒绝承认这个假定把自己引向差错。威廉斯较细地答复了麦克道尔的论文，开篇就否认他自己的论证"所预设的完全是麦克道尔说它预设的"，并概略地引入两个意在澄清问题的陈述：

（理）A 有理由去 φ。
（审）假如 A 正确地审思，他就会有动力去 φ。
（Williams 1995h: 187）

依威廉斯的理解，他和麦克道尔一致认为"相信（理）就是在某种意义上相信（审）"，且这至少意味着"如果对某人（例如 A）陈述（理），那么 A 一定会把这理解为（大致上）声称（审）"（同上：188）。而威廉斯认为麦克道尔弄错的地方在于，就正确审思和正确考虑问题之间的关系而言，从上述这一点推不出"A 必须经由审思而得以相信**（审）这一陈述**"。"这种想法"，威廉斯承认，"的确很难置信"（同上）。

以此，威廉斯抗辩麦克道尔的指责，即说威廉斯没能领会"**向正确审思**"的转变与"**由正确审思**"带来的转变的关键区别。此外，威廉斯抗辩了另一个指责，即麦克道尔声称他的论证隐含着"必定有一种审思性或理性的程序，它将引导**任何人**从不被如此促动转变到被如此促动"。（McDowell 1995: 78，强调来自笔者）虽然威廉斯承认他的论证既依赖"（理）与（审）之间的联系"，又"使用了 A 通过审思达到某种第一人称的（理）这一想法"，但是他否认他的论证使（理）和（审）等价；相反，两者之间的联系依旧完全是可废止的：

> 内在论者的想法是，有些过程可以算作从某人现有的 S 经审思达至 φ 的筹划，其他过程则不算。设若如此，内在论者就可以为（审）赋予一种受限的含义，可以按他的声言把（审）与（理）相匹配。但这不像麦克道尔的反驳暗示的那样意味着行为者应能实际进行相关审思。（Williams 1995h: 188）

113 有意思的是，虽然威廉斯尽力针对麦克道尔关于他不合理地解读（理）和（审）之间关系的指责进行自辩，但是他似乎远不那么在乎针对过度心理主义的指责进行自辩，而后者正是麦克道尔认定的这些不合理的内在论要求的根源。在威廉斯看来，过度心理主义总比过度理想化要好，他认为麦克道尔版本的亚里士多德式实践推理就有过度理想化的问题。

麦克道尔挽救外在理由的进路中最令威廉斯担忧的是这一点：任何试图不参照行为者的 S 来使理由（通常是伦理理由）合法化的做法，在威廉斯看来都会有不可接受的代价，他认为这种代价就是个人视角的丧失。一来，"外在论的一个问题是……（理）并不呈现为独特地关乎 A 这个人的陈述"（同上：191）。二来，"无论从伦理还是心理角度看，有一点很重要，那就是（理）及其相关项应该特别就 A 说点什么，而不应该仅仅联系到 A 去援引某条一般的规范判断"（同上：192）。而依威廉斯所见，麦克道尔辩护性地诉诸受过"恰当教养"这一点的结果，正是这样一条一般的规范判断。在威廉斯看来，这里有两个问题。麦克道尔的立场可信吗？麦克道尔的立场能可信地归为亚里士多德式的吗？

威廉斯觉得麦克道尔号称外在论的立场不可信，因为它看来必使"（理）类型的陈述不把行动与个人相关联，而是把行动类型和情况类型相关联"（同上：190）。实际

上，依威廉斯所见，根据外在理由解读，

> （审）——即"假如 A 正确地审思，他就会有动力去 φ"这一声言——的意思只是：……假如 A 是正确审思者，A 在这种情况下就会有动力去 φ，其中"正确审思者"意指像充分知情且性情良好的人那样审思的人。（同上：189）

此外，在麦克道尔看来，"正确审思者"意指"像亚里士多德说的明慧者的人，或者……受过恰当教养的人"（同上）。但这样一来，威廉斯抱怨说，"由此推出，据这种阐论，（理）就完全没有独特地就 A 做出陈述"（同上），因为"明慧者是一个理想类型，他被援引并不使公式相对于特定行为者而言少一些非个人性"（同上：190）。虽然对麦克道尔和对威廉斯来说，"（理）提及了 A 这个人"这一点都成立，但在麦克道尔的观点中，"（理）丝毫没有独特地关乎 A 的内容"，至少威廉斯坚持这样认为（同上）。这意味着，在确定 A 有理由做什么时，A 不论出于什么原因和在什么程度上没能达到明慧者的素质，这都是无关的。但这就完全是无视行为者的主体性，从而把理由的规范性安置在对实践推理的一种理想的、所以是不现实的阐论中。

余下的问题是，威廉斯是否认为麦克道尔对亚里士多德的理解是正确的。第七章会详细讨论威廉斯关于亚里士多德的观点，目前说到如下这点肯定就足够了：虽然威廉斯和科斯嘉德都显然同意，无论纯粹实践理性最终是否可信，康德公开宣称的立场都构成了内在论的一种（极限）情况，但是威廉斯并不认可麦克道尔把亚里士多德塞进外在论阵营的做法，无论明慧者与实践理性的最终相关性何在。毕竟，实践智慧只在与实际的主观动机集合的实际内容相关联时才有用武之地，而威廉斯认为，这种关联在麦克道尔的阐论中实际上丧失了。如威廉斯所言，"如果我理解得不错，亚里士多德本人把良好生活的考虑聚焦于个体的方式是内在论的"（同上：192）。但是无论我们是否应该不顾年代差别地认为亚里士多德支持内在或外在理由解读，威廉斯还是毫不含糊地为他对麦克道尔的讨论作结："还没有什么说服我放弃如下看法：唯有某种形式的内在论观点，能看似可信地把对 A 的理由的陈述表征为独特地关乎 A 的一种独特的陈述。"（同上：194）下面轮到斯坎伦试试了。

斯坎伦：《威廉斯论内在理由和外在理由》

在他们各自对威廉斯内在理由立场的批判中，科斯嘉德和麦克道尔都特别着意于这种立场与他们各自偏好的实践推理问题上（宽泛的）康德式和亚里士多德式进路的相容性，相比之下，斯坎伦至少看上去不那么偏向一派，只想指出理由的一个最一般的性质,即其普遍性,这是他认为威廉斯的阐论在很大程度上忽视的。斯坎伦开篇时回顾了前面讨论的那个冷酷的丈夫的例子。面对他有个理由对妻子好一点这一主张,这个丈夫置之不理,这在威廉斯看来的确可以担保各种各样的褒贬,唯独不能担保把真值归给该主张。斯坎伦指出,威廉斯既然准许了那些褒贬,就实质上承认了这个丈夫有"某种缺陷",这种缺陷在于"未能被我们视为理由的某些考虑打动"(Scanlon 1998: 367)。斯坎伦问,说到底,"不体谅人、刻薄、麻木不仁等等,不在于这一点还在于什么?"(同上)可是,"如果说未能把这些考虑看作理由对一个男人而言是一种缺陷的话,那么,这些考虑就必定是对他而言的理由(reasons for him)",所以,斯坎伦疑惑,"何不下结论说这个男人有个理由对妻子好一点呢?"(同上)不出我们所料,威廉斯对这个问题的回答再简单不过:因为他没有理由。

斯坎伦以他自己对概念的考虑来反驳威廉斯的如下论证,即理由的概念本身排除了外在理由解读,因为,比如,它没能满足理由带有的解释性条件。在一个狭窄意义上,一个行为者如果因为没能认识到一个理由而公正地招引谴责,那么他当然必须具备那个他没能认识到的理由(关于外在理由与责备,参见 Williams 1995c)。但在宽泛得多的层面上,斯坎伦诉诸"理由判断的普遍性"以及这样一个想法:如果我判断我有个理由采取某种行动,那么对自己有个理由做出判断这一概念本身就规定了任何相似情境下的人也都会有个理由采取同样的行动：

> 理由判断的普遍性是这样一个事实的形式推论：把某事当作行动的理由，是……一个把特定考虑认作其结论的充分根据的判断。每当我们就自己的理由作出判断时，我们都承诺了关于他人在特定情形下具有或者会具有的理由的主张。（Scanlon 1998: 74）

斯坎伦认为理由的这一特征是完全无争议的，同等地适用于一切种类的实践推理。

理由判断的普遍性与斯坎伦对威廉斯的批判的相关性，在他诉诸第一人称经验时变得显而易见："只要我们不认为我们自己克制刻薄对待配偶的理由依赖于我们具有某种如此克制所满足的'动机'，我们就不能把他人的理由看作是这样依赖的。"（同上：367）这是一种对论点的反面表述，但其中的要点看起来足够清晰：某人可以看到他有个理由善待自己的配偶，并且看到这个理由是任何人在相关方面相似的情形下都应该承认的，因此可以有把握地将这个理由归给威廉斯的例子里的浑人。

为什么斯坎伦看上去对克制的理由和某人的 S 之间的脱节那么有把握，仍然有些令人费解。无疑，这个问题的回答与他信赖独立于行为者的 S 的动机因素有关，也与他怀疑威廉斯的那种从第三人称角度刻画或例示内在论的倾向有关，如下面这段话所显示：

> 威廉斯的例子都是用第三人称提出的；它们涉及的主张是我们可以就其他人拥有的理由提出的主张。但他的内在论看来迫使我们接受一个结论：我们自己的理由也都依我们主观动机集合中适当元素的存在而定。这听上去不对，而且我相信，这是威廉斯的主张广受抵制的一个重要根源。（同上）

斯坎伦似乎相信，即使粗略的内省也能确证存在着与某人自己的 S 并无相对关系的动机。这种确证，加上理由判断的普遍性，就等同于威廉斯立场的垮台。

当然，斯坎伦承认："当一个人否认有理由时，以及当他不管如何努力也真的无法看到这里所说的那种考虑的说服力时，坚持说他有理由确实像是威逼。"（同上：371）实际上，他同意威廉斯的这一看法："在这样一种情况下继续这样说**就是**威逼。"（同上）不过，斯坎伦当然是正确地评述道，"但是，从在这样一种语境中继续说某事就是威逼这一事实，并不能得出所说的那件事不是真的"（同上：372），然后他以一个希望收尾，即希望威廉斯可以"放松那种要求，即，为了可以说一个人'有个理由'，对这一点的论证必须与该行为者目前的 S 中的某个元素有联系"（同上：373）。不过，威廉斯是不会这样做的。虽然威廉斯赞许斯坎伦"对讨论做出的格外有建设性的贡献"（Williams 2001: 95），并赞同斯坎伦的分析中的几个关键论点，但是他也认为斯坎伦错失了唯一的紧要之点。

重提那个可憎的丈夫时，威廉斯的确同意斯坎伦的一个观点，即"行为者的缺点可以理解为未能把特定考虑看作理由，正如相反的德性可以理解为把那些考虑看作理由的性向"（同上：95-6）。他进一步同意，"如果我们把这视为这个男人的一个缺陷或缺点，那么我们一定认为这些理由在某种意义上**适用**于他"（同上：96）。但这样的同意并不足以在看到或得以看到特定的考虑与丈夫的 S 之间建立联系。威廉斯这样表述其中的要点："这一切都并不意味着，这些考虑已经在有缺陷的行为者的理由当中；实际上，问题恰恰在于它们不在其中。"（同上）虽然我们可以从 A 弥补缺陷的角度表述问题，并且可以"作为批评者，用这样的话表达观点：'对 A 来说，有个理由去换种做法'，但这丝毫没有使这一陈述……更多地牵涉 A 的理由"（同上）。我们现已很熟悉这里的想法：在威廉斯看来，为担保一个理由陈述的真值，需要的不只是我们构想这一陈述的能力。

由于两人在很大程度上意见一致，威廉斯坚称，斯坎伦把识认一种缺陷与辩护一个理由陈述联系起来，这"并不是，也并不意在成为，对内在论立场的击倒性论证"（同上：95），正如斯坎伦坚称，一旦承认了两人的一致，"余下的关于'有个理由'这个习语的适用范围的分歧，在我看来就没有那么重要了"（Scanlon 1998: 372）。说到底，"争议不在于看不到某些考虑的说服力能否是一种缺陷，而在于这些判断与某人拥有的理由这一观念之间是什么关系"。（同上：371）至少在威廉斯看来，在判断的适用性与理由的存在之间，仍然有一个间隙。

结论

若说有什么把科斯嘉德、麦克道尔和斯坎伦三人貌似迥异的批判统一起来，那也许是他们都对威廉斯的阐论在什么算作理由——乃至什么算作实践推理——这方面的不确定性有着共同的担忧。科斯嘉德在威廉斯关于审思"内容"的观点中发现了这样的不确定性："他的论证似乎表明，只有工具性原则的自然延伸能满足内在论要求，但他又愿意把工具性原则延伸到最终完全不成其为限制的地步。"（Korsgaard 1997: 216）麦克道尔在正确审思或者说"正确考虑问题"的概念当中发现了这样的不确定性：就如何达获对外在理由陈述的信念，威廉斯"让转变如何产生成了完全开放的问题"（McDowell 1995: 73）。而斯坎伦在"一条可靠的审思路线"这个概念中发现了这样的不确定性："内在论提供的可变性也许太大了"，意思是说，种种主观动机集合之间缺乏统一性有可能使行为者对特定价值的分量漠不关心（Scanlon 1998: 370）。但事情在威廉斯看来是这样的——这时他实质上一并与这三位哲学家交手："行为者通过理性审思从他现有的主观动机集合可以达到的东西究竟有什么限度，这是不清楚的"，而任何像样的实践理性观点都"应该维持这种不清晰并说明其缘故"（Williams 1981b: 110）。如他的回应者所见证，他无疑维持了不清晰，但他是否真的说明了其缘故呢？

我们是否信任威廉斯对实践审思"本质上的不确定性"所做的阐论（Williams 2001: 92），很大程度上反映了我们是否赞同他的如下观点，即"实践推理是一种启发式的过程，是一种想象的过程"，以及"在从理性思想通向激发和皈依的道路上，并没有固定的边界"（Williams 1981b: 110）。（很难确定后一主张与麦克道尔的回应是否可以协调。）在威廉斯看来，"内在论意义上的'A 有理由去 φ'这个说法的确有一种模糊性，因为能从 A 当前的 S 引向他有动力去 φ 的审思过程可以或多或少地被宏阔地设想"。（同上）然而，威廉斯的这一阐论远不是个有待解决的麻烦，而"仅仅表明，种种状态都可以算作 A 有个理由去 φ，这些状态的范围更广，也更不确定"。（同上）更重要的是，威廉斯的阐论展示出他一贯坚持现实主义地描绘人类能动性的心理学，避免高度理想化的实践推理模型，这类理想化模型总要依赖一些不可信的非个人性手段，如

第五章 实践理性

科斯嘉德的纯粹实践理性或麦克道尔的标准化教养。纵然科斯嘉德和麦克道尔甚至斯坎伦都可能去争辩,威廉斯那种认为主观促动和行动理由存在必要性关联的内在论实际上有多么对立于他们各自偏好的阐论的字面,但他们无法争辩其精神上的对立。

这种把心理学弄对的关切构成了威廉斯抵制如下看法的主要动机,那种看法认为,行为者不为外在理由所动的态度显示了其非理性。如前面的讨论所表明,威廉斯认为那种看法无非是"唬人",这又激起科斯嘉德的如下评述:"但如果这是唬人,那我们应当对唬人的做法抱有大大的敬意。它在我们努力保持自我一致和互相团结,面对私己的(local)诱惑和欲望的撼人劲风时立定于我们的筹划和关系方面,起着必不可少的作用"(Korsgaard 1997: 233)。这一评述虽然确实为科斯嘉德和威廉斯留出达成一致的空间,但也带来了它本身的疑问,这种疑问尤其涉及"我们的筹划"和"一己诱惑和欲望"的关系。依科斯嘉德所见,上述作用或许指向了客观价值在实践审思中的重要作用。但在威廉斯看来,这种作用是得不到担保的。一则,影响审思的东西必须存在于行为者的 S 之中,那里虽然无疑可以找到价值,但其确切的构成和分布仍然是件偶然的事。二则,或许根本不存在所谓的客观价值,接下来的第六章就来讨论这一可能性。

第六章

真理、客观性与知识

第六章 真理、客观性与知识

引言

和其他人一样，哲学家们从熟悉的标签中获得安慰。发现某人是物理主义者、相容论者或柏拉图主义者，就马上在哲学上找准了与这个人的关系，尽管这种熟知很可能会滋生轻蔑，但它也能引导方向，并在引导的过程中给予安慰。然而，和在许多方面一样，威廉斯在这一点上并没有给人带来多少安慰；也就是说，他的观点要么完全抗拒被贴标签，要么只在极弱的程度上吸引标签，尤其是在伦理哲学领域。毫不奇怪，威廉斯的伦理怀疑论和反理论倾向不利于将显而易见的一阶或规范性立场归给他，因为他对他人对苏格拉底问题（人应该如何生活？）的回答的批评实际上掩蔽了他自己的立场。但他在二阶或更具元伦理性质的问题上的立场又如何呢？无论给威廉斯为自己量身定做的替代功效主义或康德主义的方案贴上标签有多难，他总得接受某些关于其哲学基础的现成观点吧；他总得接受某些为人熟知的形而上学和认识论承诺吧；这些总是可以贴上标签的吧。

从形而上学的角度看，这种承诺通常会招来"实在论"（realist）或"反实在论"（anti-realist）的标签，因为就像威廉斯在《道德》一书中所粗略指出的那样，这些承诺断定或否认"思想有一种独立于思想的事质"（Williams 1972: 36）。毫无疑问，对这些承诺的最佳解释是，它们排列为一个逐渐增强的伦理客观性宣告（avowals of ethical objectivity）的连续统；实际上，客观性构成了实在论者和反实在论者短兵相接的竞技场。而从认识论的角度看，这样的承诺通常会招来"认知主义"（cognitivist）或"反认知主义"（anti-cognitivist）的标签，这仍然是因为，粗略地说，它们断定或否认关于伦理生活的描述性陈述和规定性判断有真假可言，或者说，它们断定或否认伦理知识的存在。正如客观性是实在论／反实在论之争的焦点，知识则是认知主义者和非认知主义者之间争辩的焦点，它是一种有价值的货币，用来确立伦理陈述是否易于为真（susceptibility of ethical statements to truth）这个问题上相争的主张。尽管如此，撇开标签的盛行不谈，在伦理探究的形而上学和认识论方面之间的硬性区分可能很难确立和维持，因为，比如，关于伦理客观性的阐论形塑了关于伦理知识的阐论。但是，无论人们如何在实在论和认知主义之间或伦理客观性和知识之间的地带摸索方向，都可能很难在地图上找到威廉斯的位置。

首先，尽管从连续统的一条边来看，实在论形而上学和认知主义认识论似乎是天然的盟友,因为道德事实跟踪着道德属性——也就是说,伦理陈述可以说是依凭其与某种潜藏的伦理实在相符合而有真假——但是,威廉斯拒绝为该联盟背书。正如他在《谁需要伦理知识?》("Who Needs Ethical Knowledge?")这篇标题颇具挑衅性的文章中所说,"我认为,能否存在伦理知识,这和伦理观能否是客观的不是同一个问题"(Williams 1995k: 203)。事实上,当谈到伦理学时,威廉斯本人将一以贯之的反实在论与有时认知主义、有时反认知主义——这取决于一系列相当复杂的情况——的立场相结合。威廉斯深信,"知识概念在伦理之事上用处有限",他认为,"伦理知识的最佳候选者是地方性(知识),而这无法使这种伦理知识与认知主义的雄心相适配"(同上:203,209)。不过,即便伦理知识的概念没有打开一扇望向伦理学本性的透明窗户,客观性的希望还是大些;况且,在威廉斯看来,要理解伦理客观性的本性和可能性,关键是要领会"伦理领域与科学领域之间的基本区分",下一节将探讨这一区分(Williams 1985: 135)。然而,威廉斯真的可以如此轻易地摒弃认知主义关切——尤其是伦理知识之为一整套真确的伦理信念的观点——的相关性和重要性吗?可以这么轻易地摒弃真理,不把它作为一种重要的伦理考虑吗?

人们可能会情有可原地认为,威廉斯关于真理及其与伦理学之关系的深思熟虑的观点一定是现成的。毕竟,他的最后一本书名为《真与信实》。然而，必须指出的是，尽管该书包含了许多有趣且新颖的讨论（第七章将特别讨论其中关于修昔底德和谱系学的两章），但它主要关注的是"可被概括地称为'真理的价值'（the value of truth）的东西"，而很少关注甚至根本不关注它提出要考虑的价值背后的哲学真理观（Williams 2002: 6）。事实上，在《真与信实》一书中，威廉斯似乎质疑了把真理作为一个独立概念来研究的筹划：

> 我们应该抵制任何为真理下定义的要求，主要是因为真理属于一系列相互关联的概念，如意义、指称、信念等，我们最好是探究这些概念之间的关系，而不是试图把其中的一个或几个概念作为其他概念的基础。同样，如果这些概念中的任何一个声称比其他概念更基本、更明晰，那么它很可能就是真理本身。（同上：63）

迈克尔·达米特（Michael Dummett）反驳说，"不可定义（indefinability）不能和无法解说（inexplicability）混为一谈"，他批评威廉斯未能提供更多关于真理的阐论，特别是未能提供更多关于意义的阐论（Dummett 2004: 106）。然而，威廉斯在其职业生涯末期越来越确信，"伦理学中的真理本身并不是一个重要的问题，因为伦理学中的真理问题本身并不是客观性问题，也不是伦理知识的可能性问题，诸如此类"（Williams 1996a: 19）。他可不是一直这样想的。

威廉斯在其开创性论文《一致性与实在论》（"Consistency and Realism"）中，曾主张这样来"阐述对一致性的需要"，也就是"将重心结结实实放在断言根本上旨在为真这一考虑上"，以及进一步说，放在"如果要依靠真理概念来阐述断言和一致性，那么这个真理概念就必须是实质性的"这一考虑上（Williams 1973d: 202）。然而，虽然他承认"有趣的问题是这个［真理］概念会是什么样子，以及可以对它做出什么类型的阐论"，但他很快又说了句让人眼前一亮的话："我承认，我不太知道该如何继续探究这些问题"（同上：203）。威廉斯自始至终坚持的是一种怀疑，怀疑所谓真理的紧缩论、去引号论和冗余论（deflationary, disquotational and redundancy theories of truth），也怀疑种种支持阿尔弗雷德·塔斯基（Alfred Tarski）在研究形式化语言中的真理时提出的实质充分条件（material adequacy condition）的主张（参见 Tarski 2001；Lynch 2001；Ramsey 2001；或许尤应参见 Horwich 1998，2001）。

即使当威廉斯逐渐接受了对真理的更为极少主义的处理方式，尤其是克里斯平·赖特（Crispin Wright）的处理方式（参见 Williams 1996a；Wright 1992，1996），他仍然疑虑那些采用去引号步骤的阐论对于阐明真理有多大帮助，至少就研究真理的价值这种目的而言——上文说到，这似乎才是他真正感兴趣的地方。换句话说，威廉斯认为从哲学的视点来看，塔斯基的等价式（比如"'雪是白的'为真当且仅当雪是白的"）无所助益，它不足以决定真理概念：

> 真本身并无多少内容这一结论得自在我看来不可否认的一个起始点，即塔斯基等价式的可靠性。在真理问题上，但凡我们可以从什么地方开始，我们总可以从"p"为真当且仅当 p 这个观点开始……至于对塔斯基等价式的任何特定的哲学阐释，则不是什么不可否认的东西……那些权威的、有能力的评论者，有些认为塔斯基等价式表达了符合论，有些认为它表达了冗余论，这一事实本身似乎就很好地证明了它并没有表达任何这样的理论。（Williams 1996a: 19-20）

尽管威廉斯对真理理论的质疑与他对伦理学理论的质疑显然根植于不同的土壤，但如果说前一种疑心没有对后一种产生影响，那倒叫人吃惊。比如，只要伦理学理论可能依赖于信实的（truthful）伦理话语，而信实的话语又依赖于它与某种潜藏的伦理实在的符合，那么，对这种符合关系可能性的质疑就可能会破坏话语，进而破坏理论本身。正如我们将会清楚地看到的那样，威廉斯本人似乎倾向于把可按符合关系理解的所有真理归入科学领域而非伦理领域。

接下来的几节将讨论威廉斯关于科学和伦理领域中知识和客观性的本性和可能性的观点当中三个最重要、最广为人知的方面。更具体地说,这几节讨论了:威廉斯关于实在的"绝对认知"(absolute conception)及其在伦理客观性方面的蕴意;他关于"厚概念"的观点及其在伦理知识方面的蕴意;最后,他关于伦理相对主义的立场,这是他关于绝对认知和厚概念的观点的后果。威廉斯支持的是一个看似脆弱的诸种立场的联盟,它将伦理反实在论与有限定的伦理认知主义和相对主义结合在一起。本章试图召集这一联盟,并评估该联盟的实力。

绝对认知

关于科学和伦理探究在真理、知识和客观性方面的抱负,威廉斯的立场在《道德》(1972)中首次有所示意,在《笛卡尔:纯粹探究筹划》(1978a)中最初提出,在《伦理学与哲学的限度》(1985)中得到成熟表述,并在近期的《哲学之为人文学科》(2000b)中针对批评做了辩护——多年来,这个立场一直保持着惊人的一致。他时而将其立场称为"对实在的绝对认知"(absolute conception of reality),时而称为"对世界的绝对认知"(absolute conception of the world），其基本观点是："科学有可能多多少少是它似乎所是的那样，即，是对世界实际所是的系统理论阐论，而伦理思想却绝不可能完全是它似乎所是的那样"（Williams 1985: 135）。

绝对认知涉及一种强健的实在论，即"关于独立于该知识而存在的实在的知识"；正如威廉斯在有关该话题的众多引人注目的句子中所说的那样，绝对认知还涉及"关于**无论如何**都存在的东西的知识"（Williams 1978a: 64）。简言之，它是一种"最大限度地独立于我们的视角及其特异之处"的认知（Williams 1985: 139）。如前所述，威廉斯在阐释笛卡尔关于知识的本性和确定性的可能性的观点的过程中，首先发展出了对世界的绝对认知。不过威廉斯并不认为绝对认知为笛卡尔所独有，他在《笛卡尔对怀疑论的运用》（"Descartes's Use of Skepticism"）一文中的这段话就说明了这一点：

> 对科学知识应该是什么的一种非常自然的解读……认为 [它] 是一个呈现世界之独立于任何探究者的所是的系统，该系统使用尽可能体现这种独立性的术语。这个可以称为**绝对知识**的目标并非笛卡尔所独有。事实上，它可以被视为隐含在一种自然的知识观念本身中，而这一理想特特是科学知识的理想这一事实隐含着这样一种想法，即科学知识格外能够实现

> 或力图实现知识之为知识的抱负。(Williams 1983: 344)

威廉斯对"自然的知识观念"的这种"自然的解读"的认肯从未动摇过,这坚定了他关于科学在知识领域能够达至什么的信念,以及也许更重要的是,关于伦理学在知识领域不能达至什么的信念。不过,对世界的绝对认知的哲学承诺依赖于两个关键且绝非毫无争议的假定:科学信念趋于会同(希拉里·普特南[Hilary Putnam]称之为"纯粹的教条主义"),以及对世界的绝对认知能够"不空洞地解释它本身以及各种世界观是如何成为可能的"(麦克道尔说是"一种错觉")(Williams 1985: 139;Putnam 1990a: 171;McDowell 1998a: 123)。

威廉斯将科学信念的会同视作科学在表现实在方面优于伦理学的佐证,这似乎有些奇怪。毕竟,伦理信念本身也往往表现出不小的会同。不过,威廉斯坚持认为

> 两者的区别最终并不在于实际上是否将出现会同;我们必须看到这不是我们的论旨所在。人们在伦理观上最终也蛮有可能会同……与科学形成对照的是,伦理领域即使出现了会同,我们也不能够认为会同是在物事之实际所是的指引下产生的;而在科学那里,如果真的出现会同,也许就可以这么解释这种会同。(Williams 1985: 136)

正如威廉斯所欣然承认的那样，受会同的驱使，受实在的引导，绝对认知在很大程度上受益于"C. S. 皮尔士所认为的探究将不可避免地会同到的'最终意见'，这个'最终意见……实际上并不独立于一般思想，而是独立于思想中一切任意和个别的东西'"（Williams 1978a: 244；其中引文见 Peirce 1966a: 82）。威廉斯全盘接受了这种摆脱任意性和个别性的想法：

> 实际所是的世界这一想法至少包含着与**我们眼中的**世界形成的对照……同样的道理，实际所是的世界对照于特异地呈现在任何观察者眼中的世界——也就是说，对照于凭借该观察者的特异之处而呈现在任何观察者眼中的世界。在使用这些概念时，我们是在暗示，可以有这样一种对实在的认知，对于该认知，可以根据不同观察者的特殊处境或其他特异之处进行校正，而这一思路最终会导向一种对世界之独立于任何观察者特异之处而所是的认知。如果我们不是唯心论者，那么这肯定和我们所需要的认知是一致的：一种关于世界之独立于一切观察者而所是的认知。（Williams 1978a: 241）

威廉斯认为，针对观察特异性（observational peculiarity）进行校正这个概念，可以从我们所熟悉的第一性质和第二性质之别的角度得到很有助益的阐发。

依威廉斯,"我们完全有理由认为,这样的认知应该排除第二性质"(同上)。物体显现出颜色依赖于(也许是)人类特有的视觉器官和认知过程;但绝对认知所要超越的恰是这种对特定视角的依赖,而且我们可以说,事实上科学确实借助对颜色的说明超越了这种依赖,比如,科学从光与微观物理结构之间的相互作用的角度来说明颜色。这种相互作用大概比"看起来是绿色的"之类更远离任何人类所特有的视角,这恰恰强调了威廉斯早先坚持的一点,也就是将相关的对立定位在科学与伦理学之间,而非认知主义与非认知主义之间:

> 这里的核心要点是:这些想法所关涉的是科学,而不是所有类型的知识。我们可以**知道**那些其内容是视角性的物事:例如,我们可以知道草是绿的,虽然**绿**这个概念肯定不是所有有能力观察世界的生物都具有的;**草**这个概念则多半也不是。这些概念将不是绝对认知的内容。这里的要点不在于提供关于知识的某种阐论……以上讨论的目的在于勾画出科学可能特有一种会同,这种会同可以有意义地说成会同于物事之(无论如何地)所是。(Williams 1985: 139)

此外,在威廉斯看来,即使绝对认知体现了科学的会同,它也不仅要为自己辩护，还要解释它所超越的每种更具视角性的实在表征的可能性。

如威廉斯所见，"近代科学的一个重要特征在于，它认识到世界具有如此这般的一些性质，同时也能够解释像我们这样起源、有我们这些特点的生物怎么一来就能够理解具有这些性质的世界"（同上：139-40）。威廉斯发现，伦理学中明显缺失的恰恰是这一重要的解释要素。由于科学可能涉及——甚至是典型地涉及——从第二性质分析到第一性质分析的前进，表述威廉斯的科学/伦理学之分的一种方式，就是着眼于伦理学本质上涉及的是第二性质。科学不仅可以从"物事之（无论如何地）所是"的角度解释人类如何就"草是绿的"这一信念达至会同——也就是说，科学不仅可以从第一性质的角度解释那些充满第二性质的表征——而且还可以解释人类如何自然而然地形成这样的表征。在这种情况下，"恰恰是对视角性感知的解释使得我们能在反思的层面上把它们与其他人以及其他生物的感知联系到一起……问题在于我们是否能够在伦理领域里发现与此相类之处。在这里，我们必须超出当地判断才能来到关于这些判断的反思性阐论或二阶阐论，于是，类比终止"（同上：150）。人类当然可能在关于虐猫取乐是错的这一信念上达到会同，但在威廉斯看来，这种会同无法用"物事之（无论如何地）所是"来解释。

如下一节所表明的那样，这一立场很微妙。威廉斯直言不讳地接受"杀猫是错的"这一信念为**真**这一可能性，正如他接受**知道**这一真理的可能性一样，但同时他也拒斥了这一信念**绝对地**为真或者我们可以**绝对地**掌握关于这一信念的知识的可能性。因此，伦理知识保留了一种地方的、第二性质的本性，因为它与特定的、特属于人类的视角相联系。而在科学中，"提供了解释也就提供了辩护，这是因为这种解释能够表明感知怎样联系于物理实在以及感知怎么一来就能够提供关于物理实在的知识——这本来就是感知的目的所在"（同上），而伦理学中没有类似的情况；伦理学不允许针对人类的视角进行校正。

对世界的绝对认知的想法声称要捕捉"知识之为知识的野心"并破除伦理学的实在论资质，因此多年来招致了不少批评。威廉斯本人在《真与信实》一书中坦率地承认，"绝对认知的想法是否连贯，仍然存有争议"（Williams 2002: 295n19；比较 Williams 2000b: 481）。有些人自觉地努力完善和发展威廉斯的绝对认知概念（参见 Moore 1997），另一些人则对威廉斯区分科学和伦理学的方式提出了严厉的质疑（比如 McDowell 1986, 1998a; Putnam 1990a, 1992, 2001; Rorty 1991a; Hookway 1995; Jardine 1995）。尽管每位批评者者唱着不同的主歌，但他们的副歌听起来却极为相似："科学不是那样的！"在本节的剩余部分，我们将非常简短地讨论由威廉斯的两位最具声望和最孜孜不倦的批评者普特南和麦克道尔提出的一项极具一般性的反驳，这样至少能更好地阐明科斯嘉德令人印象深刻的说法，即"威廉斯关于科学的实在论……实际上只陈述了他对该主题的信心"（Korsgaard 1996d: 70-71）。当然，如果事实证明科学并不像它看起来那样，那么并不能说，仅凭这一事实，伦理学就能提高它完全是**它**似乎所是的那样的可能性；因为尽管威廉斯肯定会以他自己的一套科学实在论来提示和支持他的伦理学反实在论，但后一立场说到头来是独立于前一立场的。

普特南和麦克道尔都指责威廉斯的对世界的绝对认知依赖于一个已经破产了的概念，即实在与其无视角（perspective-free）的表征之间的符合关系。在麦克道尔看来，"据威廉斯所赞同的皮尔士的观点……方法本身被设想为不具有内在的扭曲性，是一种纯粹的或透明的通达实在的模式"（McDowell 1998a: 119）。普特南基本上同意这一观点："威廉斯把如下想法极其当真：有些陈述之所以迫向我们是因为'这就是物事之所是'；事实上，这个想法是他整个形而上学图景的中心"（Putnam 1990a: 172）。不过，普特南继续说："认为有些陈述被承认为真（如果我们探究得足够长久、仔细）是因为它们无非以一种与视角无关的方式描述了世界，这种观点只是旧式'真理符合论'的新版本"（同上；参见 McDowell 1998a: 126n17）。说到头来，威廉斯无法令人满意地解决一个（大致来说）涉及图式与内容（scheme and content）问题的两难困境，这导致他接受了"一种关于真理以及关于科学之为通向真理之途的哲学幻想",至少麦克道尔如是说(McDowell 1986: 380)。

在《伦理学与哲学的限度》一书中,威廉斯有点不可思议地将一些涉及一个有可能是毁灭性的困境的反驳归于"罗蒂以及类似论者",其不可思议在于,威廉斯本人早先曾在《笛卡尔》一书中将同样的困境归于绝对认知发展过程中"一种自然的、尽管非常抽象的进展"(Williams 1978a: 65)。换句话说,威廉斯不仅预见到了这一困境——无论如何,这是"西方思想史上不断出现的一类问题"——而且简明扼要地阐述了其条款:

> 一方面,绝对认知可能被认为是完全空洞的,只被规定为"这些表征所表征的不论什么东西"。在这种情况下,它……没有为独立的实在这一观念提供足够的实质内容;实在从画面中溜走了,只留给我们各种可能的表征供我们相互比量,而没有给我们什么东西在它们之间转渡。另一方面,我们可能有一些关于世界是什么样子的确定图景,它不依赖于任何知识或任何思想中的表征;但这会再次引发我们反思到,这只是关于世界的一种特殊表征,只是我们自己的表征,我们没有任何独立的杠杆支点来把它提升为对实在的绝对表征。(Williams 1978a: 65)

从一面看，绝对认知完全成了图式；从另一面看，绝对认知有内容，但价值可疑。从一面看，绝对认知突出了实在与表征之间的严格符合，但却没有厘定真相的手段；从另一面看，绝对认知的特点是冥顽不化的偏狭。

正如麦克道尔和普特南所看到的那样，威廉斯对两难困境中第二途无法摆脱的恐惧使他陷入符合关系的魔掌，而远比这样更合情理的做法是通过接受科学本身不可避免的偏狭来接受第二途（并拒斥绝对认知）。比如，麦克道尔就认为，"任何关于科学方法的实际观点但凡包含什么实质性内容，其本身当然是关于世界是什么样子的实质性观点的一部分，而该观点不可避免地是科学史上某个特定位置的产物。对于与世界进行哪种交流会产生关于世界的知识这个问题，一个人总会有些看法，而他的这些看法并不先于他关于世界是什么样子的看法，而是那些看法的一部分"（McDowell 1998a: 126）。本着类似的态度，普特南坚持认为"绝对性的概念是不连贯的。数学和物理学，以及伦理学、历史学和政治学，都展示了我们的概念选择；无论我们选择谈论什么，世界都不会强加给我们一种单一的语言"（Putnam 1990a: 171）。而且，对于当前的讨论倒很方便的一点是，麦克道尔就该话题深思熟虑的观点明确提到了普特南自己的观点：

> 我们对真理的所有评估都是站在"概念系统"的

> 立场上做出的,而这个"概念系统"不可避免地属于我们自己,对于这种说法,正确的回应不是对我们对实在的把握感到绝望,而是像希拉里·普特南一样说:"哦?那我们应该使用别人的概念系统咯?"我们所相信的就是**我们**所相信的,对这一事实感到恼火毫无意义……据有威廉斯的两难困境的第二途,不被某种所谓非个人和非历史的通达实在的模式影响,这看起来不应该威胁到我们想通过威廉斯的"**关于无论如何都存在的东西**的知识"来表达的任何意思。(McDowell 1998a: 128;引 Putnam 1978: 32;Williams 1978a: 67)

至少在普特南和麦克道尔看来,威廉斯拒斥了无可指摘的内容,接受了一个完全空洞的图式。

需要重申的是,这只是对绝对认知提出的最宽泛的指控。单是就普特南和麦克道尔的论述来看,我们就会发现很多更窄的批评,包括拒斥绝对认知认为科学理论注定会同的观点(参见 Putnam 1990a),以及拒斥从无视角的绝对认知中真正**解释**视角性表征的可能性(参见 McDowell 1998a),或拒斥真正将语义或意向属性**还原为**绝对认知所假定的物理学语言的可能性(参见 Putnam 1992)。讨论这些或其他更窄的抱怨超出了本章的范围;然而,就威廉斯回应最宽泛指控的能力而言,有两点需要说明。首先,威廉斯提出绝对认知，并不是为了在空洞的图式与未经审查的内容之间制造困境，而是为了解决这一困境，这就意味着，第二，他断然拒绝将自己定性为被钉在困境的第一途上。

威廉斯将这一困境视作认识论上的一个基本窘境，它是在试图认证知识的过程中自然产生的，这项任务最终由绝对认知巧妙地完成。在他看来，"这个两难困境的两面都把我们对世界的所有表现总揽在一起，在前一例里，把它们总体揽进来，在后一例里，把它们总体排除出去。但还有第三种可能，一种更有助益的可能——我们应该通过某些信念和理论而不是通过所有信念和理论来形成'世界已经在那里'这一观念"（Williams 1985: 138）。在普特南和麦克道尔看来，威廉斯的想法实际上是"把它们都排除出去了"，结果只能是一种以琐碎的方式达到绝对的符合，而威廉斯则认为自己已经为某种视角建立了概念空间，这种视角未必绝对独立于地方性视角，但它是某种最大限度独立的地方性视角，也就是**地方性最少的**视角，甚至可能是**对我们而言绝对**（absolute-for-us）的视角。威廉斯在直接回应普特南时写道

> 我引入绝对认知这一概念的目的，正是为了绕过我们无法不加描述地描述世界这一点……这个想法是，当我们反思我们对世界的概念化时，我们或许

> 能够从这种概念化的内部认识到,我们的一些概念和表征世界的方式比其他的概念和表征方式更依赖于我们自己的视角,依赖于我们对物事的种种特异的、地方性的理解方式。相比之下,我们也许能够确认一些对我们自己的视角依赖程度最低的概念和表征方式。
>
> (Williams 2000b: 482)

无论确认依赖程度最低的表征方式这一任务看起来多么合理,都值得牢记,绝对认知最初是在笛卡尔的背景下提出来的。

威廉斯将笛卡尔描绘成一个"纯粹的探究者",并且将纯粹的探究视为"某人抛开一切外在因素或对真理之追求的偶然限制的事业"(Williams 1978a: 66)。威廉斯进一步将笛卡尔描绘成"试图超越[上述]两难境地,并试图从纯粹探究的过程中提炼出关于实在的绝对认知"(同上)。简言之,笛卡尔追求确定性。但是,按照纯粹探究、确定性和绝对认知的严格标准,笛卡尔的计划最终失败了;事实上,记录这一失败正是《笛卡尔》一书的任务。尽管有这样的失败,威廉斯显然拿不准是否要放弃绝对认知:"放弃笛卡尔式的确定性追求似乎是一个相当容易的选择,但我们能够如此轻易地放弃对实在的绝对认知这一想法吗,假如还要有任何知识的话?"(同上:212)。在威廉斯看来,目前有三种选择:第一种,如普特南和麦克道尔所竭力主张的那样，拒绝把绝对认知视为知识的条件；第二种，接受这一条件，但同时也接受知识在事实上的不可能性；第三种，"保留绝对认知和知识之间的联系，并力求将绝对认知从确定性的考虑中分离出来"（同上）。不难理解，对威廉斯来说，"正是这第三种路径看起来正确，尽管它涉及很大的困难"（同上）。

鉴于这些困难，或许可以提两项有益的建议。首先，要把威廉斯的绝对认知看作一种有价值的启发式引子，而不是一个可以实现的目标。其次，要把我们对威廉斯的绝对认知的关注点，从它作为原则上可实现的科学抱负的一面，转向它作为原则上不可实现的伦理学抱负的一面。无论科学能否捕捉到世界之**无论如何地**所是，就伦理学而言，尽管它一直标榜无视角的概念化，但如威廉斯所言，它"没有机会"做到这一点。伦理学要想达至真理、达至知识、达至客观性，最大的希望不在于绝对认知，而在于所谓的厚概念。

厚概念

厚概念和绝对认知至少有一个共同点：它们都是业已存在的概念，又被威廉斯按照自己的目的加以塑造。如我们所见，威廉斯认为，一旦有了（尤其是笛卡尔式的）认识论领域，那种在绝对认知中理想化的摆脱地方性视角的自由就直接随之而来，尽管他并没有将其用作通往确定性的途径，而是用作阐明科学的抱负和伦理学的限度的启发式引子。同样，厚概念虽然并非威廉斯首创，但他却将这些概念变得格外突出，探讨了它们对于伦理客观性的蕴意，其程度远远超过了前人。厚概念自然是和薄概念形成了鲜明对照，尽管这两类概念在当代伦理话语中都发挥着作用，但在威廉斯看来，只有厚概念才是伦理客观性的关键（如果有什么东西堪称这种关键的话）。

威廉斯在《道德》一书中首次使用了厚概念，并将其描述为"更实质性的概念"（参见 Williams 1972: 32），在《伦理学与哲学的限度》一书中，威廉斯列举了以下例子："背叛""承诺""残暴""勇气""懦怯""谎言"和"感激"。威廉斯将厚概念表述为同时"受到世界引导"（world-guided）和"引导行动"（action-guiding）（Williams 1985: 140-41），以此将事实性和评价性要素结合在一起，并在这样做的过程中缓和了当代道德哲学的（也是道德系统的）对事实/价值两分的过于简单化且有损智识的痴迷。威廉斯从克利福德·格尔茨（Clifford Geertz）的"厚描述"（thick description）[1]概念中借来了"厚"这个词。民族志学者会遇到"各式各样的复杂的概念结构，它们大都重重叠叠或相互交织，既陌生，又不规则，也不显明，而

---

[1] 人类学中常译为"深描"。——译者注

民族志学者必须设法先把握这些结构，然后加以移译"，这种情况下，"厚描述"是一个重要工具（Geertz 1973: 10）。无疑，正是这种概念"相互交织"的意象，在威廉斯看来与他自己的构想不谋而合。（顺便说一句，格尔茨把这个词的创造归功于吉尔伯特·赖尔 [Gilbert Ryle]）的一个区分，即区分对纯粹肢体行为的"薄描述"和同时把捉肢体行为及其文化意涵的"厚描述"。）尽管威廉斯可能不是"厚"一词的首创者，但更有意思的一个问题是，他是否应该被视为第一位关注厚概念据认为能分辨出的现象的哲学家；也就是说，第一位关注将事实与价值统一起来的术语的哲学家。

当然，威廉斯不是第一个使用此类术语的哲学家。亚里士多德的性格德性——勇敢、节制、慷慨等——及其相应的过度和不足，非常清楚地使描述和评价不可分割（参见 Aristotle 1999：尤其是第二至第四卷）。休谟列举了一些语词——审慎、小心、进取、节俭，仅举几例——"它们的名称本身就迫使人们承认它们的优点……[而且] 最坚定的怀疑论也一刻不能抵制对它们的赞美和认可"（Hume 1975: 242-3）。（不过，参见 Blackburn 1992，他对休谟的说法以及其他许多事绪持坚定的怀疑论。）威廉斯似乎也不是第一个明确诉诸此类词语混合性质的哲学家。事实上，他自己就学牛津时的导师 R. M. 黑尔也谈到过"次级评价性"（secondarily evaluative）语词，比如"整洁"和

"勤劳"，这些语词兼具描述性和规定性要素，尽管前者占主导地位（参见 Hare 1952 第七章；1963：第二章），默多克也讨论过"特化的规范性语词"（specialized normative words）或"次级而特化的语词"（secondary specialized words），包括"傲慢的""粗俗的"和"率直的"，这些词语与威廉斯的厚概念一样，本质上都是"规范性－描述性"语词（参见 Murdoch 1970a）。由此看来，威廉斯并不能声称自己发明了厚概念；然而，对于厚概念在为伦理知识提供基础方面所起的作用，还没有哪位哲学家提出过更为详尽和雄心勃勃的主张。

一方面，厚概念受到世界引导的性质确保了世界的客观表征（"世界是什么样子的"）决定了它们的应用。另一方面，厚概念引导行动的性质确保了其应用至少为行动提供了初步理由。比如，将"背叛"这一厚概念应用于所提出的一项行动，这不仅是在主张该行为符合担保该术语适用的某些客观标准，比如，它涉及在背后议论某人或将国家机密递交给另一个国家，而且也是在主张，仅仅由于该行为是背叛，就存在着不这样做的理由；可以说，不可这样做是完全内置在"背叛"一词中的。相比之下，包括"善""正确"和"应当"在内的薄概念，可以从正面或反面来界定，即根据其普遍性和抽象性来界定，或根据其缺乏受世界引导性来界定。它们构成了第四章中所讨论的那种还原性、普遍性和压倒性事业的流通货币，而这些事业构成了备受诟病的道德系统。

在我们讨论威廉斯对厚概念的具体用法之前，也许应该简要地指出一项重要的保留意见，这种意见涉及厚概念与薄概念之间无论何种区别本身的融贯性。舍夫勒在对《伦理学与哲学的限度》一书的有力评论中令人信服地指出，"任何将伦理概念划分为厚薄两类的做法本身就是一种相当过分的简化"（Scheffler 1987: 418）。首先，他鼓励读者"考虑以下概念，比如：正义、公平、不偏不倚，这是一组概念；自由（liberty）、平等、表达自由，这是另一组概念；隐私、自尊、嫉妒，这是第三组概念；需要、福祉和利益，这是第四组概念；权利、自主和同意，这是第五组概念"（同上：417）。然后，他不无道理地问道："这份清单上的概念是厚是薄？（同上）。舍夫勒认为，事实证明，任何答案都具有启发性：

> 如果它们都是厚概念，那就表明当代伦理学理论对厚概念的关注远远超出了威廉斯所承认的，因为它们肯定都关注这个清单上的概念。另一方面，如果这些概念都是薄的，那就表明薄概念的种类比威廉斯所指出的要更为多样，因此，即使当前的伦理学理论专注于薄概念，这种专注也可能并不涉及先前 [在《伦理学与哲学的限度》中] 所声称的那种严重的过度简化。如果清单上的一些概念是厚的，而另一些概念是

薄的,那么上述两个结论在某种程度上都是成立的(同上)。

假设舍夫勒自己的结论成立,而且"不可能有把握地将清单上的各种概念划分为厚概念或薄概念"(同上),那么威廉斯的受厚概念驱动的伦理客观性议题不就会受阻了吗?

大约十年后,威廉斯本人似乎也承认了舍夫勒批评厚薄概念之分的力量,但也许并没有真正领会他本来瞄准的靶子。威廉斯写道:"值得补充的是,正如塞缪尔·舍夫勒所指出的那样,有一类重要的概念介于厚与薄之间……"(Williams 1996a: 26)。不过正如上述引文所示,我们很难明显看出,舍夫勒是在力图辨认某些第三类概念,即那些介于厚与薄之间的灰色地带的概念,而不是质疑这一区分本身。受世界引导和引导行动都是标量性质(scalar qualities),而且更重要的是,它们正有可能存在于威廉斯所攻击的道德理论的词汇中,就像存在于他所拥护的前理论的伦理经验的词汇中那样,至少舍夫勒是这样认为的。无论如何,舍夫勒的分析似乎使我们有理由以更加谨慎的态度对待威廉斯基于(伦理学)理论中(据称)缺乏厚概念而对道德系统提出的控诉。

威廉斯关于厚概念的核心主张是,"一个依赖于很一般的伦理表达式的社会不同于一个更加注重特殊伦理表达式的社会"(Williams 1985: 128)。为了更全面地阐明后一种社会，他引入了"超级传统社会"（hypertraditional society）的概念，即一个"高度同质的、极少进行一般反思"的社会，而且同样重要的是，这是一个使用厚的而非薄的伦理概念的社会（同上：142）。那么，超级传统社会的成员在使用这些概念时，可能会也可能不会表现出伦理知识，这取决于人们把什么作为适当的认识论标准。在《伦理学与哲学的限度》一书中，威廉斯依据的是"关于命题知识的最佳现有解说"（特别引用了 Nozick 1981），因此，一个社会要展现出伦理知识：（a）其成员必须相信他们的判断，（b）他们的判断必须是真的，而且（c）前两个条件必须"非偶然地联系在一起"，也就是说，用诺齐克的话说，他们的信念必须"跟踪真相"（同上：142-3）。下文中我们将能明显看出，威廉斯认为至少有一种方法可以理解超级传统社会的实践，从而满足所有这三个条件。

值得顺便一提的是，就厚概念而言，在《伦理学与哲学的限度》出版之后的年头里，威廉斯似乎接受了一种相当不同的知识模型，这种模型一定程度上离开了"跟踪真相"。"顾问模型"（advisor model）基于爱德华·克雷格（Edward Craig）的自然主义认识论，并带有不可谓不明显的亚里士多德印记，该模型假定"知识这个概念的意义在于帮助我们识认可靠的信息提供者"（Williams 1996a: 27；参见 Craig 1990）。就拿这一点来说，

> 如果我们集中关注厚概念，那么我们确实有类似于"有帮助的信息提供者"的概念。我们有所谓有帮助的顾问的概念，即这样一个人的概念：这个人可能比我们在无辅助的状态下，也比其他不善于思考此类问题的人，更善于看到某个结果、政策或处理情况的方式归于某个此类概念之下。（Williams 1996a: 27）

顾问模型保留了超级传统社会的地方性色彩。因此，威廉斯认为，它"对认知主义的更大关切几乎没什么帮助"（Williams 1995k: 208），因为这些关切受到还原性和普遍性的束缚，而这无非是说，顾问模型"看起来比视伦理知识为理论的模型要好得多"（Williams 1996a: 27）。不过，无论厚概念是否最好应该理解为可靠建议的构成要素，抑或应该依据其他认识论模式来理解，客观性问题依然存在。

威廉斯分析中的一个重要角色是"富于洞察但并不完全认同的观察者"，如格尔茨所说的民族志学者就是这种人，他"能够遵行他所观察的人群的实践；他能够报导、预测他们怎样使用其概念，甚至跟他们讨论其用法。但是，他也许最终也不能认同它们的用法：那也许并不真正是他的用法；这就像他面对他们的另一些概念……"（Williams 1985: 142）。这个角色之所以重要，有两个原因。首先，他提供了基于厚概念的文化和采用薄概念的更具反思性的文化之间所需的对照。其次，更为直接的是，外部

观察者为威廉斯提供了一种通过厚概念来构建伦理知识的可能性的方法。依威廉斯,

> 超级传统社会的成员运用他们的厚概念,通过运用这些概念做出多种多样的判断。如果那些判断有哪个可以被正当地称之为真的,那意味着他们的信念能够跟踪真相,因为,如果情况其实不是原来所认为的那样,他们就能够收回其判断,如果另一个可供选择的判断更加合宜,他们就能够做出那个判断,以及诸如此类。他们各个都掌握这些概念,同时,他们能够感知这些概念所适用的那些个人事务和社会事务。如果这些事务中有真相,他们的信念能够跟踪真相。剩下的问题是,这样的判断有没有一些可以是真的。(同上:143)

这个问题的答案取决于外部观察者究竟如何解读超级传统社会的实践。

威廉斯提出了外部观察者可能用来解读超级传统社会的两种不同框架,对于将真理归于使用厚概念的判断的问题,两种解读框架隐含着不同的结论。这两种框架之间的差异取决于把何种反思程度归给该社会的伦理实践。在第一种"客观主义"框架下,社会成员努力"以其当地方式发现关于价值的真理"(同上:147)。从最基本的层面说,

依该观点，他们拥有涉及诸价值的一阶判断，以及旨在保证这种判断准确性的反思性或二阶实践。依威廉斯的第二种框架，

> 我们将把他们的判断视作其生活方式的一部分，是他们逐渐寓于其中的文化产物（虽然那并不是他们自觉地建造的）。依照这种非客观模式，我们对那种实践与批判性反思的关系将有一种不同的看法。我们将不会理所当然地认为那里已经暗含了一种特定层次上的反思，将不愿说他们的判断如其所是就具有那些蕴含。（同上：147）

威廉斯从这些对立的解读图式中得出了深刻的认识论寓意：

> 如果我们采用非客观模式来看待他们的伦理活动……当这个社会的不同成员认真应用他们的概念，采用适当的标准等等，他们就将拥有知识。但从客观模式来看待，他们就不拥有知识，或至少，他们颇不可能拥有知识，因为他们的判断含有他们自己从来没有考虑到的反思层面上的广泛蕴意，而我们有充足的理由相信，当这些蕴意得到考虑，伦理概念的传统用法将受到严重的影响。（同上：148）

总之，一个伦理实践围绕着厚概念的社会，只要它保持着极少反思性的特征，就可能满足威廉斯关于命题知识的条件。

超级传统社会的这种极少反思性的特征成为关键所在，因为在威廉斯看来，正是这个特征使得伦理信念能够跟踪真相。在社会实践的范围内，包含厚概念的伦理判断可能直截了当就是真的，因为这些概念本身以及招引人们应用这些概念的条件反映了种种公认的、深深内化的集体实践。一旦这样的实践变得具有反思性，开始考虑社会的伦理信念的蕴意和这些信念在认识论上的担保，那么自信地应用厚词语的条件，也就是跟踪真相的条件，可能就会消失。最基本地说，这样的反思意味着从薄概念的角度来评价厚概念，比如质问分享国家机密乃是**背叛**的观点是否**正确**。如威廉斯所说，

> 使用一个极为一般的概念做出的判断……本质上是反思的产物，这类判断成为问题，是由于有人从社会实践及其使用的厚实概念抽身而出，追问继续这种做法是不是正确，用来评价行为的这些方式好不好，对这种性格的崇尚是不是正确。（Williams 1985: 146）

社会一旦陷入这种反思模式，它就越来越难以一直牢牢把握伦理真理和伦理知识。而且，在特定的伦理判断因反思

而受到损害的情况下，重拾这种把握的前景看起来相当黯淡，因为威廉斯坚持认为（或者如舍夫勒所言，威廉斯"相当高兴地得出结论说"），"在伦理学中，**反思可能摧毁知识**"（同上：148；Scheffler 1987: 419）。事实上，普特南坚持认为，"**反思摧毁伦理知识**……可以成为[《伦理学与哲学的限度》]的题辞"（Putnam 1994: 188）。

威廉斯承认有些哲学家认为这个警句"令人困惑或具有不必要的挑衅性"，因此他不仅试图重述自己的立场，而且还试图用一种"初步的真理理论"来完善它（Williams 1996a: 29, 30）。首先是重述：

> 我[在《伦理学与哲学的限度》中]所主张的只是反思可能摧毁知识，而不是反思必定如此……我所想到的是这样一种情况，即他们不再拥有过去用来表达某类信念的概念。他们失去了一个概念，因此也就不再有一种表现为以这些术语对世界进行分类的性向。（同上：30）

下面是完善：

> "X 贞洁"和"X 不贞洁"这类陈述为真的条件是：它们在某种语言 L 中为真，这种语言是一种特定的伦理语言，但与我们的伦理语言 L_0 不同，因为这两

种语言至少在一个包含贞洁的概念而另一个不包含贞洁的概念方面有所不同……某人可以理解 L 这种伦理语言，但这种语言并不是他自己的语言……他所做不到的，是为（例如）"X 贞洁"在 L 中为真这一声言，用他自己的语言 L。生成一个塔斯基等价式的右半边。他做不到的原因是……他自己语言的表达能力与土著语言的表达能力不同，这种不同恰恰在于土著语言包含一个他的语言所不包含的伦理概念……虽然不可否认的事实是，不同社会的厚伦理概念并不一概是同质的，也无法简单地相互映射，但我们对 L 中的信实及其与观察者语言可能有何种关系有一个完全连贯的说明。（同上：30-31）

当然，这里自然也会引出伦理相对主义，具体内容将在下一节讨论。

尽管得到了承认、重述和完善，威廉斯弱化了的伦理认知主义还是招致了一些批评，其中最尖锐的批评或许来自普特南："威廉斯的结论是正确的，但他的论证很糟糕！"（Putnam 1994: 189）不过，与其继续讨论这一批评，不如简要指出威廉斯通过厚概念接受伦理认知主义与通过绝对认知拒斥伦理实在论之间的某种相似之处，这可能会更有教益。绝对认知被描绘成最大限度地独立于视角，而厚概念则被描绘成最大限度地独立于反思。然而，事实证明，这两者都有内在的不稳定性。正如绝对认知在实践中会因空洞的绝对主义和不可避免的地方主义之间的精微界线而屈服于不稳定性一样，鉴于现代生活的这种"无处不在的反思"的实际需求，厚概念不可能不脆弱（Williams 1985: 2）。不过，对威廉斯来说，"在伦理学中，厚概念这一领域最有希望提供不止于最低限度的真理、不止于表面事实的东西"，尽管他承认"当然，这些事实并不能消除所有分歧"（Williams 1996a: 31）。既然相对主义可能表明自己是一种解决伦理分歧的哲学方法，那么我们现在就对威廉斯在这一问题上颇具影响力的观点展开讨论。

远距离相对主义

威廉斯指出，尽管"存在于一个社会之内的最终分歧的程度是有限度的（没有某种程度的道德同质性，就不成其为一个社会）；……但不同社会之间的分歧则没有限度"（Williams 1972: 19）。这种社会间的不和谐为伦理相对主义提供了肥沃的土壤，因为"相对主义的目标在于直面貌似相互冲突的观点、态度、信念，以这样的方式来处理它们：它们各自在自己的位置上都是可接受的，于是它们不再冲突。"（Williams 1985: 156）。关于相对主义能否成功实现这一目标，威廉斯的有影响力的观点主要见于三处。在《道德》一书中，威廉斯拒斥了伦理相对主义"最鲜明、最有影响力的形式"（Williams 1972: 20）；在《相对主义中的真理》（"The Truth in Relativism"）和《伦理学与哲学的限度》第九章中，他辨别出相对主义的一个分支，即"远距离相对主义"，他认为这种相对主义在哲学上是合格的。

《道德》一书的靶子是"庸俗相对主义"（vulgar relativism），威廉斯称它"可能是道德哲学中提出过的最荒谬的观点"（Williams 1972: 20）。庸俗相对主义作为一种哲学立场，可以概括为两个被认为明显不一致的陈述（故而庸俗）："'正确'的意思（只能被连贯地理解为）是"对于某个特定的社会是正确的"；……（因此）一个社会的人去谴责、干涉（等等）另一个社会的价值是错误的"（同上）。威廉斯认为，第二个陈述显然采用了非相对意义上的"错误"，因而是"逻辑上不适当的"，破坏了第一种说法的相对主义抱负（同上：21）。也许，在后现代主义和哲学终结的争论之后，这种自相矛盾的说法已经司空见惯，但在1972年，这种说法可能还不显得那么常见。无论如何，威廉斯将"相对主义主要的混乱"概括为：试图"从不同社会拥有不同的态度和价值这一事实中变出一条先天的非相对原则，以此来决定一个社会对待另一个社会的态度"（同上：23）。然而，在将这种尝试斥为"不可能"的同时，威廉斯同样拒斥任何自动迈向普遍宽容原则的步骤。

首先，即使为这种做法假定某种道德辩护，从实践心理的角度来看，这个步骤也可能是相当不可信的。如威廉斯所说，"某些类型的反应和动机会深深内化于人们心中，不可能一遇到其他社会的人便凭空消失……这一点对于道德及其在社会中所扮演的角色至关重要"（同上：23）。此外，任何社会的道德观中所固有的普遍化倾向都使人不会轻易采用"入乡随俗"的替代做法。仅凭不同的社会、文化或国家有不同的道德准则这一事实——假如这是个事实的话——并不能得出所有这些准则都必须得到容忍或尊重。在总结对庸俗相对主义的讨论时，威廉斯指出，"单单从道德的本性中无法推出这样的结论：任何社会都不应当干涉另一个社会，或者，只要来自一个社会的某一个体是理性的，那么他在遭遇到另一个社会的实践时就应当做出接受的反应"（同上：25）。作为对伦理差异的事实描述的伦理相对主义，永远无法给作为普遍宽容的道德规定的相对主义提供辩护。

威廉斯在《相对主义中的真理》和《伦理学与哲学的限度》中关于相对主义的讨论具有相似性和互补性，这掩盖了它们的出版相隔十年这一事实。两者首先都区分了两种文化或"信念系统"之间"实际的"（real）与"名义的"（notional）对抗。威廉斯这样定义它们："如果两种不同的一般观念对一个群体来说都构成现实的可能选择，这时发生的是两种一般观念的实际对抗。与之对照，如果某个群体了解两种相异的一般观念，但其中至少有一种不成其为现实的选择，这时发生的是名义对抗。"（Williams 1985: 160）。当然，这只是把解释的重心转移到了"现实选择"（real option）上："'现实选择'主要地但非完全地是个社会概念。一种一般观念是一个群体的现实选择，要么它已经是他们的一般观念，要么是他们可以转投于（go over to）其中的一般观念；他们可以转投于其中，这是说，他们的实际历史状况允许他们在其中生活，扎扎实实地生活而非陷入广泛的自欺等等"（同上：160-61）。威廉斯还提出了两个进一步的主张来完善现实选择的概念。首先，一种一般观念可以是一个社会的现实选择而无需被明确地设想为现实选择。一种一般观念是否提供了现实选择，基本上是个"客观问题"："人们在这些问题上可能会弄错"（Williams 1981j: 140；1985: 161）。其次，选择可能"形成不对称的关联"。虽然在某种意义上，亚诺玛米人（Yanamamo）可以在当代信息时代扮演有意义的角色，但让当代社会的成员扮演亚马逊河流域部落自给自足的猎人这一角色却没有意义，没有"现实"意义。

无疑，大多数不现实的选择（威廉斯举了"青铜时代头人或中世纪武士"作为例子）——因而，大多数名义对抗——都是历时性地发生关联的。尽管威廉斯承认"社会维度和历史维度上的远方一直是自我批判和自我鼓励的幻想的重要对象"，但他坚持认为

第六章　真理、客观性与知识

> 善于反思的人不可能用评价性词汇[比如好、坏、对、错]对这种被视为具体历史实在的[远方的]文化提出严肃的问题……如果我们只与它处于名义对抗,那它就与我们的关切缺乏关联,而只有这种关联才能为评估赋予旨趣和实质。真正的评估问题只关乎现实选择。(Williams 1981j: 141-2)

那么,在名义对抗的情况下,"无判断可做",也就是说,此时适用一种相对主义,威廉斯在《伦理学与哲学的限度》中称这种相对主义为"远距离相对主义"(Williams 1985: 161,162)。如果像人们可能会说的那样,寓于另一种生活形式被证明是不可能的,或者用我们在上一节中熟悉了的术语来说,采用另一种文化所使用的厚概念被证明是不可能的,那么威廉斯认为,有意义的伦理批评也将被证明是不可能的:"虽然[评价]词汇的使用无疑在语言上并无不妥,但这种用法是如此寡淡,如此缺少那种在真实对抗中赋予评价以内容的东西,以至于我们可以说,对于一个反思者来说,评价问题并不真切地出现……在纯粹的名义对抗中"(Williams 1981j: 141)。名义对抗担保了伦理判断的悬置,这种想法构成了"相对主义中的真理"。

然而,有点令人费解的是,威廉斯刚刚确证了伦理判断在名义对抗中没有意义,他似乎就有点摇摆不定了,或者至少允许了一个显眼的例外。这个例外涉及公正/正义

（justice），特别是在似乎本该适用远距离相对主义的情况下，把"公正"和"不公正"的判断施用于社会；也就是说，施用于在空间上或尤其是在时间上相距甚远，以至于评价性语言无可抓握的社会。威廉斯认为，"也许，关于公正的考虑是超越了远距离相对主义的伦理思想的核心因素"（Williams 1985: 166）。他的推理如下：

> 有些语汇可以应用于社会整体，而且至少在原则上，它们可以应用于具体地、现实主义地加以理解的社会；"公正"和"不公正"在这类语词中是最突出的。而且，用公正概念来做评价，比起用别的概念来做评价，最不必要牵扯是否要去指责谁这种没什么用处的问题。这些特点合在一起，让我们在谈论相对主义的时候，社会公正问题有点儿与众不同。公正不公正无疑是伦理概念，而且我们能够辨明，它们可以应用于作为整体的以往社会，哪怕我们对它们已有很多了解。（同上：165）

威廉斯愿意为公正破例，这似乎顺应着他将这种美德视为跨越厚概念和薄概念之间藩篱的观点。厚概念"属于"一种文化，而这种厚实，这种对事实和价值的特定编织，使得外人在此用不上他们的厚词语，更不用说用厚词语来评价另一种文化。相比之下，薄概念服务于道德系统，其超越语境的一般性破坏了任何严肃的远距离应用。不过，公正似乎既有厚的一面，也有薄的一面，这也完全应和了舍夫勒坚称对许多评价性术语都适用的观点。

威廉斯本人在谈到公正时说："公正/正义这个概念不止于'正确'：一个行动是正义的，这只是它可以是正确的**一种理由**。另一方面，'公正'的内容在某种程度上是不确定的、可争论的，或者说，它容许各种各样的公正观念"（Williams 1996a: 26）。大概正是这种混合性质——可以说它引导行动，但又不完全跟踪真相——使它有能力应用于远方的伦理实践。威廉斯当然认为"远距离相对主义并不能使公正与否的问题干脆挥发了事……我们可以拒绝把显然属于现代的那些公正观念应用于以往社会，然而，这些社会自己也采用某些形式的公正观念……早先的观念以某种形式仍伴随着我们"（Williams 1985: 166）。正是这种观念上的连续性，为远距离相对主义至少在公正问题上的悬置提供了担保。

至少在舍夫勒看来，这种悬置在哲学上并没有换来什么，他在前文引用的同一篇文章中指出，将公正从远距离相对主义中排除出去，只是"允许有着不同公正观念且时间上相距遥远的社会像同时代的社会那样相互谩骂，而不是仅仅隔着时间的鸿沟在沉默中怒目而视"（Scheffler 1987: 428）。由于缺乏以厚概念为支撑的认知主义（或任何其他类型的认知主义）所获得的那种客观性，威廉斯的超历史的公正概念"没有提供任何依据来将一方的观点视为正确或将另一方的观点视为错误"(同上)。就威廉斯的远距离相对主义而言,舍夫勒并不是唯一的反对者。

也许不足为奇的是,普特南和麦克道尔都质疑远距离相对主义的融贯性,尤其是质疑了它的核心观点,即:名义对抗中的伦理评价毫无意义,乃至对善于反思的个体来说,这种评价问题往往本来就不会出现。拿普特南来说,他严肃地质疑威廉斯对真实对抗和名义对抗的基本划分,并且敏锐而或许恼人地指出,即使"按照威廉斯的定义,犹太人和纳粹之间的对抗也不能算作真正的对抗——因为'转投于'对方的观点对犹太人或纳粹来说都不是'现实选择'"(Putnam 1992: 104)。此外,普特南还发现威廉斯的立场颇具反讽意味。威廉斯之所以要引入受世界引导且引导行动的厚概念,很大程度上是为了消解人们最喜欢的哲学虚构,即事实/价值的区分,但普特南认为,远距离相对主义的可信性很大程度上依赖于维持这一区分,因为威廉斯所正确强调的事实与价值的相互交织,恰恰阻碍了在名义对抗中悬置伦理评价。

我们以与阿兹特克文化的名义对抗为例,这是普特南力陈的一例。阿兹特克人相信,他们的神要求定期人祭。在威廉斯看来,当代的观察者可能会直截了当地把这种信念拒斥为假。科学可靠地告知我们,不存在这样的神,因此也不可能有这样的要求。但与此同时,考虑到远距离相对主义，这些观察者可能不会将这同一个信念——即神要求定期人祭——视作在道德上错误。普特南想知道："如果我们不能说这种做法是错误的，为什么我们可以说这种信念是假的？"（Putnam 1990a: 175）。毕竟，"困扰我们的阿兹特克人生活方式的特点（大规模的人祭）和与科学相冲突的关于世界的信念是相互依存的。如果我们可以说阿兹特克人关于神的信念是假的，为什么我们不能说这种信念所引向的做法是错误的（尽管，给定了假的事实性信念，这种做法当然是可以理解的)？"（同上）普特南认为，威廉斯"将科学视为由可被称为真或假的个别判断组成，而将文化视为只提供'全盘接受或全盘拒斥'的选择，从而预先给骰子灌入了有利于相对主义的配重"（同上：176）。科斯嘉德认为威廉斯的绝对认知仅仅表达了对科学实在论的信心，而普特南则认为远距离相对主义仅仅是"一种情绪的表达"（同上），他完全可以说，这无异于是对伦理相对主义的信心罢了。

麦克道尔表达了类似的担忧。暂且不谈麦克道尔直觉到现代反思实际上可能对伦理判断大有裨益（亦参见 Jardine 1995，他主张反思**增益**知识），麦克道尔首先要问，允许观察者领会在名义对抗中起作用的远方的评价背景，但却剥夺这些观察者对这种背景进行评判的权利，这样的观点会有多大的吸引力呢？如他所说，"如果一种一般观点确实与自己的观点相冲突（这是产生相对主义据称要回应的问题的条件之一），那么，如何才能融贯地结合以下两点：既承认冲突并坚持自己的观点，又否认有兴趣乃至否认有可能对对方做出某种负面评价？"（McDowell 1986: 384）。麦克道尔向威廉斯提出挑战，要求他更好地解释这个问题：如果像威廉斯那样假定，远距离相对主义并不阻碍对阿兹特克人生活形式的理解，那么为什么过不了这种生活就阻碍对这种生活的伦理评价？考虑到远方的伦理概念深深嵌入某种远方的实践，人们无法将这些概念零敲碎打地融入自己的生活，但这并不妨碍人们对使用这些概念的信念的道德价值——其正确性或错误性——发表看法。

威廉斯自己说，"相对主义的目标是把冲突**解释掉**。这里有两项任务。它必须说出为什么不存在冲突以及为什么看上去好像有个冲突。"（Williams 1985: 156-7）。他认为他的远距离相对主义完成了这两项任务：首先，不存在冲突，因为据有一种远处的生活形式不是一个现实选择；其次，只是看上去好像有个冲突，因为我们可以理解远方的信念与我们自己的信念不同。但普特南和麦克道尔认为，威廉斯自己用来解释错误的理论的根据，即我们事实上可以把握远方信念的伦理旨趣，对距离与评价问题的相关性提出了不小的疑问；也就是说，对远距离相对主义提出了不小的疑问。

结论

在科学方面,威廉斯是一个实在论者、认知主义者和反相对主义者,他认为绝对认知以这样或那样的方式支持所有这些立场,而在伦理学方面,威廉斯则采取了带有两个分支的立场。如果从道德系统的角度,尤其是从其薄概念角度来"反思性地"刻画伦理生活,那么我们现已熟知的威廉斯的伦理怀疑论就会以反实在论、非认知主义和("远距离")相对主义的形式呈现。但如果从厚概念的角度"传统地"来刻画伦理实践,威廉斯的立场就会发生有趣且显著的转变,会将他坚定不移的反实在论与明确无误的认知主义倾向结合起来。

这里的问题当然在于"现代世界的标志正是反思程度奇高"(Williams 1985: 163)。从目前的情况来看,"比起以往任何时候,现代社会更深更广地渴求对社会及人类活动的反思性理解",因此,"比起较为传统的社会,在现代社会里,那类厚伦理概念不再那么通行"(同上)。这样一来,问题就变成了如何应对厚概念无可救药的濒危状态,在这里,尽管反思无情地破坏了伦理知识,但威廉斯抵制住了保守主义的诱惑,拒绝主张资源(假设有的话)应该用于保护或恢复传统文化(假设可以做到的话)。相反,威廉斯的观点听起来有明确的进步论调:"即使有伦理知识这种东西,它也不一定是最佳伦理状态。我们在这里须记取，在失去伦理知识的进程里，我们可能获得另外种类的知识，关于人类本性、关于历史、关于世界实际所是的知识。这些知识是关于伦理生活或曰围绕伦理生活的知识"（同上：168）。这种对另外种类的知识的推崇，似乎与威廉斯看好诸如心理学和人类学的智识前景而不看好伦理学理论的智识前景的一般倾向是一脉相承的。

在《道德》一书中，威廉斯认为，他的反实在论伦理观，以及"在道德方面，事情并不完全是其似乎所是"这一想法，所担保的"至多是怨恨而非恐慌"（Williams 1972: 37）。在《伦理学与哲学的限度》一书中，他认为"我们的价值并不在'世界里面'；若谨守分寸不加虚饰地描述世界，就不会提及任何价值"，这绝不应该引起绝望（Williams 1985: 128）。相反，威廉斯认为，"世界不再能够强迫我们接受这套价值而非那套价值这一事实给我们带来了一种极端形态的自由"（同上）。有些人当然会毫不费力地将极端的自由与绝望联系起来，这是20世纪哲学里重要的一脉；然而，对威廉斯来说，一种适当的道德形而上学会伴有一种"解放"。而且，就适当的认识论而言，"事涉对伦理现实的反思性伦理思想如何会同，我看不到任何可信的知识理论能与科学领域的情况哪怕多少有点儿类似。"（同上：152）。以绝对认知为典范，会同仍然是客观性的关键标准，一个伦理学无法满足的标准。

尽管威廉斯对强硬的伦理客观性的前景持明显的悲观

态度，但鉴于厚概念及其所支持的伦理生活形式在现代社会日益增强的反思性的攻击下似乎不可避免要消亡，他仍然犹豫不决，不敢完全排除"意在为伦理生活提供客观的理据或基础的设计"（同上）。当然，如前几章所表明的那样，他拒绝接受那种认为在实践理性本身的指令中可以找到这种基础的任何想法。不过，仍待考虑的是锚固在"关于人类本性的观念"基础上的前景，在此基础上可能会产生"一种伦理生活的大致构想——它会是最佳的伦理生活，它一般说来是让人最为满意的"（同上：152，153）。然而，威廉斯对这一前景也并不乐观："人们尝试通过对人类天性的考虑为伦理生活提供一种客观的、确定的基础，这项事业在我看来不大可能成功。但是，这无论如何是一项可理解的事业，而且我相信它是反思层面上的伦理客观性的唯一可理解的形式"（同上：153）。就确定这种天性而言，他认为"最自然的也是最有指望的领域"是德性（同上）。当然，谈到德性，自然就会谈到亚里士多德的伦理学进路，威廉斯在其他地方称这种进路是"为伦理学提供基础的唯一有益尝试"，更不用说这种进路在《伦理学与哲学的限度》中被贴上有前途的标签后，多年来吸引了大量的关注。这一进路，以及威廉斯与古代世界有关的其他哲学贡献，就是接下来要在第七章探讨的话题。

第七章

古代世界

第七章　古代世界

引言

像一个世纪前的尼采一样，威廉斯在大学里接受的是古典学训练，而能证示这种训练的是：他对古希腊诗人、剧作家、历史学家当然还有哲学家的精熟，自始至终贯穿于他的作品之中（尼采对威廉斯的持续影响可能很难描述，也很难忽视，本章对此会有更多的论述）。在威廉斯看来，古代世界的思想是一座蓄水池，现代人和后现代人可以从中解哲学之渴；这不仅是说古代思想蕴含着内在的思想趣味，这当然是事实，更重要的是，就像威廉斯在《羞耻与必然性》——几乎可说是他最卓越的作品——中所说的那样，"我们对[古希腊人]的看法与我们对自己的看法密切相关"（Williams 1993b: 3）。简言之，当代人的自我理解取决于对希腊人的理解。

威廉斯以极为多样的形式展示了自己对希腊人的理解。一方面，他从柏拉图和亚里士多德的经典哲学文本中选取了一些范围相当狭窄、内容相对独立的主题进行分析，比如柏拉图在《克拉底鲁篇》（*Cratylus*）中对名称的处理，或亚里士多德在《尼各马可伦理学》中的正义观（分别见 Williams 1982b 和 1980）。另一方面，也有一些在广博层面深具抱负乃至让人记忆尤深的实例。人们不禁要问，除了威廉斯，还有谁会在"伟大哲学家"系列中选取柏拉图这一题目（Williams 1997），并在短短 45 页的篇幅中做出令人叹为观止的阐论呢？除了威廉斯，还有谁会受邀为 M. I. 芬利的巨著《希腊的遗产》（*The Legacy of Greece*）撰写题为"哲学"（Williams 1981g）的章节呢？这种将深不可测的哲学灌木丛变成修剪整齐的花园的机会显然不适合智性贫瘠的人，而似乎很自然地吸引着威廉斯——或者说吸引着其他人来读他。（毕竟，他是《新格罗夫音乐与音乐家词典》（*New Grove Dictionary of Music and Musicians*）多卷本中"歌剧的本性"[the nature of opera] 条目的作者）。当然，还有一些著作：《伦理学与哲学的限度》（1985），它对亚里士多德的伦理学理论进行了深入分析；《真与信实》（2002），它对希罗多德、修昔底德和"真实历史"的起源进行了阐论；以及上文提到的《羞耻与必然性》。

　　本章介绍威廉斯有关古代世界的思想的四个主要方面。首先，"亚里士多德"一节探讨他对亚里士多德的伦理学理论的批判，以及努斯鲍姆对此做出的令人印象深刻的回应。如第三和第四章所示，威廉斯拒斥功效主义理论和义务论，他也最终拒斥亚里士多德式进路，即试图将伦理生活建立在德性的基础上，同时试图将德性建立在某种人类生命观的基础上。不过，如第六章结尾所指出的那样，威廉斯确实认为亚里士多德"是为伦理学提供基础的唯一有模有样的（colourable）尝试"（Williams 1995h: 201），而且，无论"有模有样"的确切含义是什么，它似乎与亚里士多德将伦理生活视作"人类潜能最终的和谐实现，能够从对自然的绝对理解出发予以揭示"（Williams 1985: 52）的观点联系在一起，而威廉斯似乎认为该观点至少在连贯性方面令人满意。

与亚里士多德对伦理学的雄心壮志密切相关甚至可能密不可分的，是伦理自然主义这一复杂问题。对威廉斯来说，"自然主义的问题始终是：依据某种适当的、相关的解释标准，我们能否从自然的**其他**方面来解释有关现象"（Williams 2000a: 150）。他引发争论地指出，对这一问题的任何适当回答，与其说取决于哲学的资源，不如说取决于谱系学的资源，因为"谱系学旨在服务于自然主义的目标"（Williams 2002: 22）。他所说的谱系学究竟是什么意思，如何将其与哲学区分开来，以及他的谱系学版本与尼采的谱系学是否有区别以及有何区别，这些都是"自然主义与谱系学"一节所探讨的问题。

"羞耻与必然性"这一节只阐述这本书令人眼花缭乱的众多主题中的一小部分，它尤其关注这样一种可能性：将威廉斯的羞耻观念与"必然身份"观念结合起来，形成对道德能动性的有力阐论，此外，这种阐论还要避开他之前严厉批评的那些伦理学理论的特征。这份阐论的细节似乎与悲剧紧密相连，尤其与威廉斯对索福克勒斯的《埃阿斯》(Ajax)的解读紧密相连。不过，希腊悲剧的哲学蕴意对威廉斯来说肯定不是什么新鲜事，四十年来，从《伦理一致性》一文到《真与信实》一书，这些蕴意一直都以这样或那样的方式吸引着他的注意力。本章结论探讨威廉斯的悲剧观，思考它与悲观主义（尼采的另一个突出主题）之间的关系，最后则以也许带有猜测意味的方式，考察威廉斯本人是否可以说是赞许把这种悲剧性的、悲观主义的观点作为合适的、甚至是有正当理由的生活态度。

亚里士多德

在《道德》一书中，威廉斯谈到亚里士多德采用了"一种试图从人类本性的显著特征中引出无可置疑的道德目的或道德理想的程序"（Williams 1972: 59）。这种程序反映了亚里士多德的伦理基础主义：正如威廉斯在《伦理学与哲学的限度》一书中所说的那样，亚里士多德相信"阿基米德支点：就连非道德主义者和怀疑论者也会对其做出承诺"（Williams 1985: 29）。人类的这一显著特征当然就是理性（rationality），尽管亚里士多德不是唯一一位从人类理性（human reason）中寻求伦理基础的哲学家[1]。如威廉

---

[1] 在这里，rationality 是行为和信念的一种属性，reason 是存在者的一种固有能力，说到"基础"的时候更适合用 reason。——译者注

斯所指出的那样，"合乎以上模式的有两种基本类型的哲学构想。一种起步于对理性行为者的尽可能最低限度的和最抽象的观念……另一种……对何为理性行为者有更丰厚更确定的看法，认为理性能动者这个观念通过一种专属于人的生活表现出来"（同上）。更丰厚的观点属于亚里士多德，更抽象的观点属于康德，至少其中的一部分丰厚性和确定性可能来自这样一个事实，即对亚里士多德而言，人是理性的**动物**（man is a rational *animal*），而对康德而言，人是动物性的**理性者**（man is an animal *rational*）；换言之，粗粗地说，对亚里士多德而言，人本质上是动物，其特性恰好是理性，而对康德而言，人本质上是理性存在者，只是恰好是动物。无论如何，第四章已经记录了威廉斯对康德的基础主义事业的诸多责难。依威廉斯，接下来我们要考虑的是，亚里士多德的筹划是否言之有理（plausibility）。

在思考和批判亚里士多德的伦理观时，威廉斯在不同的地方强调了不同的特征。比如，联系到道德认识论，以及第六章中提到的真理的"顾问模型"，威廉斯重点论述了亚里士多德的明慧者（*phronimos*）——即有实践智慧的人——的概念（参见 Williams 1995k）。与此相关的是，威廉斯有时通过厚概念的窗口进入亚里士多德的伦理学，他认为明慧者运用厚概念，而诸德性例示了厚概念（参见 Williams 1995a，1995f）。不过，威廉斯的大部分批判性关注都集中在亚里士多德观点的目的论方面，既包括目的

(*telos*)本身，也包括这样一点，即这种目的被认为奠基于一种自然的人类观中，无论这种奠基最终会涉及什么。评论者们指出，威廉斯所描画并用作靶子的亚里士多德的形象并不是特别新颖。比如，麦克道尔称威廉斯对亚里士多德的解读是"正统版本"，而努斯鲍姆则指出威廉斯的解读与特伦斯·欧文（Terence Irwin）、阿拉斯戴尔·麦金太尔（Alasdair MacIntyre）和大卫·威金斯（David Wiggins）的解读有相似之处（McDowell 1986: 385；Nussbaum 1995: 124n2）。这似乎很公允。威廉斯的批判的真正意趣不在于他所认为的亚里士多德的根本缺陷，而在于他所钦佩的亚里士多德的长处。

亚里士多德的基本进路是辨认伦理性向或性格特征或德性的某种安排，这种安排最适合于实现、在某种意义上也最适合于体现什么叫作在一生之中成为一个兴旺发达的人，无论这种兴旺发达究竟在于什么。如威廉斯所说，亚里士多德式的行为者"会理解到，赋予他对世界的伦理观点的那些性向是人类潜能的正确或充分的发展"（Williams 1985: 52）。按这种观点，伦理生活就变成一种教诲的结果，所教诲的是在特定情况下以特定方式行事的倾向：比如，在恐惧引人逃避时勇敢抗争，或者慷慨解囊帮助需要帮助的人。关键在于，无论这些倾向最终是些什么，它们都既不是任意的，也不是相对的，而是代表"人类潜能最终的和谐实现，能够从对自然的绝对理解出发予以揭示"（同上)。正是这种绝对的理解为内在性向的外部奠基铺平了道路。

威廉斯所描绘的基本轮廓看上去确实有几分熟悉。对于什么自然能力独一无二地定义了人类的问题，亚里士多德的回答是：运用理性的能力（capacity to reason）。那么，把人类的幸福或福祉与这一自然能力的最高实现相联系，这看起来有道理（seem plausible）吗？当然。那么，仅仅通过考虑哪些性向最适合单独产生或组合起来产生这种最高的实现，来确定一组独特的性向，这看起来是否也有道理呢？同样，是的；事实上，亚里士多德在《尼各马可伦理学》中描述的大概就是这一组性向。因此，我们似乎已经从对人类本性的思考中得出了一个明显具有伦理性质的处方——对人应该如何生活这一问题的回答。用威廉斯自己的话说，

> 亚里士多德认为，人具有某些特征，特别是某些活动和权能，而善好之人的生活将最充分地体现这些权能和活动的发展。或者，更准确地说，人的一个与众不同的特征——通过理性塑造自己的行为和性向的能力——将得到最充分的体现。（Williams 1972: 55）

同样，威廉斯觉得如此强大且至少初看是如此有希望的正是亚里士多德的如下声言，即声称自己可以说从外部——

从自然中——辨认（identify）了人类的一个特征，它足以支撑起人类兴旺的特定愿景。然而，尽管亚里士多德认为伦理生活事关获得一套正确的性向可能是对的（事实上，威廉斯确信他是对的），尽管他认为他自己偏好的那套性向是获得幸福的充分条件也可能是对的，但亚里士多德认为同样的那套性向是获得幸福的必要条件，这对吗？更重要的是，亚里士多德能否正当地将这种必然性奠基在某种特定的人性观念之上？威廉斯在这一点上的怀疑态度引发了一场三管齐下的攻击。

首先，威廉斯怀疑如今还有没有这样的前景，即从人性中辨认出亚里士多德所需要的那种无争议且明确的特征，从而为一个单一的目的奠基。其次，即使可以从人性中读出某种不容置疑的显著标志，他也怀疑这是否会推许任何非常确定的目的。第三，即使能够满足前两个条件——也就是说，即使人性貌似有理地树立了一个关于人类兴旺的普世观念，将其作为全人类努力的目标——威廉斯也怀疑这样一个目标能否承载或有效地规定任何一套非常确定或非常和谐的德性。在第一种情况下，外部性消失了；在第二种情况下，目的论被证明是模糊的；在第三种情况下，伦理导向显得过于分散，甚至可能完全缺失。

在第一种情况下，威廉斯揣想亚里士多德为什么要把理性作为区分的标志。如他在《道德》一书中所言，我们必须承认：

第七章　古代世界

> 如果一个人不带任何先入之见地去考虑什么是人区别于其他动物的特质这个问题，他可能最后会（依据相关原则）得出诸如此类的一种道德：规劝人们尽可能地把时间花在生火上面，或者把时间花在发展人类独有的生理特征上面，或者尽可能不分季节地交配，或者尽可能地破坏环境并扰乱自然的平衡，或者为了取乐而杀戮。（Williams 1972: 59）

在这里，威廉斯对亚里士多德关于人性本质的描述所持的保留意见，无疑与下一节将要讨论的对更一般而言的伦理自然主义的抱负的怀疑是一致的。

在第二种情况下，威廉斯不禁要问，假设理性确实独特地定义了人类本性，但既然理性的力量可以有多种实现方式，甚至——或者说，特别是——《尼各马可伦理学》本身也是这样说的，那为什么要将理性视作决定了一种独特的目的呢？亚里士多德将"智力和理性思考的能力"视作"人的显著标志"，如此诉诸前者就产生了"一个弱点，可以从以下方面看得很清楚：智力的纯粹或者创造性的方面似乎是这些能力的最高的表现形式，然而，完全投身于表现智力的这些方面的做法被排除了，而不完全的投身也不被呈现为实践思考能理性地达到的东西"（Williams 1972: 56-7）。威廉斯在这一点上没有提供任何文本支持，他似乎只是在暗指《尼各马可伦理学》引起的众所周知的诠释学挑战，即如何协调亚里士多德在第六卷中对理智德性做出的工具性、实用性评价和在第十卷中对其做出的内在性、理论性评价。然而，基本问题可以简单概括为：鉴于人类可以通过各种方式发展和表现智力、智慧、聪颖、创造力等特征，这些特征都属于人所独具的理性，要找出某种单一的存在方式或模式来代表这些特征的最高、最好或最令人满意的顶点或平衡，似乎前景渺茫。不过，对威廉斯来说更重要的是，无论这种前景多么渺茫，我们仍然没有理由认为，如果成功地找到了这种生活方式或生活模式，那么最适合实现这种生活方式或生活模式的性向或德性就会被证明是合乎伦理的。

这就直接引出了第三种情况，即无论兴旺的图景（其本身源于将理性作为人类的典型特征）提供了何种指导，在挑出和推许某些特定的性格特质或伦理性向以供人们发展方面，都可能是相互矛盾或无效的。如威廉斯在《道德》一书中所言，

> 一个道德家如果想要把人类正确生活的概念奠基在关于人所独具的高级能力的诸种考虑之上，他就无法忽视艺术或者科学领域的创造性天资的主张——它主张自身应作为其中的佼佼者而被囊括在人类高级能力之中。可是他会发现，很难从此类天资的发展与表达的理想中得出很多属于道德的德性和承担，那种理

想甚至很难与后者相调和。在后者当中，有些道德德性或者承担是更为日常的，而其中的大多数都对一个人同其他人之间的关系提出了诸多要求，那些要求非常不同于从事创造性工作的要求。（Williams 1972: 57）

同样，《伦理学与哲学的限度》一书有点儿把这三种情况糅合起来：

> 依我们现在的理解，我们没有理由期待伦理性向能够与其他的文化追求和个人追求充分地协调一致，而这些追求蛮可能同样合宜地体现着人性发展……我们很难相信哪种人性论——如果它并不已经是一种伦理理论——能够充分选定某一种伦理生活而不是另外一些。（Williams 1985: 52）

事实上，威廉斯确实指责亚里士多德关于人性的阐论过于伦理化，下文将联系"修昔底德式的不偏不倚"（Thucydidean impartiality）进一步探讨这一指责。威廉斯批判那种从独属人类的特质中提取昭然的伦理指导的筹划，而对我们来说，一种有益的做法，是把他本人所做的这通批判，看作是一脉相承于他之前关于道德运气的评论，以及高更的一生在伦理之于其他一切的相对重要性方面的重要教训。将人类理性的最充分和最高程度的发展作为性格发展的指南，很可能会导致将不具备伦理资质的性向置于优先地位，这种情况再次让人想起威廉斯的"先决问题，也就是关于'道德'与'非道德'之分据说为我们所做的事情"（Williams 1993a: xiii）。

威廉斯对亚里士多德式筹划的如下做法提出了种种质疑：第一，确定一种独特的人类特征，第二，基于这种独特的人类特征确定一种独特的人类兴旺观念，第三，基于这种独特的人类兴旺观念确定一套独特的伦理性向。威廉斯的质疑使他否定了这样一种可能性，即"对人性的绝对理解"能够提供一种外部基础，足以在确定性和范围方面——更不用说内容了——满足伦理学理论的抱负。这一否定带来的后果是，

> 外部观点和行为者的内部视角之间出现了一条潜在的裂缝。我们知道——而最重要的是，行为者本人也能够知道——行为者的视角只是同样相合于人性的很多视角之一，所有这些视角都可能在它们之间以及在它们与其他文化目标之间发生形形色色的冲突……我们必须承认，亚里士多德的预设——行为者的视点与外部观点相互契合——已经坍塌。（Williams 1985: 52-3）

但也有哲学家质疑，威廉斯归给亚里士多德并被他轻易否

定的假定，是否真的从一开始就抓住了亚里士多德的筹划，也就是说，在威廉斯看来真正崩溃的，可能不是理论，而是稻草。

比如，努斯鲍姆在阿尔瑟姆（Altham）和哈里森（Harrison）编纂的珍贵的《纪念文集》（*Festschrift*）中指出，"威廉斯对亚里士多德的一些批评之所以失败，是因为他对亚里士多德人性筹划的阐论……在某些重要方面是不准确的"（Nussbaum 1995: 87）。因此，她认为"亚里士多德的实际立场要强于威廉斯所描述并随后攻击的立场"（同上）也就不足为奇了。正如有其他哲学家赞同威廉斯对亚里士多德的保留意见一样，也有其他哲学家赞同努斯鲍姆对威廉斯的保留意见（比如，参见 McDowell 1986；Annas 1993），不过可以肯定地说，在深度和聚焦方面，没有其他哲学家的回应能与努斯鲍姆的回应相媲美。努斯鲍姆所指的不准确之处究竟是什么，它对威廉斯拒绝将亚里士多德式伦理学理论——无论它看上去多么有模有样——作为康德主义和功效主义的合理替代理论会产生怎样的影响？

惹恼努斯鲍姆的，是威廉斯把亚里士多德描绘成从"对自然的绝对理解"出发"揭示"一种确定的伦理生活观念的图景（Williams 1985: 52）。依这幅图景，亚里士多德从关于人类本质上是什么样的生物的这一外在的、实质上是科学的前提出发，得出了关于如何最好地安排内在的性格德性的伦理结论。当科学的或外在的图景开始瓦解时，在对这种本质主义的怀疑压力下，或在对单一的人类目的或这种目的的规定性的充分性的怀疑压力下，将伦理生活视为"人类潜能最终的和谐实现"的可能性也开始瓦解（同上：57）。但努斯鲍姆坚持认为，威廉斯所描画的图景误解了亚里士多德，因为

> 亚里士多德的自然形而上学和他的生物学既不是无涉价值的，也不是外在的。在亚里士多德的著作中，没有任何地方与事实和价值之间的现代区分精确对应，此外，科学和伦理学对亚里士多德来说都是"内在的"，因为它试图对人类在世界上的经验给出有见解的说明。（Nussbaum 1995: 102）

最基本的一点是，努斯鲍姆认为威廉斯将自己对科学与伦理学的明确区分（她认为这种区分明确地成问题）非法地解读为亚里士多德做出的区分，而她认为亚里士多德本人也会发觉这种区分是不连贯的（另参见 McDowell 1986: 385）。

努斯鲍姆认为，亚里士多德将理性提升为人类最独特的属性，并不是某种客观的、无涉价值的科学探究的结果，而只是依赖于"他在所有其他领域所使用的方法：保留关于该主题的最大量和最基本的'表象'——人类的感知和信念"（Nussbaum 1995: 102）。因此，亚里士多德对理

性的提升应被视为"实践推理在人类生活中的重要性"的直接反映；也就是说，亚里士多德对理性的提升应被视为反映了社会的主流意见（endoxa），即"我们关于我们是谁的最坚定信念"（同上：117）。努斯鲍姆总结了她对亚里士多德（和威廉斯）的分析："人之本性不可能也不需要从外部得到认证，因为人之本性只是一种内部视角，根本不是一样物事，而是人类共同生活和推理的最基本、最广泛的共同经验"（同上：121）。在努斯鲍姆看来，亚里士多德的伦理学——不可否认是很浓缩的——并不是将独立得出的关于人之本性的结论用于解决人应该如何生活以及如何与他人相处的问题，而是通过尝试并随后诠释人类发展的各种可能性的过程本身来回答这些问题的产物。

威廉斯在他的《答复》（"Replies"）中对努斯鲍姆的批评和解读作了较详细的回应：就如何诠释亚里士多德而言，威廉斯可以说是退让了，但他坚持认为，若采取亚里士多德的思路，当代伦理学理论的前景迷雾重重。首先，威廉斯承认"我现在不想主张亚里士多德式事业需要从科学上有可观之处的人类阐论中'自上而下'地推导出伦理结论"，并承认"在我写过的一些文章中，我曾提示这是必要的"（Williams 1995h: 200）。但与此同时，他也指出，"努斯鲍姆倾向于将一份比我的本意更具实证性质的对亚里士多德式事业的阐论归给我"（同上：195）。威廉斯对努斯鲍姆的分析颇为在意，他同意"在探究人之本性时，亚里士多德认为他可以依靠主流意见"。然而，威廉斯指出，"亚里士多德认为，他可以在自然探究的所有领域中依靠主流意见"，他强调说，"这种方法的预设在我们所说的'自然'科学——相对于人文科学——出现之后就消亡了"（同上：194）。换句话说，"负责任且经验丰富的思想家们所认同的关于人之本性的既定看法"虽然在古希腊社会很可能已被证明足以保证一系列德性，但在今天却很难做到这一点。

如威廉斯所认为的那样，努斯鲍姆对当代可行的亚里士多德主义寄予希望，这使她坚持以下观点："如果我们以充分诠释学的和非还原的方式来理解人之本性，那么我们滋养伦理理解所需的素材将是显而易见的，而且这种素材不可能被更具体或更技术性的探究所削弱"（同上：195）。尽管这些素材可能是显而易见的，但威廉斯对其最终的伦理效力表示怀疑。一方面，威廉斯反复强调，"与玛莎·努斯鲍姆所强调的不同……我们不能接受亚里士多德的宇宙观这一点对接受他的伦理观大有影响"（同上：199）。没有了功能（*ergon*），没有了目的（*telos*），良好生活（*eudaimonia*）及其所承载的德性所固有的不确定性将压倒理论的能力。

另一方面，努斯鲍姆的意图似乎是不借助更多的"技术性探究"就为伦理目的提出人之本性的观念，这在威廉斯看来同样是一种误导。比如说，虽然到目前为止，进化心理学在人之本性问题上制造的更多是热火而非光亮,但任何忽视其研究成果的伦理生活阐论都有可能是不可信的,因为它忽视了(也许有一天)可能是"关于人类权能和社会安排的最丰富的阐论"(同上:201)。总之,威廉斯在亚里士多德自己的时代许给亚里士多德自己的筹划的东西,他从努斯鲍姆等人为21世纪重新改造亚里士多德的尝试中收回了,正如这段相当长的文字所表明的那样:

> 我承认,[亚里士多德式]事业可以从融贯论或诠释学的角度来理解。我也承认,我们可以把亚里士多德本人理解为是从某种这样的角度来看待这一事业的。然而,我认为我们不应该从这两点推断出:因为我们可以这样看待它,亚里士多德也这样看待它,所以我们就可以处处像亚里士多德看待它那样看待它。这是因为我们对自然和什么是"自然的"的理解与亚里士多德对(我们所谓的)诠释学或社会的理解的关系并不相同,这就是为什么即使承认这些观点,我仍然认为,在抛弃亚里士多德的宇宙论的同时,现代世界也抛弃了使他的伦理学理论风格作为一个整体具有表面合理性所必需的要素,无论我们相当肯定能从中获得何其多的有用的思想。(同上:201)

此外,在威廉斯看来,这些有用的思想中,许多(甚至大多数）最终都紧密联系于亚里士多德的另一个角色，即作为伦理自然主义的更一般性的抱负的模板。

自然主义与谱系学

虽然通常很简短，而且在一定程度上相互重叠，但关于伦理自然主义的讨论经常出现在威廉斯的作品中，而且并不总是与亚里士多德联系在一起（比如 Williams 1995b, f, h, 2000a, 2002）。当然，将自然主义定义为"从人类是什么样子的出发，思考人类如何才能最好、最适当地生活的筹划"，这似乎与刚才探讨过的亚里士多德式关切是一致的（Williams 1995b: 109），但很多时候，威廉斯似乎更倾向于一种更简单但更全面的观念："自然主义的问题始终是：我们能否用自然的其他部分来解释……有关现象？"（Williams 2000a: 150）然而，后一种观念往往会引起"一个众所周知的困难，即如何确定'自然'这个观念，以使自然主义不至于要么无聊地为真，要么极少可能成立，乃至没什么意思"（Williams 2002: 22）。一方面，"自然"可能会变得空洞，成为"任何存在者"（whatever there is）的容器；另一方面，给"自然"划界的尝试可能会成为约束严苛的还原论，把自然变成符合当代物理学的任何东西。事实上，早先在"亚里士多德"一节中提到的争论，即威廉斯所认为的努斯鲍姆对亚里士多德的诠释学抱负与努斯鲍姆所认为的威廉斯的科学主义抱负之间的争论，在某种程度上反映了这一"众所周知的困难"。

除了对自然主义筹划的这两种刻画——一种是使用自然（nature，即人性，human nature）的字母表来拼写出伦理考量，另一种是根据某种更广泛的自然来确定人性——威廉斯还研究了自然主义道德心理学（naturalistic moral psychology）可能涉及的内容，尽管他承认"我并不认为这个概念完全一目了然"，因为"没有人知道它涉及什么"（Williams 1995h: 203; 1993b: 67）。尽管如此，他指出了一种"广泛的共识"，即自然主义道德心理学"意味着我们对道德能力的看法应与我们把人类视作自然的一部分的理解相一致，或许还应秉持这种理解的精神"（Williams 1993b: 67）。那么这里就有两种观念：一种是与自然相一致的关于人类应该如何生活的观念，另一种是与自然相一致的适切于人类确定自己应该如何生活的心理学的观念。这两者之间大概存在着某种区别，后者又会对前者产生不小的影响。无论如何，威廉斯认为，自然主义在伦理学中的吸引力是明摆着的："它不以任何显然的方式需要任何超自然的保证，但又不像看待道德的内容的其他世俗方式那样武断或相对主义。它似乎有潜质做到既有根据又有内容"（Williams 1995b: 109）。也许，威廉斯关于谱系学这门实践和修昔底德这个人物的看法，可以最好地评估这一潜质，即使不能完全兑现。

在《真与信实》一书中，威廉斯断言："谱系学旨在服务于自然主义的目的"；此外，"尼采就是这样来理解的，而首先也是他在这个意义上使用了'谱系学'这个用语"（Williams 2002: 22）。但是，如何更好地构想尼采式谱系学筹划，从而阐明我们对自然主义的看法，更不用说如何构想威廉斯自己的谱系学筹划，这仍然远非显而易见。尼采式谱系学究竟涉及什么？幸运的是，威廉斯在《尼采的极少主义道德心理学》（"Nietzsche's Minimalist Moral Psychology"）一文的一个重要脚注中专门讨论了这个问题，最终提供了两个令人难忘的谱系学构想。即使其中的第二种构想，即"戴维森＋历史"（Davidson plus history），可能会让人感到恼火，但第一种构想似乎非常有助于阐明尼采和威廉斯的观点：谱系学是阐明伦理生活的一种方法——或许是**唯一**方法。

依威廉斯的第一种构想，"尼采式谱系学通常以一种分析哲学会感到尴尬的方式，结合了历史学、现象学、'现实主义'心理学和概念阐释"（Williams 1995f: 75n12）。无疑，就《论道德的谱系》（*On the Genealogy of Morality*）而言，威廉斯所说的尼采运用现象学和概念阐释的含义似乎足够清楚，比如说，在苦修主义、罪疚或对 *schlecht*（坏）与 *böse*（恶）的比较方面。相比之下，"现实主义的"心理学和历史学的概念可能需要更多的分析。先说历史学，威廉斯对该主题在伦理哲学中的重要作用一直有很多话要说，历史学对谱系学的贡献在于，它能够辨认过去对当前伦理观念的影响，同时又能够强调这些影响的偶然性：

> 我们的伦理 [生活]……是很多不同的传统和社会力量的一种复杂积淀……它本身就是由对这些事实的自觉表征塑造的……此外，很可能存在的情况是……这些历史过程的影响在某种程度上被这些过程的产物掩蔽自身的种种方式掩蔽了。原因不止一个，但最一般的原因可能是，信实的历史阐述会揭示我们现有的伦理观念的一种根本的偶然性。这种偶然性不仅在于它们是这一些而不是另一些观念，而且，产生这些观念的历史变化与得到助长的这些观念本身也并不具有一种显而易见的奠基关系或者其他的认知上的支持关系。（Williams 2000a: 155）

威廉斯的作品始终贯穿着一个重要主题，那就是强调伦理生活充满着极端偶然性。就《论道德的谱系》而言，历史揭示了现代社会最珍视的伦理观念和实践与尼采从其根源上所看到的暴力和残酷（常常是嗜血）之间的鲜明张力。

至于"现实主义的"心理学，它涉及"一种视角，在某种程度上还涉及一种传统……在该视角和传统中，要求较多道德材料的东西是从要求较少道德材料的东西的角度来讲通的"(Williams 1995f: 68)。显然,在这里——如果不是在其他地方的话——谱系学与伦理自然主义的旨趣之间有着密切的联系。事实上,"现实主义"心理学似乎与威廉斯在其他地方所认定的"适当持疑的方法规则"非常吻合,他认为这条规则可能最接近于为自然主义给出一个一般条件:"如果你能用同样适用于非伦理的角度来解释伦理问题,就永远不要用伦理学所特有的角度来解释伦理问题"(Williams 1995h: 204)。在《论道德的谱系》中,尼采展示了他作为现实主义心理学家的无可争议的资质,他将这一规则铭记于心,比如用内化的**怨恨**来解释道德化的内疚("坏良心"),或者用债务关系来解释报复性的惩罚。作为谱系学的任务,这种对道德生活的非伦理化的——同时很重要地是非还原性的——解释的重视,再次反映了回答"反复出现的自然主义问题"的重要性,威廉斯将这一问题的一个版本表述为:"所讨论的现象怎样与自然的其余部分发生可理解的联系?尤其是,这种现象可能是怎样产生的?"(Williams 2002: 26)威廉斯在进一步阐述所提出的挑战时指出:

在我们的工作中,我们对人类的最初阐述要尽可能先于伦理领域内的观念,然后借助这样的阐述来说明伦理的东西;如果我们能够讲通这样一项工作,那我们就有了一项伦理自然主义的事业,它是可

第七章　古代世界

> 理解的，它不是空洞的，也不承诺一般的物理主义还原论——那种还原论（说得温和些）颇为可疑，且再怎么说也是个应该分离处理的问题。（同上：27; cf. Williams 2000a: 154）

因此，只要伦理自然主义的目标能够与现实主义心理学的目标相吻合——如果不是完全同化的话——那么它的前景似乎就与尼采式谱系学的前景密不可分。

威廉斯主张，尼采在《论道德的谱系》中将历史学与心理学融为一体，"这肯定有归功于黑格尔的《现象学》的成分，即：思想、观点或态度之间存在着一系列关系，这些关系在心理上和在历史上都有所表达，因此这两种表达之间存在着本质上的联系"（Williams 2000a: 158；比较 Williams 1993b: 75n12）。这似乎是有道理的，但前提是我们必须承认，正如威廉斯事实上承认（Williams 2000a: 155）：黑格尔明显的目的论承诺也罢，尼采对偶然性的关注也罢，都使得两者之间存在着重要的差异。不管怎么说，无论在谱系学、现实主义心理学还是伦理自然主义方面，尼采和黑格尔都不是威廉斯的代言人。这一殊荣属于修昔底德。在我们从19世纪的德国转向古希腊之前，也许值得简要地指出威廉斯是怎样把他在《真与信实》中与尼采在《论道德的谱系》中对谱系学方法的运用区别开的。

《真与信实》的副标题"谱系学探析"（An Essay in

Genealogy）在一定程度上表明了威廉斯对尼采的方法的信任。这本书以现代生活中看似不可避免的紧张关系为出发点，一如既往地内容广泛，偶尔也令人沮丧，汇集了许多有意思的思想支流，但主航道却有些难以捉摸：

> 一方面，有一种对信实的强烈要求……然而，与对信实的这一要求一道……有一种同样到处可见的对真理本身的疑心：有真理这样的东西吗？如果有，真理能够不仅仅是相对的或主观的或诸如此类的吗……渴求信实和对真理观念的疑心，这两件事情连在一起。对信实的渴望驱动了一种批评过程，后者削弱了这种信心：存在着任何可靠的真理，或任何可以不加限制地宣告出来的真理。（Williams 2002: 1）

这种紧张关系提出了"当今哲学的一个基本问题"，而《真与信实》正是要解决这个问题："真和信实这两个概念能不能达成智性上的稳定关系，即，事涉真理以及达至真理的机缘，我们能不能获得与我们对信实的需要相合的一种理解？"（同上：3）如第六章所指出的那样，威廉斯的解决方案很少涉及真理的哲学概念，而大量涉及"可被概括地称为'真理的价值'的东西"（同上：6），这种价值本身被视为"真之德性"（virtues of truth）的衍生物，尤其是准确（accuracy）和真诚（sincerity）。很大程度上，威廉斯提议通过践行谱系学来确认、研究并最终稳定下来的，正是这些德性。

然而，威廉斯的谱系学构想虽然在相当程度上得益于尼采本人的构想——这应该很清楚了——但至少在一个方面，或许是两个方面，与尼采有重大差异。这里的迟疑与威廉斯的谱系图画（genealogical picture）是公然的虚构这一特点有关，也与对尼采的谱系图的特性上的不确定有关，也就是说，我们不确定尼采是认为他所讲述的奴隶起义和随后的价值重估的故事代表事实，还是代表虚构，还是代表两者的某种综合。对威廉斯来说，至少就信实的德性而言，谱系学包含一个"自然状态"故事，即一个"虚构的叙事，想象出来的发展故事……这样的故事展示某个概念或价值或制度可能以哪些方式在一种简化了的环境中产生出来，这个环境包含对这个故事来说是给定的某些种类的人类兴趣和能力"（同上：21）。同样，构成《论道德的谱系》的各种谱系线索中的某些或全部是否应被视为威廉斯意义上的自然状态故事，这也是一个难题。一个更容易回答的问题，同时也让威廉斯与尼采之间的区别变得清晰的问题是，某一谱系——无论是否虚构——是不是"证认性的"（vindicatory）。

威廉斯没有将任何一个具体的词与他自己的证认性谱系学对立起来，但有一个词可能非常适用于尼采式的谱系学，那就是"销蚀"（enervating）。销蚀性谱系学抽掉某些伦理概念、范畴或实践的力量和活力，通过攻击和破坏它们的历史或现象学，或通过运用现实主义心理学来揭露其明白无误的非伦理祖先，从而削弱它们的效力。此外，如威廉斯所指出的那样，就尼采认为"血腥和残酷……是一切'美好事物'的底层!"而言，任何从这种血腥和残酷走向道德的历史过程、心理过程或概念过程都必须抵制透明性，否则就会瓦解。总之，尼采的谱系学——销蚀性谱系学——倾向于"令人不安或具有破坏性"（Williams 2002: 37）。相比之下，证认性谱系学，即威廉斯为了《真与信实》的目的而开展的谱系学，不是从尼采对诸如苦修主义理想的分析中汲取灵感，而是从休谟对正义的谱系学分析中汲取灵感。不过，即使不考虑休谟论述中的任何一个细节，我们也不难领会这一证认性品种的谱系学。如威廉斯所认为的那样，主要的想法是，人们可以接受休谟对正义的谱系学解释，无论这种解释是什么，"并且仍然像遇见这种解释以前那么尊重正义，尊重正义的动机和行动理由——甚至也许更加尊重"（同上：36）。休谟的谱系学证认了正义的德性。同样，威廉斯希望通过抽象地考虑人类对合作的基本需要如何与真之价值相联系，从而让谱系学——他自己的自然状态谱系学——为真诚和准确，也就是真之德性辩护，这样，这种价值就得到了透明的保存，而不是在潜意识中被摧毁。

威廉斯的虚构的、证认性的谱系学筹划能否成功地确立信实的价值还很难说；威廉斯自己也承认，这需要历史学的重大补充。即使假定威廉斯确实通过谱系学或其他手段成功地确立了真和信实的价值，但这种成功是否有效地抵制了最初引发该筹划的对真理无处不在的、蚕食性的怀疑，可能就更难说了。看起来的确很清楚的是，威廉斯在从事谱系学的同时，也在追求伦理自然主义的目标，因为"在一种比较宽松的意义上，也许可以说谱系学说明是还原式的，那是说，它们用'较低'的东西对'较高'的东西做出说明——用看法和日常需求来说明知识，用非道德的东西来说明道德的东西"（同上）。然而，要真正理解这种比较宽松的意义，就必须真正理解威廉斯相信谁是他首选的自然主义向导：不是休谟，不是尼采，不是亚里士多德，而是上文提到的修昔底德。

在《羞耻与必然性》一书中，威廉斯援引尼采本人对修昔底德的热情，开启了一系列持续贯穿至整部《真与信实》的讨论，所有讨论都表达了对这位伟大希腊历史学家的钦佩之情。事实上，可以公允地说，在威廉斯的所有作品中，无论是古代还是现代，没有哪位知识分子能像修昔底德那样获得如此多的赞誉。威廉斯认为修昔底德值得称道的地方有两个：第一，他有某种悲剧感知力，关于这一点，本章结尾部分将有更多论述；第二，他有某种不偏不倚性，威廉斯的意思是"他在解释中所使用的心理学并不是为其伦理信念服务的"（Williams 1993b: 161）。这种不偏不倚性与之共鸣的，既包括现实主义的心理学，又包括伦理自然主义——既包括从不那么道德的现象的角度解释道德现象，又包括从自然的其他部分解释自然——而要理解这种不偏不倚性，最好将它与威廉斯所认为的柏拉图和亚里士多德的过度伦理化的道德心理学进行对照。

这并不是说修昔底德式的不偏不倚性或修昔底德式的历史学应被视为价值中立。相反，在威廉斯看来，修昔底德试图"**讲通**社会事件，这就牵涉将它们与人类的动机、与情势向行为者呈现出的样貌可理解地联系起来"（同上）。尽管如此，"修昔底德对于可理解的、典型的人类动机的设想比柏拉图的设想更广阔，也不那么执着于独特的伦理观；更确切地说——这个区别很重要——它比柏拉图心理学理论中承认的设想更广阔"（同上：161-2）。此外，"与亚里士多德的关系也是如此，尽管不那么明显"（同上：162）。威廉斯认为，柏拉图屈服于无性格的道德自我的观点，而修昔底德则抵制这种观点："在柏拉图那里……正因为独独是心智的理性能力被认为与可欲的行为有联系，所以在论述行为者必须是什么样的人才能过上合乎伦理的生活时，无需考虑行为者的其他偶然特征，比如性格"（同上：160）。对亚里士多德不容易做类似的指控，因为对性格的思考在其伦理学中占主导地位。然而，依威廉斯，"当亚里士多德描述性格的形成并告诉我们欲望如何被理性控制的时候，我们就被带回到一种仍然从伦理角度组织起来的心理学,尽管(比柏拉图的心理学)组织得更加微妙"(同上)。总之,"对柏拉图和亚里士多德的批评,与其说是在批评他们认为心理学解释是涉及价值的,不如说是在批评他们把一套从伦理和社会角度来看可欲的特定价值纳进心理学解释"(同上:183n50)。修昔底德则不然。

也许威廉斯在修昔底德的写作中所发现的不偏不倚性与默多克在最伟大的艺术中所发现的非个人性不谋而合。如她在其一篇最为人所知的文章中所说,伟大的艺术家表现出一种"精确性和良好的视野",使他们能够"不带感情色彩地、超脱地、无私地、客观地关注物事"(Murdoch 1970b: 66)。更重要的是,"在道德处境中显然也需要类似的精确性"(同上)。修昔底德对世间事件的看法,尤其是他对这些事件中行为者的动机的看法,仍然没有明显的个人敌意,这在尼采看来证明了"一种在所有类型的人那里找到清明头脑的愿望"(Williams 1993b: 161),而威廉斯也赞许地引用了这个观点。同样,这使得修昔底德能够以一种与柏拉图或亚里士多德相比更少道德化、更现实主义、更自然主义的方式来解释行为者(以及事件),而威廉斯认为柏拉图或亚里士多德的解释框架是伦理前置的:这样说柏拉图的解释框架是因为它不现实地排除了性格的偶然情况;而这样说亚里士多德的解释框架,则是因为那些对性格的形成加以组织的目的论考虑本身或许是饱含伦理因素的。对威廉斯来说,"非道德化或不太道德化的心理学照样使用意义、理由和价值的范畴;至于道德理由和伦理价值在多大程度上与其他动机和欲望相契合,在多大程度上表达了这些其他动机,在多大程度上与这些动机相冲突——这种心理学对此没有定论,甚至认为这些是成问题的"(Williams 1995h: 202)。历史上很少有如此实践的心理学的例子,也很少有自然主义如此成功的例子。除了修昔底德,威廉斯在这方面还提到了索福克勒斯和弗洛伊德,下一节将结合威廉斯关于羞耻和必然性的重要观点讨论他们。

羞耻与必然性

1989年,威廉斯在加州大学伯克利分校做了享誉盛名的萨瑟古典学讲座(Sather Classical Lectures),并于1993年修订出版了该讲座的第57册《羞耻与必然性》,里查德·克劳特(Richard Kraut)为该书写了篇精心构思的评论,并在该书"极为广博"的讨论中辨认出多达11个主题:荷马的能动性观念;柏拉图的伦理化心理学;古希腊人的责任观念;实践必然性;耻感文化和罪感文化;古希腊人之缺乏道德与非道德的硬性区分;亚里士多德关于奴隶制的论述;命运;柏拉图的无性格自我;在一个没有权威性伦理真理的世界里没有谎言地生活的需要;以及,勾销了神又怀疑目的论的当代伦理生活，在何种意义上与古希腊的伦理生活如出一辙（Kraut 1994: 178-9）。当然，这些主题中有许多是重叠的；比如，如上一节所示，对威廉斯来说，柏拉图的无性格自我和他的伦理化心理学不能完全分开。尽管如此，克劳特强调威廉斯对古希腊哲学，尤其是文学的多个方面有着惊人的驾驭能力，这无疑是对的。

在《真与信实》一书中，威廉斯的论证主线并不总是那么易懂，这让人感到遗憾，而在《羞耻与必然性》一书中，威廉斯的论证主线却始终是易懂的。这条线索可以概括如下：对古希腊伦理生活的习常的"进步主义"解读大错特错，处处都被当时的文献毫无保留地驳斥掉。依进步主义者，"希腊人有关行动、责任、伦理动机和正义的观念是原始的，在历史的进程中已经被一整套更加复杂和精致的观念所取代，后者界定着伦理经验更加成熟的形式"（Williams 1993b: 5）。依威廉斯，纵然希腊人缺乏那种如此鲜明地标志着现代性，因而如此鲜明地标志着道德系统的极端反思性——或者说，正因为他们缺乏那种极端反思性——他们仍然有着完全充分的行动、责任和伦理动机观念，尽管也许没有完全充分的正义观念。此外，在威廉斯看来，"说在潜藏的观念中发生过如进步主义者所设想的那般巨大的转变，这并非事实"（同上：7）。换句话说，压根就没有过多大进步。如威廉斯所说："如果我们能够理解希腊人的伦理概念，我们就能在我们身上认出它们……如果我们能将希腊人从我们对他们居高临下的误解中解放出来，那么这同一进程也有助于将我们从对我们自己的误解中解放出来"（同上：10-11）。

尽管本章毫无可能到位地展现威廉斯对这些伦理概念的逐一探究，但它可以集中讨论羞耻和必然性这两个与题名相同的关键概念。此外，这种探讨还可以尝试这样进行——无论多么试探性：回应人们对威廉斯大部分作品提出的一种熟悉而有力的批评，即威廉斯的作品未能为他要破坏的道德系统提供任何真正的替代方案。为此，本节的其余部分将探讨是否有可能从《羞耻与必然性》中发展出一个积极的伦理实践模型；也就是，阐述伦理考虑如何得以影响审思、促动和行动。任何这样的模式都必须至少完成两项独立的任务：它必须找出伦理考虑不可否认地对人们的生活所施加的辖制的源泉，并参照这种做法的偶然性——又或许是不顾这种做法的偶然性——去确定这种辖制的合法性。《羞耻与必然性》无疑承担了这些任务，其中第一项任务涉及威廉斯对羞耻和"内化的他人"（internalized other）的见解，第二项任务涉及他对"必然身份"（necessary identities）的见解。

威廉斯沿着人所熟知的思路开始了他对羞耻的分析："与羞耻相关联的基本经验是在错误的情形中被错误的人不适当地看见"（Williams 1993b: 78）。在这种观点中，赤裸和暴露的意象、被捉住的意象、令人失望的意象占主导地位。羞耻与其说是针对行为，不如说是针对行为者，与其说是针对行为者的所作所为，不如说是针对行为者的本来面目，而行为者的本来面目以某种方式有所欠缺，辜负了别人的期望；此外，这种期望构成了"耻感**文化**"（shame *culture*）的社会粘合剂，而"耻感文化"被理解为"一个规约行为举止的融贯体系"（同上：81-2）。耻感文化经常被拿来与罪感文化（guilt cultures）对照，这样做的人尤其包括威廉斯在《羞耻与必然性》中自觉与之交手的两位学者：E. R. 多兹（E. R. Dodds，威廉斯在牛津大学的老师之一），他自己的萨瑟讲演集《希腊人与非理性》（*The Greeks and the Irrational*）的作者，以及 A. W. H. 阿德金斯（A. W. H. Adkins），赫赫有名的《功绩与责任》（*Merit and Responsibility*）一书的作者，《羞耻与必然性》中有不少论述是针对他的。总体上看，威廉斯似乎赞同说希腊文化尤其是荷马文化主要地体现了羞耻，但也主张更细致入微得领会羞耻与罪疚的重叠程度（另参见 G. Taylor 1985，威廉斯的论述在一定程度上以其为依据，以及 Cairns 1993）。

对威廉斯来说，耻感文化依赖于"在面对类似对象时人们共享的情感，[这些情感]的作用是将同一个感受共同体的人们团结起来"（Williams 1993b: 80）。这些共享情感中最突出的是义愤（indignation）、怨恨（resentment）和愤怒（anger）。在这些类似对象中，最突出的是对自己或他人名誉的侵犯或威胁。只要人们因名誉受损而对自己或他人感到愤怒，他们就会为自己或他人感到羞耻。只要这种愤怒的场合——也就是威胁到名誉的情况——是可以预测的和有规律的，而不是杂乱无章的和乖僻的，那么，人们就有理由按照既公开又可靠的期望行事。然而，威廉斯提醒人们不要把这种遵从归因于行为者有意识地将自己的私人道德观与公共道德观相统一，因为这种对外部标准的刻意顺应无法解释这些标准的牢固辖制。相反，威廉斯认为遵从是内化（internalization）的结果。

虽然羞耻在范式上与他人的目光有关，但威廉斯强调，"在它发挥作用的场合，只要有想象中的他人的目光就行"（同上：82）。此外，"想象中的观察者"，或者如威廉斯有时所说的"内化的他人"，"可以很早地进入更加一般化的社会羞耻的进程"（同上）。基本的想法似乎很简单：如果一个人被发现做出了有损名誉的行为，他或她就会因为体验羞耻的痛苦而自我限禁。究竟哪些行为碰巧是这样的行为，在某种程度上取决于偶然的历史、政治、经济、宗教——总之，与文化相关——方面的事实。但是，羞耻之所以成为一种特别有效的伦理考虑，之所以能够牢牢辖制人们，依赖于自我发现取代他人发现。如果一个人希望避免在他人眼中丢脸，一个明确的策略就是避开他人的目光；然而，一旦他人的目光被内化，这种策略就会失效。只要行为者不间断地有被观察的可能，他们就不间断

第七章　古代世界

地有蒙羞的可能，因此他们发现自己感到一种不间断的压力，要把自己的行为引向一条体面的道路。然而，问题变得更加棘手，因为威廉斯坚持认为，"羞耻的内化并不只是内化了一个作为邻人代表的他人"（同上：83）。

一方面，耻感文化通过对其成员名誉受到攻击的共同敏感性和应对这种攻击的共同义愤将其成员联系在一起。如威廉斯所说："当一个行为者面对那些会被其举动激怒的人们，他会被前瞻性的羞耻促动；反过来，出于同样的理由，那些人也会回避这样的举动"（同上）。但另一方面，

> 它并不仅仅是某种形式结构，据这一结构，因为你知道我会对你生气，所以我就知道你会对我生气。这些交互态度有其内容：某些行为举止受人仰慕，有些可以接受，有些受人鄙夷。被内化的正是这些态度，而不仅仅是对敌对反应的前瞻。如果不是这样的话，那就又不会有任何耻感文化，也不会有任何共有的伦理态度了。（同上：83-4）

内化的他人最终得以"从伦理的角度被辨识"（同上：84），从而成为伦理动机和评价的焦点。内化的他人体现了一种文化的价值观，它不仅代表了一种因害怕报复而不应当做什么的意识，还代表了如下方面的意识：比如说，什么是

慈善和宽仁的，因此值得赞扬和追求，什么是计较或贪婪的，因此值得鄙视和回避。然而，这个他人究竟是如何被内化的，以及为什么要将其视为他人，这些问题依然十分不明白。

先说最后这一点。如果行为者是将价值观内化的人，而他们所接近或未达到的理想，即引起自豪或羞耻的理想，实际上是他们自己的理想，那么在什么意义上会有**他者性质**的物事侵入行为者的审思呢？换句话说，是什么担保着他人的独立性和权威性？别忘了，问题的关键在于伦理考虑所施加的辖制。羞耻似乎有望成为这种辖制的表现和解释，只要这种辖制采取外部伦理价值观对人们生活施加的约束的形式——换言之，如果这种约束最终被证明是内在的，那就是另一回事了。事实上，威廉斯自己也质疑，"如果内化的他人只是由我自身这一处的素材构造出来的，那么他在我的心理当中还扮演什么独立的角色吗"，他承认，如果他人"被想象成只会依据我认为怎么做才对而做出反应，那么他当然也就必须消去；他完全不是什么**他人**"（同上：84）。事实上，在这种情况下，借威廉斯的那个令人难忘的说法，他人可能更适合刻画为"我孤独的道德之声的回音室"（同上）。

对于这些担忧，威廉斯回应说，试图将选项简化到两种——要么他人即邻人，要么他人即本人——"忽略了现实伦理生活的许多实质内容"，这大概是由于忽略了这样

第七章 古代世界

一个事实，即尽管"内化的他人确实是抽象化、一般化、理想化的，但他潜在地仍然是某个人（somebody）而不是无何人（nobody），而且是某个有别于我的人"（同上）。更重要的是，就其影响而言，"[内化的他人]可以成为现实的社会期待的焦点，这关系到如果我以某一种而不是另一种方式行事，我的生活将会怎样，以及我的行动和反应将会怎样改变我和我周遭世界的关联"（同上）。至少在威廉斯看来，既然羞耻来自于自己对自己的愤怒，那它当然可以被刻画为内在的。但是，由于愤怒本身是由于未能满足文化期望而产生的，因此羞耻也可以被刻画为外在的。鉴于这种混合性质，威廉斯告诫人们不要只关注其中任何一个方面，这似乎合情合理。

威廉斯试图阐明羞耻背后的心理学模型，依该模型，观察者或他人会变得内化，但遗憾的是，他的尝试似乎并不成功。他首先考虑了羞耻的典型体验：被别人看到裸体。问题是，在**内化的**他人的目光下，裸体怎么会引发羞耻呢？简短的回答是：既然"在一个想象中的观察者面前的赤身裸体并不是暴露"，那么裸体可能不会引发羞耻（同上：220）。因此，威廉斯尝试了一种不同的方法：不是被观察到的赤身裸体本身，而是伴随赤身裸体而来的感受——脆弱和无能、自卑和威信下降——充当羞耻的原始基础。这种感受所带来的不安或焦虑会激起愤怒，而正是这种愤怒的体验构成了羞耻。然而，想象中的观察者到底是如何进入画面的，这一点仍然十分不明不白，尽管威廉斯显然认为这个进入涉及"自举"（bootstrapping），即一个涉及"把不断增长的伦理内容赋予羞耻之因由"的过程（同上：221）。

人或社会显然是通过给羞耻发生的因由注入越来越显著的"社会、伦理或道德观念"来自举，这样，随着时间的推移，比如说，丢面子就会取代赤身裸体成为诱发羞耻的困境（同上：219）。在威廉斯的阐论中，"'自举'的进展以及伦理考虑的涉入越是深远，它的实际酝酿中对观察者的需要就越少：理想化的他人就已经足够"（同上：221）。然而，这个理想化的他人"仍然要行使一个功能，要让主体想起一个人，在他面前，这个遭遇了失败、丧失了权力的主体处于劣势"（同上）。然而，指出羞耻日益增长的伦理内容，或者重申一个内化的人物起到的催化羞耻感的作用，这是一回事，而清晰地勾勒出是何种具体事件或过程负责确立这一想象中的他人的心理学实在，则是另一回事，是《羞耻与必然性》在很大程度上没有完成的任务。

然而，应该指出可以给威廉斯辩护的一点，即他从未承诺要揭开个体心理学的神秘面纱。相反，他声称："讨论……指向一种历史阐释，从中我们能够在伦理认识上有所获益，而我只是在心理学素材可能有助于我们有重点地进行这一讨论时，才将它们包括进来"（同上：90）。因此，《羞耻与必然性》似乎让心理学分析完全效力于人类学等探究，或者更确切地说，按照上一节的思路，以及如莫德玛丽·克拉克（Maudemarie Clark 2001）所述，这是让心理学分析效力于谱系学，而这种分析在某种程度上强调了内化的重要性，但避开了许多附带的心理学细节。事实上，理查德·沃尔海姆认为，威廉斯"会是第一个承认"其阐论具有"去心理学化"（de-psychologized）或"前心理学化"（pre-psychologized）性质的人（Wollheim 1999: 259n27）。然而，与此同时，威廉斯的阐论确实与类似伦理现象的更为公然的心理学阐论有相似之处，尤其是弗洛伊德的阐论。

关于弗洛伊德，威廉斯在《羞耻与必然性》和其他作品中，除了对他的"现实主义"心理学只是一笔带过——但无疑是赞许有加——之外，几乎没说过什么（参见Williams 1995h: 202）。然而，威廉斯关于内化的他人所施加的伦理辖制的社会历史学、谱系学或准心理学论述，确实在某种程度上呼应了弗洛伊德关于良知和超我的出现的论述。非常粗略地说，在威廉斯看来，能否对类似的伦理刺激发展出并采取类似的伦理反应，取决于能否通过认同和内化他人——尽管是以高度抽象和理想化的方式——来加入一个"感受共同体"。更粗略地说，在弗洛伊德看来，能否对类似的伦理刺激发展出并采取类似的伦理反应，最终取决于对抽象化和理想化的父母的认同和内化（比如，参见 Freud 1960；1961：特别是第七章；1965：特别是第三十一讲）。当然，威廉斯和弗洛伊德的内化机制采取了不同的形式，例如威廉斯的羞耻感源于义愤，而弗洛伊德的良知源于焦虑。然而，这样的差异既不妨碍对照，甚至也不妨碍结盟（参见 Jenkins 2001；Lear 2003）。

撇开威廉斯与弗洛伊德之间的类同处不谈，有个危险依然存在，即威廉斯关于羞耻的论述可能会使问题不牢靠地停留在伦理的边界上，甚至可能完全处于伦理之外。威廉斯本人也指出："每个人都知道，只是追逐你想要的，避开你害怕的，构不成道德；如果只有这些是你的动机，那么，你不在道德的管辖范围内，而你也没有——说得更宽泛些——任何伦理生活"（Williams 1993b: 77）。然而，至少在这一点上，威廉斯版本的伦理生活似乎确实由欲望动机（沿着第四章[1]讨论内在理由理论的思路）和恐惧动机（这种恐惧与辜负社会期望相关）组成，因此也许它根本无法描述任何伦理生活。问题在于，尽管威廉斯关于羞耻和内化的论述成功地捕捉到了伦理考虑渗透到人们生活中的方式，但它未能完全捕捉到伦理考虑被赋予的权威性；这一问题无疑源于这样一个事实，即虽然内化的过程在某种意义上（在心理学、社会学、生物学上）可能是必要的，但在威廉斯看来，实际得到内化的价值在某种意义

---

[1] 此处系作者笔误，本书讨论内在理由理论的内容在第五章，而非第四章。——译者注

上（在历史上、文化上）仍然是偶然的。

进入伦理生活似乎与据称的形式（人之为上帝的孩子、理性的生物、最大化幸福者）关系不大，而与得到内化的实际内容关系很大。而这些内容，包括由羞耻机制支撑的继承下来的规范，可能会因为与心理或社会发展相关的偶然情形而受到破坏，连带着内化进程本身也受到破坏。换句话说，认同并内化一个能够传播价值和命人执行行为标准的他人，这绝不代表必然的成就。这样，威廉斯关于伦理生活的论述似乎就需要某种必然性要素，以解决由内在理由和内化规范的偶然起源所引发的忧虑。《羞耻与必然性》的"必然身份"观念试图满足这项要求，但其成功与否值得商榷。内化和主观促动，尽管其来源偶然，但有助于性格和身份的形成、保持和表达，而威廉斯认为，性格和身份通过促进或禁止某些行为方式，必然会影响伦理实践。他结合索福克勒斯笔下的悲剧人物埃阿斯讨论了这种必然性。

埃阿斯体现了耻感文化的重要特征，尤其是它的道德界限概念（notion of ethical bounds），施加这些界限的是名誉、尊重以及一个人通过内化社会的主流价值而对自己和他人所负的责任等方面的考虑。埃阿斯被他所察觉到的不公激怒了，被神的干预弄糊涂了，被他残酷报复的徒劳无益羞辱了（"哦！我受到了多大的嘲弄！多大的侮辱！"），他代表了一个失败的英雄，甚至有点自相矛盾的是，他也代表了对这种失败、对他的胆小、懦弱行为的经典英雄式的回应（Sophocles 1957: 233）。埃阿斯对雅典娜的阴谋视而不见，他没有去屠杀奥德修斯，而是去屠杀了牲畜，从"失格"（uncharacteristically）这个词最深层的意义上说，他行为失格。他失态了，不再是他自己了（"我的一切都与这些可怜的生物一起消亡了"），他将这种失去自我的后果体验为羞耻；用威廉斯阐论的措辞来说，这是他对自己的行为与理想之间暴露出的鸿沟表现出的一种导向自我的愤怒（同上：235）。然而，埃阿斯对自己所受耻辱的反应，他选择自杀作为抵偿，似乎是不折不扣的英雄举动。他以特有的英雄气概回应了自己失格的非英雄行为，再次彰显了与他所依栖和认同的各种角色——贵族、希腊人、儿子、战士、情人——相适配的价值，这些价值是由他所处的社会构成和传递的。埃阿斯说："现在，我要去我这条路必须去的地方"，这里的"必须"（must）实质上限定了威廉斯对必然性的阐论（同上：245）。

显然，埃阿斯为自己感到羞耻，但围绕羞耻和自我与他人之间的区别似乎存在某种紧张关系，而威廉斯不愿在自我和他人之间划定明确的界限。一方面，将羞耻理解为源于外部受众，似乎允许人在很大程度上不受其评判的影响。另一方面，将羞耻理解为源于"我孤独的道德之声的回音室"，似乎无法提供足够的权威性或外在性。威廉斯的内化的他人意在弥合这两个极端，在埃阿斯身上看到这种观念如何起效很有启发性，他认为只有两种选择："让人高贵地活着或高贵地死去"（同上：237）。他因疯狂而丧失了第一种选择，他使自己在自己的眼中变得面目可憎，他失去了自尊："但现在，我在耻辱中卑微地躺着"（同上：235）。此处的情形如威廉斯所总结的那样，"[埃阿斯]找不到一种任何他所尊重的人都会尊重的方式活下去——这意味着他没法有自尊地活下去"（Williams 1993b: 85）。换句话说，自尊的能力不能与按照他人尊重的价值观生活的能力截然分开。尽管如此，埃阿斯丧失自尊的根源并不在于，或者至少不主要在于害怕同胞或妻子或父亲或儿子（有朝一日）会怎么看他，而在于他自己对自己的期望落空了。别忘了，"羞耻的内化并不只是内化了一个作为邻人代表的他人"（同上：83）。在将羞耻和失去自尊作为行为出格的惩罚后，埃阿斯的内化的他人指定他通过最后的戏剧性行为——高贵的死亡——来恢复名誉。

对这些内化的价值（观）的违反导致了羞耻和丧失自尊的危机，而同一批价值（观）现在又提供了危机管理。这些价值（观）中最主要的当然是勇气，而勇气恰恰是埃阿斯在梦游般的屠杀中最明显缺失的价值观或德性，也恰恰是他自杀反应中最明显可见的价值观或德性。埃阿斯告诫他的妻子："你的想法太愚蠢了，都这么迟了，你还想谴责我的天性"（Sophocles 1957: 242）。埃阿斯用这些话排除了彻底改变性格的可能性，因此也排除了采用新的方式来评估或应对他的处境的可能性。埃阿斯别无选择，只能"按照自己的性格"行事；也就是说，从一种浸透着英雄气概的勇气德性的性格出发行事。更重要的是，埃阿斯用这些话，特别是引用"天性"（nature）这个词，似乎使其整个行动具有某种必然性。

对于牵累埃阿斯的必然性——也就是实践必然性——威廉斯是这样说的：

> 极端来说，这种必然性的意义在于这样一个想法，它认为一个人做了某些事情之后，他就没法活下去并直视他人的目光：这想法可以或多或少是象征性的，但也可以非常致命地从字面来理解，就像在埃阿斯那里一样。这些必然性是内在的，其根基在于行为者的精神气质、筹划和个体本性，也在于行为者以何种方式构想他的生活于他人生活之间的关系。
> （Williams 1993b: 103）

事实上，如威廉斯在《羞耻与必然性》出版前些年同样谈到埃阿斯时所指出的那样一点，"对实践必然性的认识必须包括对自身权能和无能的理解，以及对世界所允许之事的理解，而对既非简单地外在于自我，又非意志产物的限度的认识，正是能够赋予此类决定以特殊权威或尊严的东西"，比如，在这种情况下，决定结束自己的生命

（Williams 1981h: 130-31）。

承认羞耻在伦理生活中主要作为理想被背弃的标志的重要作用是一回事，然而，证明在给定这些理想的情况下，行为者不可能以其他方式行事，则是另一回事。诉诸维护身份拒绝做某事是一回事，而说明这一诉求的权威性又是另一回事。被告知埃阿斯的行为所充满的必然性是"基于他自己的身份"是一回事，而阐明这种必然性背后的哲学图景又是另一回事。此外，这里的利害关系不仅仅是威廉斯能否成功地解释埃阿斯的"现在，我要去我这条路必须去的地方"中的"必须"（Sophocles 1957: 245）。还有一个类似于第五章中出现的担忧，那里的担忧与威廉斯对内在理由的论述有关。

第五章出现的担忧主要集中在威廉斯试图在伦理行动与行为者的主观动机集合之间建立的必然联系上，这种联系似乎允许了行为者在面对道德要求时不做出反应的可能性，对于那些认为伦理要求必须具有促动方面的压倒性一击的人来说，这是一种令人不安的可能性。同样，威廉斯关于必然性的论述似乎也有让人感到不安的内在性，因为没有任何东西能确保实践必然性的"必须"一定在某种意义上是道德的。克劳特很好地阐述了这种担忧："威廉斯赞同主人公的想法，'这是我必须做的'……但是，行为者觉得自己必须以某种方式行事，并不能使其行动免受有理由的批评的影响。即使一个人的筹划反映了他的性格，难道他的性格本身就不能毁灭自己或毁灭他人吗？"（Kraut 1994: 181）。在克劳特看来，威廉斯非法地将一种相对现代的价值观——本真性（authenticity），即忠于自己，不管有什么困难，不管别人怎么看——重新插入希腊伦理生活中，克劳特还挑衅地问道："埃阿斯有筹划吗？"

毫无疑问，如第三章对个人完整性和功效主义的讨论所表明的那样，威廉斯的筹划话语的确充满了某种浪漫主义色彩；据威廉斯说，筹划足以奠定身份基础，赋予意义，给人一个早上起来的理由，或者在埃阿斯的例子中，给人一个倒地不起的理由。但同样明显的是，威廉斯希望行为者的本真性反映出价值观、认肯和筹划，这些价值观、认肯和筹划虽然肯定是行为者自己的，但同时也反映了在某种意义上外在于行为者的价值观、认肯和筹划。因此，这并不是担心行为者会忠于激进的存在主义选择所塑造的可能不道德的性格（就好像性格和这种选择是相容的一样）。相反，我们担心的是，那些确实以可信的方式有助于形成性格的更广泛的外在价值本身可能缺乏伦理内容。威廉斯或许证示了伦理处境具有某种必然性，但他是否证示了出于这种必然性的行动必须是合乎伦理的呢？有人可能会认为，威廉斯关于羞耻、内化和实践必然性的所有论述，在扩展其早先的内在理由模型方面所取得的成功，只是将人们对实践审思中可能缺乏伦理内容的担忧，从个人的主观动机集合转移到了个人从中习得这些动机的社会。

就威廉斯而言，他很可能会重提《道德》一书中那句现在已耳熟能详的话，即"'道德'与'非道德'之分据说为我们所做的事情"，并提醒批评者，就他而言，"道德方面的考虑只有与人类采取行动的其他理由相关联，并一般性地与人类的欲望、需求和筹划相关联时才讲得通"（Williams 1993a: xiii）。事实上，《羞耻与必然性》也加入了这一行列："我们在道德与非道德之间的区分上大做文章，并且强调道德的重要性。但是，这在多大程度上，以什么样的方式对我们的生活来说实实在在地是真的，而不是道德至上论者关于我们生活的说法呢？我们理解这区分是什么，或者它实际上有多深入呢？"（Williams 1993b: 92）。然而，道德考虑只有在与筹划挂钩时才有意义的说法，很难等同于所有筹划都有道德意义的说法。归根结底，《羞耻与必然性》没能成功，至少在确立与羞耻和必然性相关的伦理考虑的合法性或权威性方面是如此。尽管如此，"羞耻仍然必不可少地继续服务于我们，就像它服务于希腊人一样。羞耻借助感情而让我们意识到一个人是谁和他希望成为什么样的存在，以此，羞耻在行为、性格和后果之间起中介作用，也在伦理的要求和生活的其他方面之间起中介作用"（同上：102）。索福克勒斯的"峻厉的虚构"（stark fictions）继续有力地揭示了一种持续相关的道德心理学。

结论

在一篇发表于 A. W. H. 阿德金斯退休之际的题为《特剌喀斯少女：虚构文学、悲观主义与伦理学》("*The Women of Trachis*: Fictions, Pessimism, Ethics")的引人入胜的论文中，威廉斯借鉴了本章乃至整本书迄今为止讨论过的许多主题，同时指责道德哲学的运作方式，就好像世界上显而易见的可怕之事与其事业关系不大，甚至毫无关系。在如此多的可怕之事背后，人们发现了"无法控制的必然性和机运"，威廉斯认为，道德哲学家们正是忽视了这些力量，才将理性决策的时刻视作伦理哲学的范例。正如威廉斯所言：

> [道德哲学]试图将我们的伦理兴趣从机运和必然性中抽离出来，除非必然性设定了有效行动的参数……此外，当道德本身在历史和心理上与生活的其他部分脱节——道德哲学往往就是这样做的……那么必然性和机运以及它们带来的坏事就会被有意排除在外。(Williams 1996b: 48)

做完这一诊断之后，威廉斯讨论了"道德哲学的有缺陷的观念可以通过诉诸虚构的方式得到扩展"，在这一过程中，威廉斯开始提出"稠厚的"(dense)和"峻厉的"(stark)

虚构文学之间的区别。

虽然稠厚的虚构文学——威廉斯认为狄更斯的《荒凉山庄》(*Bleak House*)就是一个很好的样本——"深入刻画了人物性格和社会背景，赋予了道德处境以实质内容，并使其更贴近日常经验"，但如果不冒着"喜剧和闹剧"的风险，它就没法完全公允地对待世界上的坏事（Williams 1996b:49）。相比之下，峻厉的虚构文学——威廉斯认为索福克勒斯的几乎所有悲剧都是很好的例子——并不像稠厚的虚构文学那样，仅仅"产生美德和恶品的有益榜样"（同上：48），而是"典型地以集中的方式展示机运和必然性的运作"（同上：50）。威廉斯说，《特剌喀斯少女》"与眼下的讨论尤为相关，因为它完完全全未加缓解地表现了那种不应有的、未予补偿的痛苦"（同上）。下面将结合努斯鲍姆的一段话进一步概述一个有意思的问题，即威廉斯是否认为不应有的、未予补偿、未予缓解的痛苦是人应当期望的生活。无论如何，这篇文章标志着威廉斯又一次开采了悲剧中丰富的哲学资源，尽管这些资源在戏剧性、叙事性或主题性上是峻厉的。

在《羞耻与必然性》一书中，威廉斯讨论了索福克勒斯与修昔底德之间的关系，两人都成功地捕捉到了冷漠甚至充满敌意的宇宙背景下人类努力的各个面相，令人钦佩："他们俩都将人类刻画成能够明智地、愚蠢地、有时灾难性地、有时高贵地来与世界打交道，而这世界对于人的能动性而言只是部分地可解,其本身也不完全顺应伦理的抱负"(Williams 1993b: 163[1])。在《特剌喀斯少女》中,威廉斯讨论了索福克勒斯和尼采之间的关系,两人都成功地捕捉到了悲观主义的各个面相,令人钦佩:剧作家鲜明地展示了悲观主义的情形,哲学家则指出了这种展示可能使受众更好地应对这些情形的各种方式;也就是说,"使我们能够诚实地思考这些事情,而不会被它们击垮"(Williams 1996b: 52)。依威廉斯,"悲剧的意义"在于"如下事实,它将虚构的可怕之事呈现在我们面前的方式可以唤起我们无法对真实的可怕之事采取的态度",他声称尼采本人也领会到了这一点(同上)。至于这些态度是什么,以及为什么我们不能采取这些态度,威廉斯没有说。不过,大概至少有一种态度会涉及承认某种形而上学的实在——一种被必然性和机运塞得满满当当并为恐怖所充斥的实在——而威廉斯认为大多数道德哲学家对此都实际上予以否认。就像这篇论文的结语所说的那样:"[峻厉的虚构文学]最明显的成就之一……就是为道德哲学孜孜不倦的目标——把世界变成对心地善良的人们来说安全的地方——提供了必要的补充和适当的限制"(同上)。

努斯鲍姆本人是以哲学眼光解读古希腊文学的先驱,她从索福克勒斯的峻厉虚构文学中汲取了相当不同的教

---

[1] 此处页码有误,应为164页。——译者注

第七章 古代世界

益。具体来说，在她看来，威廉斯在面对人类悲剧性的局限时态度消极，这是她要抵制的。如她所说，"威廉斯并没有劝人听之任之，但很难知道他的视角还提示了什么别的道德态度"（Nussbaum 2003: 38）。她接着说：

> 我们所目睹的苦难是遥远的、无情的、不可理解的必然性造成的，这消息在某种意义上是坏消息：因为这意味着苦难一定发生，而且无论我们做什么，类似的事情都会继续发生。这就是威廉斯说下述话的意思，即这消息是对过于乐观的"好消息"的一种纠正。但我认为，从另一种意义上说，这类消息也是好消息：它意味着没有人可以责备，也没什么可做的。我们可以静下心来，认命于这个世界的现状，因为我们知道，这个世界的可怕并非我们所能掌控。（同上）

然而，努斯鲍姆坚持认为，希腊悲剧固然经常将这个世界的可怕之事表现成盲目的必然性和机运的产物，但也同样经常将这种事表现成"恶意、无知和无情"的产物。如此理解的可怕之事要求人们采取行动，而不是听之任之，即使这种行动——毕竟是指向神灵的——在很大程度上被证明是徒劳。

在努斯鲍姆看来，悲剧的伟大之处在于，它一方面促使受众确定某些重大可怕之事的起因和条件，另一方面确定其对人类干预的易感性。她对自己的论证总结如下：

> 总之，悲剧不是将悲剧事件发生的那部分伦理空间让渡给命运的无情必然性，而是经常挑战观众，让他们积极地栖息于此，将其作为一个有争议的道德斗争的空间，在该空间中，德性在某些情况下可能会战胜非道德力量的反复无常，即使没有占上风，德性也可能因其自身之故而熠熠生辉。（同上：39）

如果说威廉斯会把最后这句话——它暗含着对康德的瑰宝即良善意志的援引——看成是好消息，而峻厉的虚构文学恰恰是这种好消息的对位旋律，这也许是情有可原的。

当然，我们也可以自如地从努斯鲍姆对威廉斯悲剧的保留意见中发现更大的保留意见的迹象，这种保留意见可以被简单地称为他缺失的政治学（missing politics），即他对道德理论的一系列批判使他没有足够的资源来处理至少是那些来自十足人为的源头的可怕之事。正如尼古拉斯·怀特（Nicholas White）令人难忘地指出："问题不只在于[威廉斯]能否提出比现代道德哲学**更好**的东西，而在于他能否提出**不同于**现代道德哲学的东西"（White 1994: 621）。在这里，在所有这些关于世界的可怕之事和我们有限的理解能力——更不用说处理能力——的讨论中，人们可能也会想起默多克意味深长的妙论："在哲学中，往往很难分辨一个人是在说一些较为公开和客观的话，还是仅仅在为自己的脾性设置一道屏障，以抵御自己的个人恐惧（就任何哲学家来说，一个重要的问题总是：他害怕什么？）"（Murdoch 1970b: 72）。努斯鲍姆以鲜明的个人口吻指出，"为一个糟糕的世界做好事并不能激励[威廉斯]，因为他对世界的态度在某种深层次上是不抱希望的"（Nussbaum 2003: 39）。也许努斯鲍姆所说的威廉斯的"厌世态度"（同上）只是反映了他的恐惧，当然，一如努斯鲍姆自己的好消息可能也反映了她的恐惧。

在驱使威廉斯持续关注古代世界的诸多因素——哲学的、历史的、文学的因素——当中，伦理因素是高标特立的。无论是抱着同情态度探究亚里士多德式自然主义的合理性，赞美修昔底德式不偏不倚的优点，还是证认古老的能动性和责任概念，威廉斯始终拥护希腊的伦理生活与我们生活之间的相关性。但在拥护这种相关性时，他想做的并不仅仅是指出某些希腊伦理观念可以澄清甚至改进现代观念的方式；相反，他想指出，希腊人的基本伦理框架可以被视为相当现代的，或者说，现代伦理框架无疑是相当希腊的。就现代伦理处境"超越了基督教"而言，它在某种程度上早于基督教（Williams 1993b: 166）。无论是否受益于峻厉的虚构文学，"我们知道这世界不是为我们而造，我们也不是为这世界而造，我们的历史并不讲述高悬目的的故事，我们也不可能期待在世界之外或历史之外，找到恰当的位置来确证我们的活动",因此,我们所见的伦理景貌与古希腊人所见的大致相同,而他们在柏拉图和亚里士多德的伦理化心理学之前,在基督教形而上学之前,在康德式理性主义之前,在黑格尔和马克思的世界历史叙事之前,在现代道德哲学的好消息之前,就见到了这种景貌。威廉斯认为,"在我们的伦理处境中,我们在一些重要方面比从古至今的任何西方民族更像古代的人类"(同上),而无论这个观点有何悲观主义方面的蕴意,它总可能体现了一种相当令人耳目一新的现实主义。

第八章

结论:"强健的悲观主义?"

第八章 结论:"强健的悲观主义?"

尽管威廉斯在形而上学、认识论和哲学史方面的贡献肯定值得继续受到密切关注——比如就他关于个人同一性的论文或关于笛卡尔的著作的现状而言——但威廉斯的声望仍然与伦理学,特别是与他对(诸)道德理论的批判以及他在道德心理学方面的工作紧密相连。然而,这样的贡献可能会给一些读者留下零碎、分散、临时的印象,似乎没有人比威廉斯本人对这一点更敏感。前面的章节试图用两种方式来对抗这种印象,假设这种印象值得对抗的话。第一种方式是指出威廉斯几乎所有作品中的某些主题,或不如说指出其中展示出来的指导原则。这些原则共有三条,已在第一章中详细阐述,这些原则反映了他一直以来的努力,尤其是在伦理学方面,努力争取足以面对道德现象的心理学,足以面对当代价值的历史学,以及足以面对生活的偶然性的哲学。第二种方式是结合《羞耻与必然性》,至少勾勒出关于伦理实践的积极论述的轮廓,其主要依据是规范的内化以及按照灌注着这些规范的性格或身份行事的必然性。

尽管如此,人们可能还是期望多一点类似积极方案的东西，而威廉斯在《伦理学与哲学的限度》中似乎也应答了这种期望，至少在一开始，当他说起一种不是基于确定性，也不是基于决断，而是基于"信心"的伦理信念模型时。威廉斯否定了伦理确定性的可能性——也就是说，出于第六章所述的原因，否定了按照科学的思路建立认识论权威、捕捉"**无论如何**都在那里"的伦理世界的可能性，也否定了存在主义声名狼藉的创造价值的决断（value-creating decisions）满足要求的可能性，因为这种决断就其本身而言缺乏道德所要求的"受动的一面"——在此之后，威廉斯得出结论说，对伦理信念所抱的希望最好寄托在信心上（Williams 1985:169）。换句话说，在绝对知识和根本意志会失败的地方，信心却有可能成功。

对威廉斯来说的问题——实际上是要**向**威廉斯提出的问题——归根结底在于，凭着多方攻击从康德主义、功效主义到现代（超级）反思性的一切，他削弱了伦理客观性、伦理知识或伦理确定性的可能性，那么他是否有任何纲领性的东西（当然，道德理论除外）可以取而代之。这就是伦理信心的效力之处。然而，尽管有论者在讲通威廉斯的这一方面做出了令人钦佩的尝试（比如，参见 Jardine 1995，尤参见 Altham 1995），但伦理信心究竟是什么，仍然非常非常不清楚。"何种建制、教育、公共言说有助于培养信心，是些社会-心理学问题"（Williams 1985:170）。伦理信心似乎反映并加强了"某种实践会同，会同于一种

第八章 结论:"强健的悲观主义?"

共享生活方式",这种会同在理想情况下"由基本欲望和利益来解释"(同上:171)。此外,信心不能经由强制达获;它必须"来自强健,而不是来自孱弱的自我欺骗和教条主义"(同上)。不过,为了避免读者觉得他的构想过于乐观,威廉斯补充说,伦理信心"可以基于尼采所称的强健悲观主义(pessimism of strength)之上"(同上)。这样提到尼采有助益吗?

尼采在《悲剧的诞生》出版多年后发表了《一种自我批评的尝试》("Attempt at a Self-criticism")一文,他在其中写道:

> 难道悲观主义**必然地**是没落、沉沦、失败的标志,疲惫和虚弱的本能的标志吗?——就如同在印度人那里,按照种种迹象来看,也如同在我们这里,在"现代"人和欧洲人这里?有一种**强健的**悲观主义吗?是一种基于惬意舒适、基于充溢的健康、基于此在之**充沛**而产生的对于此在之艰难、恐怖、凶恶、疑难的智性上的偏爱吗?[1](Nietzsche 1967: 17)

在这里,尼采证明了存在着威廉斯那种对生命的悲剧性维度心知肚明的领会(eyes-wide-open appreciation),同时提

---

[1] 此处译文参考了现有译本,参见:《悲剧的诞生》,[德]弗里德里希·尼采著,孙周兴等译,第6页,上海人民出版社,2018年。——译者注

出了这样的可能性，即热情地——也就是带有信心地——拥抱这种维度在塑造人类的需求和兴趣之时所激发的价值。的确，威廉斯的一些在前面章节中已经耳熟能详的观点现在似乎近在眼前：生命中无法除去的悲剧性要素；伦理是一套内化的性向，充满着偶然的社会规范；这样的性向及其附带的厚概念容易受到现代性无处不在的反思的影响；由此导致的伦理确信的丧失，或者更好的说法是由此导致的孱弱的悲观主义；以及眼下的对伦理信心的呼唤。

在提出信心十年之后，威廉斯首先联系薄概念来努力澄清信心的必要性："鉴于现代社会的性质，我们……面对大量的伦理任务时都需要借助无据的薄概念，既然在这方面不会有任何知识，那如果我们有信心也很好"（Williams 1995h: 207）。这看起来非常简单明了，且与他最初的言论相吻合：知识在哪里结束，信心就在哪里开始。但当威廉斯继续把信心与厚概念联系起来时，事情就变得有点棘手了："让我们可以拥有一则则伦理知识的厚概念，其本身并不是从伦理知识而是从信心获得支持的"（同上：208）。不过，为什么只要厚概念仍然存在于当代（诸）文化之中、只要它们担保了一些真正的伦理知识，它们就需要从信心那儿获得支持呢？阿尔瑟姆在他为威廉斯纪念文集撰写的文章中敏锐地提出了这个问题（Altham 1995: 164）。在回应中，威廉斯将"残暴""懦夫"和"说谎"的现代用法归结为准反思或半反思地位，而非严格意义上的

第八章 结论:"强健的悲观主义?"

前反思地位:

> 虽然我们将拥有随着我们对现存的厚概念的调用而来的知识,但我们仍然不会拥有任何这样的知识——它说明我们有一套明确可取的厚概念。然而,与虚构的前反思社会的居民不同的是,我们确实认为,其他人有不同的概念,而且人们将来也可能有不同的概念。(Williams 1995h: 208)

因此,信心填补了难以捉摸的确定性与无处不在的偶然性之间的空白,或者说信心需要填补这一空白。

人们究竟如何获得对社会的全部价值和制度或满足我们需要的价值和制度的信心?信心的终点在何处,而信仰或盲从的起点在何处?威廉斯断言,"信心是一种社会状态,它同时也与讨论、理论研究和反思有关"(Williams 1985h: 170)。但是,尤其是这后两项活动,一路走来已经带上了相当可疑的联想,却在最后一刻与信心并列在一起,可能会让人觉得很勉强、很不稳定,或者就是很令人困惑。虽然不难理解威廉斯想让信心做什么,即在一个没有伦理确定性的世界里支撑伦理信念,但要看出信心如何在当代生活中运转起来或至少运转下去,就难得多了。如果反思可以摧毁知识,那么它当然也可以摧毁信心。遗憾的是,威廉斯的这一观点可能恰恰招致了他自己对尼采的批评，认为尼采既"极其令人信服"，又"含糊不清得令人愤怒"（Williams 2000a: 157）。

也许威廉斯只是过于努力地试图解决伦理确信与偶然性之间根本无法解决的紧张关系，而信心则是这一尝试在概念上的牺牲品。当然不能因为他未能满足不合理的要求而怪罪他。如果像他所说的那样，"符号能力和文化能力的迅速而巨大的发展，使人类无论在个人还是在社会层面，都不可能对任何一种生活形式完全满意"，或者更直白地说，"人类在某种程度上是一团糟"，那么，谁能指望在哲学上对人类所拥有的伦理确信给予令人满意的支持？（Williams 1995b: 109）凭什么能有信心？悲观主义又一次讲得通了。

这里可能值得注意的是，在一条让人印象深刻的脚注中——这条脚注完全可以酿就（又）一部著作——威廉斯自称是悲观主义者，并参照另外两位杰出的当代哲学家来定位自己的思想："如果泰勒和麦金太尔能原谅我对他们画一幅漫画速写，那么我们立场之间的关系或许可以这样表述：泰勒和麦金太尔是天主教徒，而我不是；泰勒和我是自由主义者，而麦金太尔不是；麦金太尔和我是悲观主义者，而泰勒不是（终归不是）"（Williams 1995h: 222n19）。威廉斯在此做对照的特有契机是，他发现另外两位思想家在处理出了名地成问题的事实／价值区分时所采用的进路与他自己具有文化和历史敏感性的厚概念进路之间存在某

第八章　结论："强健的悲观主义？"

种相似性。无疑，阿拉斯戴尔·麦金太尔和查尔斯·泰勒与威廉斯一样，相信哲学的历史与其当下的困境息息相关，也怀疑现代道德理论正是其声称要治疗的疾病。尽管如此，他们之间的差异还是盖过了其相似之处。

虽然威廉斯可能同意麦金太尔的诊断，即随着"启蒙筹划"的失败，"道德的完整结构在很大程度上已成碎片且部分被毁"（MacIntyre 1984: 5），但是第七章强调他不同意麦金太尔开出的药方：拒斥尼采式"自由主义的个人主义"（liberal individualism），相信"我们可以以一种使得我们的道德的与社会的态度和认肯恢复其可理解性与理性的方式重述亚里士多德的传统"（同上：259）。尼采和"自由主义者"这两个词并列在一起可能会让人觉得奇怪，但先不去管它，麦金太尔本人的哲学保守主义，以及他致力于（重新）建立一个权威的、在理性上得到辩护的、可以确定德性的目的，都使他与威廉斯有着不小的距离。

泰勒似乎挨得更近些，因为他最初在《自我责任》（"Responsibility for Self"）中提出的"强评价"（strong evaluation）观念，似乎与威廉斯在《个人、性格与道德》中谈到的赋予身份/同一性的筹划颇有共鸣。（值得注意的是，这两篇重要论文都首次出现在 Rorty 1976。）事实上，从哈里·法兰克福的二阶欲望概念（参见 Frankfurt 1988a）出发，泰勒对强评价的描述真切地令人想起威廉斯对定言欲望和根本筹划的描述："身份/同一性的概念与某些与我自身密不可分的强评价的概念联系在一起……失去了这些，我们就失去了身为一个进行评价的行为者的可能性；……我们作为人就会垮掉，无法成为完整意义上的人"（Taylor 1985c: 34-5；另见 Taylor 1976，1985b；对威廉斯和泰勒关于自我性的论述的比较，参见 Walker 1998：第六章）。不过，尽管根本筹划和强评价在构成自我的能力（实际上是必要性）上无疑存在着惊人的形式相似性，但泰勒最终还是通过强评价与外部的、统领一切的、客观的、"构成性的"善的联系，将强评价合法化，从而摒弃了威廉斯远更主观性的进路（参见 Taylor 1989：第四章）。这样一来，在他们各自与威廉斯的哲学距离问题上，泰勒的天主教信仰（以及由此产生的乐观主义？）似乎比麦金太尔的信仰关系更大。

不消说，将威廉斯与其他重要的当代哲学家——无论志趣是否投合——沿着一系列哲学轴线做对照，仍然是一项艰巨的任务，而且必然是不完整的，尽管前面的章节已经试着开了个头。除了麦金太尔和泰勒之外，仅就自我性（selfhood）这一主题而言，威廉斯与法兰克福、科斯嘉德、内格尔、罗尔斯和理查德·罗蒂（Richard Rorty）之间有趣的亲和关系和程度差异也值得探讨。无疑，威廉斯至少在一些问题的一定地步内并非孤军奋战。事实上，上述哲学家可以被视为在主观倾向的光谱上占据了不同的位置，位于两极的是罗蒂（也可以说是法兰克福）和泰勒（也可以说是内格尔），而威廉斯的观点则与诸如科斯嘉德相比更偏主观的一面。要确立这一图式的周全性，需要进行比眼下情况所允许的更为详细的论证；尽管如此，光粗略的概述就表明，在说到根据个人筹划、强评价、人生计划、二阶欲望或其他什么来为身份/同一性辩护时，有些哲学家可能比威廉斯负更大责任；当然，另一些哲学家的责任就小很多。

然而，说到头来，无论你选择怎样参照同侪来为威廉斯定位，都无法减少对多一些东西的需求：多一些实践可靠性，多一些确定的善，多一些伦理认知主义，多一些政治，最后，多一些信心或乐观主义。尽管哲学家们常常盛赞威廉斯以丰富的想象力重新构思并出色地刷新了许多陈旧的哲学问题，但毫无疑问，可以肯定地说，他们对威廉斯解决这些问题的方式仍是总体上不满意的。也许没有什么问题比威廉斯对伦理学理论的否定更能说明这种不满了：批评者们很快就接受了他的批判的某些方面（比如，通过更多地关注情感或个人关系），但却迟迟不肯断然拒绝坚实的伦理学理论存在的必要性。正是在这一点上，可能出现了有史以来对威廉斯最富洞察力的评语，而且，这一评语非常适合作为本书的结语。

这一看法来自努斯鲍姆，她终生不渝地研习威廉斯的著作，但也绝非不加批判。如前几章所记录的那样，她就亚里士多德、悲剧和伦理学理论的可能性等一系列关键议题对她的老师做出了令人难忘的回应。在《为什么实践需要伦理学理论》("Why Practice Needs Ethical Theory")一文中,她做出了如下分析:

> 威廉斯给人传达了一种强烈的印象,即当我们摒弃了理论,留下的将是伯纳德·威廉斯这样的人:他们缺乏哲学理论,但他们仍充满活力地进行批判和自我批判,不受制于任何其他理论,以种种经验作为其判断依据,但对经验中可能存在的扭曲和层级结构有清醒的认识。(Nussbaum 2000: 248)

一点没错。尽管威廉斯一贯赞成一个摆脱了理论、成见和欺伪的世界,但他对实现这样一个世界——同时给予伦理主体性和个人视点应有的地位——的信心(又是这个词),似乎确实取决于个人采取与(我们想象中)威廉斯自己的筹划和认肯相当近似的筹划和认肯,如典范学术、审美参与、公民责任、激动人心的情事。

诚然,如努斯鲍姆所暗示的那样,一群像伯纳德·威廉斯那样的人可能不需要什么理论,但在现实中,"生存的艰难、可怕、邪恶、问题重重的面相"的大部分恰恰是由这样一个事实构成的,即世界上并不只有像威廉斯这样的人。他自己的个人完整性、他自己的伦理价值观、他自己的无我的欲望,都只是他自己的。总之,引发悲观主义——即使被解释为强健的悲观主义——的情形,似乎总是会让人们怀疑自己(倒不是说怀疑威廉斯)是否有能力应对这些情形,至少在只有威廉斯提供的资源的情况下是这样。尽管如此,威廉斯对哲学的影响依然强劲,这不仅是因为有多少的论辩仍然可以用他的言辞得到最好的表述,还因为他给新一代人上了重要的一课,即哲学如若忽视心理学、历史和偶然性,就要自食其果。

致谢

如果我必须感谢所有敦促我"坐下来写这该死的东西"的人——他们无疑是为了我的最大利益着想——那么这篇致谢的篇幅可能很容易与本书章节旗鼓相当。既然如此,我在这里只感谢那些格外慷慨的人,他们的帮助、通融、批评和鼓励尤为值得提及。就帮助而言,我感谢约翰·山德(John Shand)、佩吉·伯奇(Peggy Burge)、阿德里安·摩尔(Adrian Moore)和劳伦·勒普(Lauren Lepow),我尤为感谢克里斯·杰克逊(Chris Jason)和苏·哈登(Sue Hadden)。就通融而言,我感谢约翰·芬尼(John Finney)、乔纳森·科恩(Jonathan Cohen)和帕特里夏·邱奇兰德(Patricia Churchland),我尤为感谢皮平·舒巴赫(Pippin Schupbach)。就批评而言,我感谢帕特里克·弗里森(Patrick Frierson)、查德·弗兰德斯(Chad Flanders)和出版社的一位匿名读者。我感谢莎拉·沃伦(Sarah Warren)的鼓励。就上述四个方面而言,我感谢朱莉·尼尔森·克里斯托夫(Julie Nelson Christoph)、保罗·勒布(Paul Loeb)、罗伯特·皮平(Robert Pippin)和坎迪斯·沃格勒(Candace Vogler),我尤为感谢玛瑞娅·谢特曼（Marya Schechtman）。最后，尽管许多人都知道写完一本书有多难，但很少有人知道这对一个有网瘾的人来说有多难。我感谢睿智基金（Acumen）[1]的史蒂文·杰拉德（Steven Gerrard）在一段令人尴尬的漫长时间里表现出的惊人耐心。当然，这里提及的任何人都不对这本书的缺陷负有丝毫责任；此外，如纳尔逊·古德曼（Nelson Goodman）曾言，"明显的不足之处是为了方便批评者"。

---

[1] 也可译为"聪明人基金"（Acumen Fund），这是一家于 2001 年 4 月 1 日注册成立的传统投资基金和慈善捐款的混合基金会，总部设在美国纽约。它接受善心人士的捐款，但不把资金转赠给提供救济物资的地方政府或公益团体，而是透过借款或股权，投资致力解决贫穷问题的开发中国家新创企业。——译者注

参考书目

伯纳德·威廉斯作品选集

1972　*Morality: An Introduction to Ethics*. Cambridge: Cambridge University Press.

1973a　"A Critique of Utilitarianism". See Smart & Williams (1973).

1973b　"Are Persons Bodies?" See Williams (1973h).

1973c　"Bodily Continuity and Personal Identity". See Williams (1973h).

1973d　"Consistency and Realism". See Williams (1973h).

1973e　"Ethical Consistency". See Williams (1973h).

1973f　"Morality and the Emotions". See Williams (1973h).

1973g　"Personal Identity and Individuation". See Williams (1973h).

1973h　*Problems of the Self*. Cambridge: Cambridge University Press.

1973i　"The Self and the Future". See Williams (1973h).

1978a　*Descartes: The Project of Pure Enquiry*. Harmondsworth: Penguin.

1978b　"Introduction to Concepts and Categories". See Berlin (1978).

1980　"Justice as a Virtue". See Rorty (1980).

1981a　"Conflicts of Values". See Williams (1981d).

1981b　"Internal and External Reasons". See Williams (1981d).

1981c　"Justice as a Virtue". See Williams (1981d).

1981d　*Moral Luck*. Cambridge: Cambridge University Press.

1981e　"Moral Luck". See Williams (1981d).

1981f　"Persons, Character and Morality". See Williams (1981d).

1981g　"Philosophy". See Finley (1981).

1981h　"Practical Necessity". See Williams (1981d).

1981i　"Preface to Moral Luck". See Williams (1981d).

1981j　"The Truth in Relativism". See Williams (1981d).

1981k　"Utilitarianism and Moral Self-Indulgence". See Williams (1981d).

1982a　"Cosmic Philosopher". New York Review of Books 29 (2/18), 32–4.

1982b　"Cratylus' Theory of Names and Its Refutations". See Everson (1994).

1982c　*Utilitarianism and Beyond*, with A. Sen (eds). New York: Cambridge University Press.

1983　"Descartes' Use of Skepticism". See Burnyeat (1983).

1985　Ethics and the Limits of Philosophy. Cambridge, MA: Harvard University Press.

1993a　"Preface to the Canto Edition of Morality: An Introduction to Ethics". Cambridge: Cambridge University Press.

1993b　*Shame and Necessity*. Berkeley, CA: University of California Press.

1995a　"Acting as the Virtuous Person Acts". See Heinaman (1995).

1995b　"Evolution, Ethics and the Representation Problem". See Williams (1995d).

1995c　"Internal Reasons and the Obscurity of Blame". See Williams (1995d).

1995d　*Making Sense of Humanity*. Cambridge: Cambridge University Press.

1995e　"Moral Luck: A Postscript". See Williams (1995d).

1995f　"Nietzsche's Minimalist Moral Philosophy". See Williams (1995d).

1995g　"The Point of View of the Universe: Sidgwick and the Ambitions of Ethics".See Williams (1995d).

1995h　"Replies". See Altham & Harrison (1995).

1995i　"Saint-Just's Illusion". See Williams (1995d).

1995j　"What Does Intuitionism Imply?" See Williams (1995d).

1995k　"Who Needs Ethical Knowledge?" See Williams (1995d).

1996a "Truth in Ethics". See Hooker (1996).

1996b "The Women of Trachis: Fictions, Pessimism, Ethics". See Louden & Schollmeier (1996).

1997 "The Analogy of City and State in Plato's Republic". See Kraut (1997).

1999 *Plato: The Invention of Philosophy*. New York: Routledge.

2000a "Naturalism and Genealogy". See Harcourt (2000).

2000b "Philosophy as a Humanistic Discipline". Philosophy 75, 477-96.

2001 "Postscript: Some Further Notes on Internal and External Reasons". See Millgram (2001).

2002 *Truth and Truthfulness: An Essay in Genealogy*. Princeton, NJ: Princeton University Press.

2005 *In the Beginning Was the Deed: Realism and Moralism in Political Argument*, G. Hawthorn (ed.). Princeton, NJ: Princeton University Press.

2006a *Philosophy as a Humanistic Discipline*, A. W. Moore (ed.). Princeton, NJ: Princeton University Press.

2006b *The Sense of the Past*, M. Burnyeat (ed.). Princeton, NJ: Princeton University Press.

参考文献

Altham, J. E. J. 1995. "Reflection and Confidence". See Altham & Harrison (1995). Altham, J. E. J. & R. Harrison (eds) 1995. *World, Mind, and Ethics*. Cambridge: Cambridge University Press.

Annas, J. 1993. *The Morality of Happiness*. New York: Clarendon Press.

Anscombe, G. E. M. 1997. "Modern Moral Philosophy". See Crisp & Slote (1997).

Aristotle 1999. *Nicomachean Ethics*, 2nd edn, T. Irwin (trans.). Indianapolis,

IN: Hackett.

Baron, M. 1995. *Kantian Ethics Almost without Apology*. Ithaca, NY: Cornell University Press.

Berlin, I. 1978. *Concepts and Categories*, H. Hardy (ed.). New York: Viking.

Bittner, R. 1992. "Is It Reasonable to Regret Things One Did?" Journal of Philosophy 89, 262–73.

Blackburn, S. 1992. "Through Thick and Thin". *Proceedings of the Aristotelian Society* (supp. vol.) 66, 285–99.

Blackburn, S. 1996. *The Oxford Dictionary of Philosophy*. Oxford: Oxford University Press.

Brink, D. O. 1986. "Utilitarianism and the Personal Point of View". Journal of Philosophy 83, 417–38.

Burnyeat, M. (ed.) 1983. *The Skeptical Tradition*. Berkeley, CA: University of California Press.

Cairns, D. L. 1993. *Aidos: The Psychology and Ethics of Honour and Shame in Ancient Greek Literature*. Oxford: Clarendon Press.

Calhoun, C. 2004. *Setting the Moral Compass*. Oxford: Oxford University Press.

Clark, M. 2001. "On the Rejection of Morality: Bernard Williams' Debt to Nietzsche". See Schacht (2001).

Clarke, S. G. & E. Simpson (eds) 1989. *Anti-Theory in Ethics and Moral Conservatism*. Albany, NY: SUNY Press.

Cohon, R. 1986. "Are External Reasons Impossible?" Ethics 96, 545–56.

Craig, E. 1990. *Knowledge and the State of Nature*. Oxford: Clarendon Press.

Crisp, R. & M. Slote (eds) 1997. Virtue Ethics. Oxford: Oxford University Press.

Cullity, G. & B. Gaut (eds) 1997. *Ethics and Practical Reason*. Oxford: Oxford University Press.

Dancy, J. (ed.) 1997. *Reading Parfit*. Oxford: Blackwell.

Davis, N. 1980. "Utilitarianism and Responsibility". Ratio 22, 15-35.

Dummett, M. 2004. *Truth and the Past*. New York: Columbia University Press.

Edwards, P. (ed.) 1967. *The Encyclopedia of Philosophy*. New York: Macmillan.

Everson, S. (ed.) 1994. *Companions to Ancient Thought*, Vol. 3. Language. Cambridge: Cambridge University Press.

Finley, M. I. 1981. *The Legacy of Greece: A New Appraisal*. Oxford: Clarendon Press.

Flanagan, O. 1991. *Varieties of Moral Personality*. Cambridge, MA: Harvard University Press.

Förster, E. (ed.) 1989. *Kant's Transcendental Deductions*. Stanford, CA: Stanford University Press.

Frankfurt, H. 1988a. "Freedom of the Will and the Concept of a Person". See Frankfurt (1988b).

Frankfurt, H. 1988b. *The Importance of What We Care About*. Cambridge: Cambridge University Press.

Freud, S. 1960. *The Ego and the Id*, J. Riviere (trans.). New York: Norton.

Freud, S. 1961. *Civilization and Its Discontents*, J. Strachey (trans.). New York: Norton.

Freud, S. 1965. *New Introductory Lectures on Psycho-Analysis*, J. Strachey (trans.). New York: Norton.

Geertz, C. 1973. *The Interpretation of Cultures*. New York: Basic Books.

Grene, D. & R. Lattimore (eds) 1957. *The Complete Greek Tragedies*, Vol. II. Chicago, IL: University of Chicago Press.

Harcourt, E. (ed.) 2000. *Morality, Reflection and Ideology*. Oxford: Oxford University Press.

Hare, R. M. 1952. *The Language of Morals*. Oxford: Clarendon Press.

Hare, R. M. 1963. *Freedom and Reason*. Oxford: Clarendon Press.

Hare, R. M. 1981. *Moral Thinking*. Oxford: Clarendon Press.

Hegel, G. W. F. 1991. *Elements of the Philosophy of Right*, H. B. Nisbet (trans.), A. W. Wood (ed.). Cambridge: Cambridge University Press.

Heinaman, R. (ed.) 1995. *Aristotle and Moral Realism*. London: UCL Press.

Herman, B. 1993a. "Integrity and Impartiality", rev. edn. See Herman (1993b).

Herman, B. 1993b. *The Practice of Moral Judgment*. Cambridge, MA: Harvard University Press.

Hooker, B. (ed.) 1996. *Truth in Ethics*. Oxford: Blackwell.

Hooker, B. 2001. "Williams' Argument against External Reasons". See Millgram (2001).

Hooker, B. & M. Little (eds) 2000. *Moral Particularism*. Oxford: Oxford University Press.

Hookway, C. 1995. "Fallibilism and Objectivity: Science and Ethics". See Altham & Harrison (1995).

Horwich, P. 1998. *Truth, 2nd edn*. Oxford: Oxford University Press.

Horwich, P. 2001. "A Defense of Minimalism". See Lynch (2001).

Hume, D. 1975. An Enquiry Concerning the Principles of Morals, L. A. Selby-Bigge (ed.), revised by P. H. Nidditch. Oxford: Oxford University Press.

Hume, D. 1978. *A Treatise of Human Nature*, L. A. Selby-Bigge (ed.), revised by P. H. Nidditch. Oxford: Oxford University Press.

Jardine, N. 1995. "Science, Ethics and Objectivity". See Altham & Harrison (1995).

Jenkins, M. 2001.*The Ethical Philosophy of Bernard Williams: Between the Everyday and the Eternal*. PhD dissertation, University of Chicago.

Kolak, D. & R. Martin (eds) 1991. *Self and Identity: Contemporary Philosophical Issues*. New York: Macmillan.

Korsgaard, C. 1996a. *Creating the Kingdom of Ends*. Cambridge: Cambridge University Press.

Korsgaard, C. 1996b. "Personal Identity and the Unity of Agency: A Kantian Response to Parfit". See Korsgaard (1996a).

Korsgaard, C. 1996c. "Skepticism about Practical Reason". See Korsgaard (1996a). Korsgaard, C. 1996d. The Sources of Normativity. Cambridge: Cambridge University Press.

Korsgaard, C. 1997. "The Normativity of Instrumental Reason". See Cullity & Gaut (1997).

Kraut, R. 1994. "Review of Bernard Williams' Shame and Necessity". Ethics 105, 178-81.

Kraut, R. (ed.) 1997. Plato's Republic: Critical Essays. Lanham, MD: Rowman and Littlefield.

Lear, J. 2003. "The Idea of Moral Psychology: The Impact of Psychoanalysis on Philosophy in Britain". International Journal of Psychoanalysis 84, 1351-61.

Lewis, D. 1983a. Philosophical Papers, Vol. I. New York: Oxford University Press. Lewis, D. 1983b. "Postscripts to 'Survival and Identity'". See Lewis (1983a).

Lewis, D. 1983c. "Survival and Identity". See Lewis (1983a).

Locke, J. 1975. An Essay Concerning Human Understanding, P. H. Nidditch (ed.). Oxford: Clarendon Press.

Louden, R. B. & P. Schollmeier (eds) 1996. *The Greeks and Us: Essays in Honor of Arthur W. H. Adkins*. Chicago, IL: University of Chicago Press.

Lynch, M. (ed.) 2001. *The Nature of Truth*. Cambridge, MA: MIT Press.

MacIntyre, A. 1984. *After Virtue, 2nd edn*. Notre Dame, IN: University of Notre Dame Press.

McDowell, J. 1986. "Critical Notice of Ethics and the Limits of Philosophy". Mind 95, 379–86.

McDowell, J. 1995. "Might there Be External Reasons?" See Altham &

Harrison (1995).

McDowell, J. 1998a. "Aesthetic Value, Objectivity, and the Fabric of the World". See McDowell (1998b).

McDowell, J. 1998b. *Mind, Value, and Reality*. Cambridge, MA: Harvard University Press.

Martin, R. & J. Barresi 2002a. "Introduction: Personal Identity and What Matters in Survival: An Historical Overview". See Martin & Barresi (2002b).

Martin, R. & J. Barresi (eds) 2002b. *Personal Identity*. Oxford: Blackwell.
Midgley, M. 1984. Wickedness. London: Routledge.

Millgram, E. 1995. "Was Hume a Humean?" Hume Studies 21, 75–93.

Millgram, E. 1996. "Williams' Argument Against External Reasons". Noûs 30, 197-220.

Millgram, E. 1997. *Practical Induction*. Cambridge, MA: Harvard University Press.

Millgram, E. (ed.) 2001. *Varieties of Practical Reasoning*. Cambridge, MA: MIT Press.

Moore, A. W. 1997. *Points of View*. Oxford: Oxford University Press.

Murdoch, I. 1970a. "The Idea of Perfection". See Murdoch (1970c).

Murdoch, I. 1970b. "On 'God' and 'Good' ". See Murdoch (1970c).

Murdoch, I. 1970c. *The Sovereignty of Good*. London: Routledge.

Nagel, T. 1979a. "Brain Bisection and the Unity of Consciousness". See Nagel (1979c).

Nagel, T. 1979b. "Moral Luck". See Nagel (1979c).

Nagel, T. 1979c. *Mortal Questions*. Cambridge: Cambridge University Press.

Nagel, T. 1995a. "Introduction: The Philosophical Culture". See Nagel (1995b).

Nagel, T. 1995b. *Other Minds*. New York: Oxford University Press.

Nagel, T. 1995c. "Williams: One Thought Too Many". See Nagel (1995b).

Nietzsche, F. 1967. *Basic Writings of Nietzsche*, W. Kaufmann (trans.). New York: The Modern Library.

Nietzsche, F. 1986. *Human, All Too Human*, R. J. Hollingdale (trans.). Cambridge: Cambridge University Press.

Nietzsche, F. 2001. *The Gay Science*, J. Nauckhoff & A. Del Caro (trans.), B. Williams (ed.). Cambridge: Cambridge University Press.

Noonan, H. 1991. *Personal Identity*. London: Routledge.

Nozick, R. 1981. *Philosophical Explanations*. Cambridge, MA: Harvard University Press.

Nussbaum, M. 1995. "Aristotle on Human Nature and the Foundation of Ethics". See Altham & Harrison (1995).

Nussbaum, M. 2000. "Why Practice Needs Ethical Theory". See Hooker & Little (2000).

Nussbaum, M. 2003. "Tragedy and Justice: Bernard Williams Remembered". Boston Review Oct./Nov., 35-9.

Olson, E. 1997. *The Human Animal: Personal Identity without Psychology*. New York: Oxford University Press.

Parfit, D. 1984. *Reasons and Persons*. Oxford: Clarendon Press.

Peirce, C. S. 1966a. "A Critical Review of Berkeley's Idealism". See Peirce (1966b).

Peirce, C. S. 1966b. *Selected Writings*, P. P. Wiener (ed.). New York: Dover.

Perry, J. 1972. "Can the Self Divide?" Journal of Philosophy 69, 463-88.

Perry, J. 1975a. "The Problem of Personal Identity". See Perry (1975b).

Perry, J. (ed.) 1975b. *Personal Identity*. Berkeley, CA: University of California Press.

Perry, J. 1976. "The Mind and the Self". Journal of Philosophy 73, 417-28.

Pippin, R. B. 1997a. "Hegel, Ethical Reasons, Kantian Rejoinders". See Pippin (1997b).

Pippin, R. B. 1997b. *Idealism as Modernism: Hegelian Variations*. Cambridge: Cambridge University Press.

Putnam, H. 1978. *Meaning and the Moral Sciences*. London: Routledge & Kegan Paul.

Putnam, H. 1990a. "Objectivity and the Science/Ethics Distinction". See Putnam (1990b).

Putnam, H. 1990b. *Realism with a Human Face*, J. Conant (ed.). Cambridge, MA: Harvard University Press.

Putnam, H. 1992. *Renewing Philosophy*. Cambridge, MA: Harvard University Press.

Putnam, H. 1994. *Words and Life*, J. Conant (ed.). Cambridge, MA: Harvard University Press.

Putnam, H. 2001. "Reply to Bernard Williams' Philosophy as a Humanistic Discipline". Philosophy 76, 605-14.

Railton, P. 1988. "Alienation, Consequentialism, and the Demands of Morality". See Scheffler (1988).

Ramsey, F. P. 2001. "The Nature of Truth". See Lynch (2001).

Rawls, J. 1971. *A Theory of Justice*. Cambridge, MA: Harvard University Press.

Rawls, J. 1989. "Themes in Kant's Moral Philosophy". See Förster (1989).

Rorty, A. O. (ed.) 1976. *The Identities of Persons*. Berkeley, CA: University of California Press.

Rorty, A. O. (ed.) 1980. *Essays on Aristotle's Ethics*. Berkeley, CA: University of California Press.

Rorty, R. 1991a. "Is Natural Science a Natural Kind?" See Rorty (1991b).

Rorty, R. 1991b. *Objectivity, Relativism and Truth*. Cambridge: Cambridge University Press.

Ross, W. D. 1930. *The Right and the Good*. Oxford: Clarendon Press.

Scanlon, T. M. 1998. *What We Owe to Each Other*. Cambridge, MA: Harvard

University Press.

Schacht, R. (ed.) 2001. *Nietzsche's Postmoralism*. Cambridge: Cambridge University Press.

Schechtman, M. 1996. *The Constitution of Selves*. Ithaca, NY: Cornell University Press.

Scheffler, S. 1987. "Morality through Thick and Thin: A Critical Notice of Ethics and the Limits of Philosophy". Philosophical Review 96, 411-34.

Scheffler, S. (ed.) 1988. *Consequentialism and Its Critics*. Oxford: Oxford University Press.

Scheffler, S. 1992. *Human Morality*. New York: Oxford University Press.

Scheffler, S. 1994. *The Rejection of Consequentialism*, rev. edn. Oxford: Clarendon Press.

Shoemaker, S. 1997. "Parfit on Identity". See Dancy (1997).

Shoemaker, S. & R. Swinburne 1984. *Personal Identity*. Oxford: Blackwell.

Sidgwick, H. 1981. *The Methods of Ethics*, 7th edn. Indianapolis, IN: Hackett.

Smart, J. J. C. and B. Williams 1973. *Utilitarianism: For and Against*. Cambridge: Cambridge University Press.

Sophocles 1957. *Ajax*, J. Moore (trans.). See Grene & Lattimore 1957.

Statman, D. (ed.) 1993. *Moral Luck*. Albany, NY: SUNY Press.

Swinburne, R. 1984. "Personal Identity: The Dualist Theory". See Shoemaker & Swinburne (1984).

Tarski, A. 2001. "The Semantic Conception of Truth and the Foundations of Semantics". See Lynch (2001).

Taylor, C. 1976. "Responsibility for Self". See Rorty (1976).

Taylor, C. 1985a. *Human Agency and Language: Philosophical Papers I*. Cambridge: Cambridge University Press.

Taylor, C. 1985b. "Self-interpreting Animals". See Taylor (1985a).

Taylor, C. 1985c. "What Is Human Agency?" See Taylor (1985a).

Taylor, C. 1989. *Sources of the Self*. Cambridge, MA: Harvard University Press.

Taylor, G. 1985. Pride, *Shame and Guilt: Emotions of Self-Assessment*. Oxford: Clarendon Press.

Unger, P. 1990. *Identity, Consciousness and Value*. New York: Oxford University Press.

Vogler, C. 2002. *Reasonably Vicious*. Cambridge, MA: Harvard University Press.

Walker, M. U. 1998. *Moral Understandings*. New York: Routledge.

White, N. 1994. "Review of Shame and Necessity". Journal of Philosophy 91, 619-22.

Wolf, S. 2004. "The Moral of Moral Luck". See Calhoun (2004).

Wollheim, R. 1999. *On The Emotions*. New Haven, CT: Yale University Press.

Wood, A. W. 1990. *Hegel's Ethical Thought*. Cambridge: Cambridge University Press.

Wright, C. 1992. *Truth and Objectivity*. Cambridge, MA: Harvard University Press.

Wright, C. 1996. "Truth in Ethics". See Hooker (1996).

索引

absolute conception of reality *see* absolute conception of the world 关于实在的绝对认知参见关于世界的绝对认知

absolute conception of the world 关于世界的绝对认知 124-33

action, philosophy of *see* reasons, internal and external 行动哲学参见内在和外在理由

action, reasons for *see* reasons, internal and external 行动理由参见内在和外在理由

Adkins, A. W. H. A. W. H. 阿德金斯 168, 177

agent-regret 行为者憾恨 3, 45-6

Ajax 埃阿斯 151, 173-6

Altham, J. E. J. J. E. J. 阿尔瑟姆 185

Anscombe, G. E. M. G. E. M. 安斯康姆 2

anthropology 人类学 147, 172

anti-realism *see* realism and anti-realism 反实在论参见实在论与反实在论

Aristotle, Aristotelianism 亚里士多德、亚里士多德主义 50, 86, 134, 136, 148-60, 181

　critique of 对～的批判 151-9

　ethicized moral psychology of ～的伦理化的道德心理学 165-7

　human flourishing (*eudaimonia*) and 人类兴旺发达（良好生活）和～ 152-6, 158

　human nature in ～中的人之本性 148, 151-9

　internal and external reasons and 内在和外在理由和～ 110-11, 113-14

reason in ～中的理性 151-5，157

teleology in ～中的目的论 152-4，157-8，166

Baron, M. M. 巴伦 64，66

Barresi, J. J. 巴雷西 25

Berlin, I. I. 伯林 47

Bittner, R. R. 比特纳 82

Blackburn, S. S. 布莱克本 78

blame 谴责 55，70-72，80-81，*see also* morality system 另参见道德系统

Brink, D. D. 布林克 50

Burnyeat, M. M. 伯恩耶特 7

Butler, J. J. 巴特勒 10，41

Camus, A. A. 加缪 73

character 性格 33，40，73，152，155，157，173-7，183，*see also* dispositions, projects, virtues 另参见性向、筹划、德性

cognitivism 认知主义 122，125，127，140，147，*see also* knowledge 另参见知识

Clark, M. M. 克拉克 172

Cohon, R. R. 柯亨 99，102

confidence *see* ethical confidence 信心参见伦理信心

consequentialism *see* utilitarianism contingency 后果主义参见功效主义

contingency 偶然性 4，161，163，173，183，185-6，189

Craig, E. E. 克雷格 136

Davis, N. N. 戴维斯 31-2

deflationary theory of truth 真理的紧缩论 124

deliberation 审思 93-7，100-2，107，109-13，118-19，177

dense fiction 敦厚的虚构文学 178

Descartes, R. R. 笛卡尔 3，125，132

Dickens, C. C. 狄更斯 178

dispositions 性向 40-43，73，152-3，155-6，185，*see also* virtues 另参见德性

disquotational theory of truth 真理的去引号论 124

Dodds, E. R. E. R. 多兹 168

Dummett, M. M. 达米特 123

emotions 情感 61-2，*see also* agent-regret, Kantianism, utilitarianism 另参见行为者憾恨，康德主义，功效主义

epistemology *see* absolute conception, knowledge 知识论参见关于世界的绝对认知，知识

ethical confidence 伦理信心 183-6

ethical naturalism 伦理自然主义 64，150，159-60，162-3，165-7，181，
    see also Aristotelianism, genealogy 另参见亚里士多德主义，谱系学

ethical relativism 伦理相对主义 125，140-46

　　of distance 远距离～142-6

　　justice and 正义与～143-4

　　notional versus real confrontation and 名义与真实对抗与～142-3

　　vulgar relativism and 庸俗相对主义与～141-2

ethical theory *see also* Aristotelianism, Kantianism, morality system, utilitarianism 伦理学理论另参见亚里士多德主义、康德主义、道德系统、功效主义

　　critique of 对～的批判 27-51，53-72，84-6，151-9

　　defined ～的界定 28，54-5

ethics 伦理学

　　anti-theory in ～中的反理论 53-4，56

　　Greek 古希腊～149-59，166-8，174-7，181

versus morality see morality system ～与道德参见道德系统

eudaimonia see Aristotelianism 良好生活参见亚里士多德主义

existentialism 存在主义 184

external reasons *see* reasons, internal and external 外在理由参见内在和外在理由

externalism *see* reasons, internal and external 外在主义参见内在和外在理由

Findlay, J. J. 芬德利 29-30

Finley, M. I. M. I. 芬利 150

Frankfurt, H. H. 法兰克福 187-8

Freud, S. S. 弗洛伊德 167, 172-3

Fried, C. C. 弗里德 66

Gaugin problem *see* moral luck 高更问题参见道德运气

Geertz, C. C. 格尔茨 133

genealogy 谱系学 150, 160-65

    Humean 休谟式 ～ 164-5

    Nietzschean 尼采式 ～ 3, 160-62, 164

    vindicatory 证认性的 ～ 4, 164-5

Gewirth, A. A. 格沃思 55

Greek ethics *see* ethics 古希腊伦理学参见伦理学

ground projects *see* projects 根本筹划参见筹划

guilt *see* shame 罪责参见羞耻

Hare, R. M. R. M. 黑尔 41, 134

Hawthorn, G. G. 霍索恩 6

Hegel, G. W. F. G. W. F. 黑格尔 84-6, 162-3, 181

Herman, B. B. 赫曼 55-6, 59, 64-5, 79-80, 83, 86

Herodotus 希罗多德 150

history 历史（学）3, 4, 161, 165, 183, 189, *see also* genealogy 另参见谱系学

Hooker, B. B. 胡克 102

Hume, D., Humeanism 休谟、休谟主义 5, 86, 134, 164–5
    internal and external reasons and 内在和外在理由和～90, 93, 97, 100, 106–7

identity *see* personal identity 身份／同一性参见个人同一性

impartiality 不偏不倚 2, 49–50, 55, 58–9, 66, 68, 72, *see also* Thucydidean impartiality 另参见修昔底德式的不偏不倚

incommensurability *see* values 不可通约性参见诸价值

instrumentalism 工具主义 93–4, 97, 117

integrity 个人完整性 2, 27, 29–40, 43–4, 49, 55–60, 68, *see also* Kantianism, utilitarianism 另参见康德主义、功效主义

internal reasons *see* reasons, internal and external 内在理由参见内在和外在理由

internalism *see* reasons, internal and external 内在主义参见内在和外在理由

internalism requirement 内在主义要求 106–8, 117

internalized other 内化的他人 168–72, 174, *see also* shame 另参见羞耻

Irwin, T. T. 欧文 152

Jardine, N. N. 贾丁 145

Kant, I., Kantianism 康德、康德主义 50, 53–6, 61, 64–5, 151, 180–81, *see also* moral luck, morality system 另参见道德运气、道德系统
    abstractness of ～的抽象性 55, 58–60, 68, 72
    critique of 对～的批判 53–73, 84–6

emotions and 情感和 ～ 56，61-4，68

Hegelian critique of 对 ～的黑格尔式的批判 84-6

integrity objection to 对 ～的个人完整性反驳 55-60，68

internal and external reasons and 内在和外在理由和 ～ 105-9

one thought too many objection to 对 ～的过头的一虑反驳 56，66-7

regret and 憾恨和 ～ 81-2

resistance to luck in ～中对运气的抵制 73-4

tragedy and 悲剧和 ～ 80-81

knowledge 知识 122-3，126-8，130-32，134，136-40，146-7，184-5，see also objectivity, thick concepts, truth 另参见客观性、厚概念、真理

Korsgaard, C. C. 科斯嘉德 6，187-8

on absolute conception of the world ～论关于世界的绝对认知 129，145

on internal and external reasons ～论内在和外在理由 88，96，102，105-10，114，117-19

on personal identity ～论个人同一性 20

Kraut, R. R. 克劳特 167，176

McDowell, J. J. 麦克道尔 6，152

on absolute conception of the world ～论关于世界的绝对认知 126，129-32

on ethical relativism ～论伦理相对主义 144-6

on internal and external resons ～论内在和外在理由 88，99，102，109-14，117-18

MacIntyre, A. A. 麦金太尔 152，186-7

Martin, R. R. 马丁 25

Marx, K. K. 马克斯 181

Midgley, M. M. 米奇利 74

Mill, J. S. J. S. 密尔 84

Millgram, E. E. 米尔格拉姆 87, 94, 99, 101

Moore, A. W. A. W. 摩尔 7, 128

moral luck 道德运气 56, 73–83

    Gaugin problem and 高更问题和 ～ 75–80, 83

    retrospective justification and 回溯性辩护和 ～ 74, 76–9

moral psychology 道德心理学 2, 118, 147, 177, 183, 189

    naturalistic 自然主义 ～ 160

    realistic 现实主义 ～ 3, 161–7

moral self-indulgence see utilitarianism 道德上的自我沉溺参见功效主义

moral versus non-moral values see values 道德与非道德价值参见诸价值

morality see morality system 道德参见道德系统

morality system 道德系统 53, 68–72, 168

    ethics versus 伦理与 ～ 50–51, 53, 56, 68, 74

    purity of ～的纯洁性 55, 72, 74, 81

    thin concepts and 薄概念和 ～ 135, 146

motivation 动机 / 促动 90–102, 104–7, 109–16, 118–19, see also reasons, internal and external 另参见内在和外在理由

Murdoch, I. I. 默多克 60, 134, 166, 180

Nagel, T. T. 内格尔 1, 33, 55, 84, 187–8

    on moral luck ～论道德运气 76, 79–80

naturalism see ethical naturalism 自然主义参见伦理自然主义

necessary identities 必然身份 151, 168, 173–6, see also necessity 另参见必然性

necessity 必然性 168, 173–7

Nietzsche, F. F. 尼采 1, 3, 84, 86, 149–50, 179, 186–7

    on genealogy ～论谱系学 160–66

    on pessimism of strength ～论强健的悲观主义 184

non-cognitivism 非认知主义 122, 127, 146, *see also* knowledge 另参见知识

Noonan, H. H. 努南 15, 20

Nozick, R. R. 诺齐克 22-3, 136

Nussbaum, M. M. 努斯鲍姆 6

    on Aristotle ～论亚里士多德 150, 152, 156-60

    on ethical theory ～论伦理学理论 54, 60, 67, 188-9

    on tragedy ～论悲剧 178-80

objectivity 客观性 121-2, 125, 132-3, 135-40, 147-8, 184, *see also* knowledge, thick concepts 另参见知识、厚概念

obligation 义务 55, 68-72, *see also* morality system 另参见道德系统

opera 歌剧 150

Parfit, D. D. 帕菲特 11, 23-6, 74, 84

Peirce, C. S. C. S. 皮尔斯 126

Perry, J. J. 佩里 16, 21

personal identity 个人同一性 9-26

    bodily criterion of ～的身体标准 12-21

    Lockean theory of ～洛克式理论 5, 9-11

    moral personhood and 道德的人格性和～ 25-6

    problem of ～问题 9

    psychological criterion of ～的心理标准 9-11, 16-21

    reduplication argument for ～的复制论证 11-15, 21-2

pessimism 悲观主义 151, 181, 186, 189

    of strength 强健的～ 184-5, 189

phronimos 明慧者 113-14, 152

Pippin, R. R. 皮平 85-6

Plato 柏拉图 149, 181

    ethicized moral psychology of ~的伦理化的道德心理学 165-7

politics 政治学 6, 180

practical necessity *see* necessity 实践必然性参见必然性

practical reason 实践理性 87-120, *see also* reasons, internal and external;
    Kantianism 另参见内在和外在理由；康德主义

primary and secondary qualities 第一性质和第二性质 127-8

projects 筹划 32-4, 56, 58-61, 77-9, 119, 176-7, 187-8

prolepsis 预期 103-4

psychologism 心理主义 111, 113

psychology *see* moral psychology 心理学参见道德心理学

Putnam, H. H. 普特南 126, 129-32, 139-40, 144-6

Railton, P. P. 雷尔顿 60

Rawls, J. J. 罗尔斯 30, 54, 55, 59-60, 187

realism and anti-realism 实在论和反实在论 121-2, 125, 129, 140, 146-7

reasons, internal and external 内在和外在理由 5

    conversion and 皈依和 ~ 110-11, 118

    defined ~的界定 87-9

    explanatory capacity of ~的解释能力 91-2, 97-101

    necessary identities and 必然身份和 ~ 173, 176-7

    Owen Wingrave example of ~的欧文·温格雷夫例子 98-102, 104

    rationality of ~的理性 91-3

    sub-Humean model and 亚休谟式模型和 ~ 89-94, 96-7, 103

    universality of ~的普遍性 114-15

redundancy theory of truth 真理冗余论 124

reduplication argument *see* personal identity 复制论证参见个人同一性

reflection 反思 138-40, 147-8, 185-6

    destroys knowledge ~摧毁知识 139-40

Reid, T. T. 里德 10

relativism *see* ethical relativism 相对主义参见伦理相对主义

relativism of distance *see* ethical relativism 远距离相对主义参见伦理相对主义

retrospective justification *see* moral luck 回溯性辩护参见道德运气

Rorty, R. R. 罗蒂 129，187-8

Ross, W. D. W. D. 罗斯 30，71

Ryle, G. G. 赖尔 133

Scanlon, T. M. T. M. 斯坎伦 88，102，105，114-18

Scheffler, S. S. 舍夫勒 50，67，135-6，144

science-ethics distinction 科学－伦理学区分 122，125-8，132，157

second-order desires 二阶欲望 187-8

secondary qualities *see* primary and secondary qualities 第二性质参见第一性质和第二性质

shame 羞耻 151，168-77
    bootstrapping and 自举和 ～ 171-2
    culture versus guilt culture 耻感文化与罪感文化 168-9
    internalization and 内化和 ～ 171-5，177，183
    underlying ethical practice ～之潜藏在伦理实践背后 168-2

Sidgwick, H. H. 西季威克 41-2

Smart, J. J. C. J. J. C. 斯玛特 27，84

Sophocles 索福克勒斯 151，167，173，177-9

stark fiction 峻厉的虚构文学 177-9，181，*see also* tragedy 另参见悲剧

strong evaluation 强评价 187-8

subjective motivational set (S) *see* motivation 主观动机集合（S）参见动机／促动

superego 超我 172

Swinburne, R. R. 斯温伯恩 13, 22

Tarski, A. A. 塔斯基 124
Taylor, C. C. 泰勒 186–8
thick concepts 厚概念 124–5, 13–40, 144–8, 152, *see also* knowledge, objectivity 另参见知识、客观性
thin concepts 薄概念 134–5, 185, *see also* morality system 另参见道德系统
Thucydidean impartiality 修昔底德式的不偏不倚 155, 165–6, 181
Thucydides 修昔底德 150, 160, 163, 165–6, 178
tragedy 悲剧 4, 46, 80–1, 151, 178–80
truth 真／真理 122–5, 128–9, 132, 163
 advisor model of ～的顾问模型 136–7, 152
 indefinability of ～的不可定义性 123
 theories of ～理论 123–4
 of thick concepts 厚概念的 ～ 136–40
 value of ～的价值 123, 163
 virtues of ～的德性 163, 165
truthfulness 信实 163–5

utilitarianism 功效主义 27–52
 act- (direct-) 行为 ～（直接 ～）27–40, 43
 alienation and 疏离和 ～ 27, 33–4
 critique of ～批判 27–52
 examples of George and Jim 乔治和吉姆的例子 31–2, 35–9
 Government House 总督府 ～ 40–42
 integrity objection to ～的个人完整性反驳 27, 29–40, 43–4, 49, 56–7
 moral self-indulgence and 道德上的自我沉溺和 ～ 35–40
 negative responsibility in ～中的消极责任 2, 30–31, 34, 49

regret and 憾恨和～ 44-6

　　rule- (indirect-) 规则～（间接～） 27-9, 40-43

　　tragedy and 悲剧和～ 46

values 诸价值

　　incommensurability of ～的不可通约性 4, 44, 47-8

　　moral versus non-moral 道德和非道德～ 74-5, 80, 82-3, 88, 155-6, 177

virtues 德性 148, 152-3, 155-8, see also dispositions 另参见性向

Vogler, C. C. 沃格勒 97

White, N. N. 怀特 180

Wiggins, D. D. 威金斯 152

Wingrave, Owen see reasons, internal and external 欧文·温格雷夫参见内在和外在理由

Wollheim, R. R. 沃尔海姆 172

Wright, C. C. 赖特 124

图书在版编目（CIP）数据

伯纳德·威廉斯导论 /（美）马克·P.詹金斯著；吴芸菲译. -- 上海：上海文艺出版社，2025. --（艺文志）. -- ISBN 978-7-5321-9234-2

Ⅰ. B

中国国家版本馆CIP数据核字第2025K66P24号

Bernard Williams

Copyright © Mark P. Jenkins, 2006

Authorized translation from English language edition published by Routledge, part of Taylor & Francis Group LLC; All Rights Reserved.

本书原版由Taylor & Francis出版集团旗下Routledge出版公司出版，并经其授权翻译出版。

版权所有，侵权必究。

Copies of this book sold without a Taylor & Francis sticker on the cover are unauthorized and illegal.

本书贴有Taylor & Francis公司防伪标签，无标签者不得销售。

著作权合同登记图字：09-2021-0374

责任编辑：肖海鸥
封面设计：左　旋
内文制作：常　亭

书　　名：伯纳德·威廉斯导论
作　　者：[美] 马克·P.詹金斯
译　　者：吴芸菲
出　　版：上海世纪出版集团　上海文艺出版社
地　　址：上海市闵行区号景路159弄A座2楼 201101
发　　行：上海文艺出版社发行中心
　　　　　上海市闵行区号景路159弄A座2楼206室 201101 www.ewen.co
印　　刷：苏州市越洋印刷有限公司
开　　本：1092×850　1/32
印　　张：11
字　　数：185,000
印　　次：2025年6月第1版 2025年6月第1次印刷
Ｉ Ｓ Ｂ Ｎ：978-7-5321-9234-2/B.122
定　　价：68.00元
告　读　者：如发现本书有质量问题请与印刷厂质量科联系　T:0512-68180628